Detlef Krause · Karl Kalmbach
Verschlungene Wege in Papua
Wie Gott Geschichte schreibt

Detlef Krause · Karl Kalmbach

Verschlungene Wege in Papua

Wie Gott Geschichte schreibt

SCM Hänssler

SCM
Stiftung Christliche Medien

Dieses Werk einschließlich aller seiner Teile ist urheberrechtlich geschützt. Jede Verwendung außerhalb der engen Grenzen des Urheberrechtsgesetzes ist ohne vorherige schriftliche Einwilligung des Verlages unzulässig und strafbar. Das gilt insbesondere für Vervielfältigungen, Übersetzungen und die Einspeicherung und Verarbeitung in elektronischen Systemen.

© der deutschen Ausgabe 2011
SCM Hänssler im SCM-Verlag GmbH & Co. KG · 71088 Holzgerlingen
Internet: www.scm-haenssler.de; E-Mail: info@scm-haenssler.de

Bilder im Innenteil:
privat: S. 135, 140, 150, 152, 153, 154, 161, 165, (Detlef Krause), S. 69, 74, (Karl Kalmbach) , S. 204, 213 (Gerhard Stamm)
Alle weiteren Bilder : Missionsarchiv der Liebenzeller Mission (Fotografen: Christian Bertschi, Uli Steiert, Gerhard Stamm)

Soweit nicht anders angegeben, sind die Bibelverse folgender Ausgabe entnommen:
Elberfelder Bibel 2006, © 2006 by SCM R.Brockhaus im SCM-Verlag GmbH & Co. KG · Witten.
Weiter wurden verwendet:
Lutherbibel, revidierter Text 1984, durchgesehene Ausgabe in neuer Rechtschreibung, © 1999 Deutsche Bibelgesellschaft, Stuttgart.

Umschlaggestaltung: Jens Vogelsang, Aachen
Titelbild: fotolia.com
Satz: typoscript GmbH, Walddorfhäslach
Druck und Bindung: CPI – Ebner & Spiegel, Ulm
Gedruckt in Deutschland
ISBN 978-3-7751-5339-3
Bestell-Nr. 395.339

Inhalt

Vorworte der Herausgeber.............................	11
Karl Kalmbach	11
Detlef Krause	12
Hans Knauer berichtet	15
Grenzgang – wenn Gott ruft, fallen Barrieren	15
Bogandi – aus Steinen schleift Gott Diamanten	28
Karl Kalmbach berichtet	41
Die Berufung	41
Manus	49
Stammeskult, Tambaram und Sanguma	54
Erweckung in West-Neubritannien:	
Helen Held – eine mutige Frau	68
Die beinahe unglaubliche Geschichte der Arowe	80
Kriminalität in Port Moresby – was läuft schief?	100
Papua-Neuguinea – der Dämon Gewalt	105
Wer ist Wes Rooneys Mörder?....................	107
Zerstört Mission Kultur?	109
Detlef Krause berichtet	113
Die Berufung	113
Aller Anfang ist schwer	133
Adoptiert	138
Ein Mann, ein Wort	141
Wem unser Leben gehört	144
Wenn Gott Türen aufstößt	145
Ehe sie anrufen, werde ich antworten	146
Mir wird nichts fehlen	147
Into the deep blue see	148
Ich bin der Herr, dein Arzt	153
Not macht erfinderisch	155
Bekehren verboten	156

Wenn Männer weinen	157
Weiße haben keine Tränen	159
Wer mag schon ›Eidechse‹?	161
Jona	163
Wie viel kann man ertragen?	166
Wenn Gott redet	170
Wenn einem die Worte fehlen	172
Gott lässt sich nicht auf den Arm nehmen	175
Gerhard Stamm berichtet	**179**
Es wird ernst	179
Wenn einem Gott begegnet	180
Wenn Gott weiter ruft	183
Eine Ahnengeschichte	186
Junge Störenfriede	190
Alles geplant und dann doch über den Haufen geworfen	194
Alternatives Weihnachtsfest	196
Wir hatten es uns anders vorgestellt	201
John Nop	205
Eine Weltreise mit neuguineischer Begleitung	208
Bikaru – der erste Besuch	216
Das kleine Dorf mit großer Erblast – der zweite Besuch in Bikaru	229
Anhang	**243**
Geschichte der Liebenzeller Mission	243
Aspekte aus der Geschichte Papua-Neuguineas	244

Einsatzgebiete der Missionare in Papua-Neuguinea

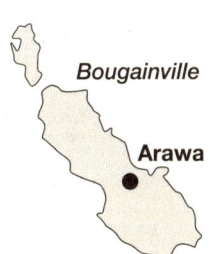

Vorworte der Herausgeber

Vorwort von Karl Kalmbach

Zuerst möchte ich mich bei dem Geschäftsführer der SCM Verlage, Frieder Trommer, bedanken, denn er gab den Anstoß zu diesem Buch. Sein Vater Lothar Trommer war es, der zusammen mit Hans Knauer 1948 auf abenteuerliche Weise aus der damaligen Ostzone floh. Sie erlebten dabei wundersame Wegweisung. Hans Knauer schrieb das auf.

Aus Kanada sandte er seine Aufzeichnungen an seinen Freund Lothar. Als Frieder, sein Sohn, diese Erfahrungsschätze entdeckte, spürte er wohl, dass diese Schätze nicht verloren gehen sollten und so finden Sie nun einen Teil davon in diesem Buch.

Trotz aller Welterfahrung blieb Hans tief heimatverbunden. 1964 erlebte ich mein erstes Weihnachten in den Tropen im Kreise seiner Familie. Der sonst so draufgängerische Hans wurde ganz sentimental. Bei 32 Grad Hitze schwärmte er von seiner Heimat. »Heiligabend, Tschorlau lag tief verschneit, hinter den gefrorenen Fensterscheiben standen brennende, wärmende Kerzen, der Schnee knirschte unter den groben Stiefeln derer, die durch die Nacht zum Weihnachtsgottesdienst gingen«. Hans erzählte und es liefen ihm dabei die Tränen über die Wangen. Damit war er nicht mehr nur mein Chef beim Krankenhausbau, nein, er wurde mein Freund. 2 Jahre später hat er mich und meine Frau in Brugam getraut. Und jetzt, während ich dieses Vorwort schreibe, erfahre ich, »Hans ist heimgegangen.« Er ist nun dort, wovon er in all seinem Wirken geschwärmt hat. Hans, hab Dank, dass ich ein kleines Stück Weges mit dir gehen durfte. Du warst eine Inspiration!

Vier Personen wurden ausgewählt, um an diesem Buch mitzuschreiben: Hans Knauer, Karl Kalmbach, Detlef Krause und Gerhard Stamm. Darüber freuen wir uns sehr. Aber wir waren viele, die in Papua-Neuguinea von Jesus reden und mitgestalten durften. Und jeder hatte seine Geschichten, seine Gottesbegegnungen. Was wir erzählen, soll deshalb immer auch stellvertretend für alle anderen sein.

Freilich gab es manchmal auch Meinungsverschiedenheiten, aber gerade dabei haben wir viel gelernt. Danke, dass ihr uns ins Missionarsteam aufgenommen habt. Ihr habt mich reich gemacht. Über eure ganz anderen Begabungen habe ich oft gestaunt.

Das Buch soll vor allem auch ein Tribut an all die Menschen sein, die uns dort in Papua-Neuguinea an- und in ihr Herz aufgenommen haben. Einige von ihnen können Sie auf den folgenden Seiten etwas näher kennen- und vielleicht auch lieben lernen. Segnen Sie sie.

Das Größte aber ist, dass unser Herr, der die Liebe ist, auch aus unseren Fehlern, die uns zu oft passieren, noch wunderschöne Meisterwerke machen kann. Und etwas, worüber er sich scheinbar besonders freut, ist, wenn seine Mitarbeiter kreativ sind, Unmögliches wagen, und andern das Fehlermachen zugestehen.

Zur Ehre dieses Herrn haben wir einiges aufgeschrieben und hoffen sehr, dass Sie sich dran freuen, ermutigt werden und Ihm gerne trauen.

Ihr Karl Kalmbach

Vorwort von Detlef Krause

Die Aufgabenstellung im Studienfach »Leiterschaft« im Rahmen meines Studiums in den USA war klar. Ich sollte untersuchen, welche Erwartungen nigerianische Christen an einen geistlichen Leiter hatten. Dazu interviewte ich in den USA studierende Nigerianer. Mit direkten Fragen kam ich nicht weit. Den meisten fiel es schwer, sich abstrakt mit der Frage auseinanderzusetzen. Mit einer anderen Fragestellung war ich schließlich erfolgreich. Ich fragte sie: »Kannst du dich an einen oder mehrere Personen erinnern, die dich als geistliche Persönlichkeiten oder Leiter beeindruckt haben? Was war es genau, das dich beeindruckt hat?«

Den meisten fielen sofort zwei oder drei Menschen ein und sie fingen an zu erzählen. Was sie mir gleichzeitig damit sagten, war, was ihnen im Leben eines geistlichen Leiters wichtig war. Was Einzelne schwer in abstrakte Worte fassen konnten, wurde einfach, als sie sich einen Menschen vorstellten. Das Leben eines Menschen spricht eine deutliche Sprache.

In seinem Wort ist Gott einen ähnlichen Weg gegangen, um mit uns zu sprechen. Die Bibel besteht in erster Linie nicht aus komplizierten philosophischen Gedankengängen. Sie ist voll mit Lebensgeschichten. Sie redet von Gott, der mit Menschen ins Gespräch kommt, in ihr Leben eingreift, wie sie auf sein Reden und Handeln reagieren. Gott zeigt sich konkret im Leben von Menschen.

Das ist bis heute so geblieben. Gott ist nicht eine religiöse Überzeugung vergangener Jahrhunderte, sondern ist aktiv am Leben der Menschen heute beteiligt. Jeder Mensch kann sich an ihn wenden und die Erfahrung seiner Gegenwart machen.

In diesem Buch lesen Sie persönliche Erlebnisse von Menschen, die Gottes Reden und Eingreifen erlebt haben. Wir möchten Sie dazu einladen und ermutigen, sich mit Ihrem Leben in allen Fragen auch an Gott zu wenden.

Ihr Detlef Krause

Hans Knauer berichtet

Missionseinsatz in Papua-Neuguinea/Manus: 1955 bis 1969

Grenzgang –
wenn Gott ruft, fallen Barrieren

»Heute Nacht werden wir nicht schlafen gehen, sondern beten!« Mit diesen Worten verabschiedete mich einer der alten Brüder und drückte mir Mut machend die Hand. Es war nach der Bibelstunde, am Abend des 27. September 1948, in der wir, mein Freund Lothar (Trommer) und ich, uns von den Geschwistern unserer Gemeinschaft verabschiedet hatten.

Mit dieser Zusage im Herzen und der Führung Gottes gewiss, ging ich heim, um mich nun auch von Eltern und Geschwistern zu verabschieden und mein Reisegepäck zu holen. In dieser Nacht wollten wir den gefahrvollen, beängstigenden Grenzübergang von der russischen in die amerikanische Besatzungszone wagen. Am verabredeten Treffpunkt erwartete uns eine ganze Anzahl unserer Jugendbundfreunde. Sie wollten uns über den Höhenrücken zum Bahnhof im benachbarten Muldental begleiten. Unsere Koffer und Taschen transportierten sie auf einem Handwagen. Als der Zug einfuhr, war es soweit: Eine letzte Umarmung und unser Gepäck wurde von hilfreichen Händen im Abteil verstaut. Jemand stimmte das Lied an: »*Gott mit euch, bis wir uns wiedersehn...*« Unter den Klängen dieser bewegenden Verse setzte sich der Zug in Bewegung: »*Wenn sich Wetterwolken türmen, mög' sein ewger Arm euch schirmen. Gott mit Euch, bis wir uns wiedersehn*«. Diese letzten Worte verloren sich in der Ferne.

Diese Verse, so ging es mir durch den Kopf, hatten wir vor wenigen Jahren jedem unserer jungen Brüder gesungen, als sie in den unseligen Hitlerkrieg ziehen mussten. Viele von ihnen kehrten nie wieder in die Heimat zurück.

Wehmut des Abschieds, Erwartung des Kommenden, und die Gewissheit, auf das Geheiß unseres Gottes hinzugehen, bestimmten diese Stunden. Die Spannung des unmittelbar bevorstehenden Grenzübergangs knisterte in uns. Mein Inneres war aufgewühlt und durcheinander. Über dem Rattern des Zuges kam keine rechte Unterhaltung auf, doch mir wurde während der gut zweistündigen Fahrt zum ersten Mal bewusst, dass mit diesem Abschied ein neuer Lebensabschnitt begann. Die Weichen hatte, vor knapp zwei Jahren, Gott selbst gestellt. Im Kriegsgefangenenlager, unmittelbar vor dem Abtransport nach Russland. Dort, an der Ostküste des Schwarzen Meeres, hatte ich auf sonderbare Weise Gottes Ruf in den vollzeitlichen Dienst erlebt.

Nach der Heimkehr, in den Vorweihnachtstagen 1947 hatte ich eines Abends, auf dem Heimweg von einer Jugendbundstunde, meinem Freund Lothar von diesem Erlebnis erzählt und dabei meine Absicht erwähnt, mich bei der Liebenzeller Mission zu bewerben. Zu meiner Überraschung erwiderte er, dass auch er sich berufen wisse und erzählte mir nun, wie es dazu gekommen war. Auf meine Bewerbung in Bad Liebenzell hatte ich im April 1948 den Bescheid erhalten, dass ich angenommen sei und zum Unterrichtsbeginn im September anreisen solle. Es bestünde die Hoffnung, dass die inzwischen beantragte Zuzugsgenehmigung ausgestellt würde und mir rechtzeitig zugestellt werden könne. Zuzugserlaubnis war schon damals keine Selbstverständlichkeit. Meine Freude war so groß, dass ich zu Lothar stürmte, um ihn an dieser guten Nachricht teilhaben zu lassen. Von ihm erfuhr ich, dass auch er ein solches Schreiben bekommen hatte, fantastisch! Nun konnten konkrete Pläne gemacht werden, wie wir ins Missionsseminar nach Bad Liebenzell gelangen könnten.

Bei der Planung kamen Probleme ins Blickfeld, an die wir bisher überhaupt nicht gedacht hatten. Zunächst war da die Liste der Dinge, die mitzubringen seien. Für mich war das ein richtiges Problem. Wie sollte ich in den Verhältnissen, wie sie damals in der sogenannten Ostzone herrschten, all diese Dinge beschaffen? Allein die Kleidung? In den nahezu drei Jahren der Kriegsgefangenschaft war ich aus allem herausgewachsen, was ich in meinen frühen Teenagerjahren getragen hatte. Die Findigkeit meiner Mutter half bei Manchem: Das Kostüm meiner kürzlich verstorbenen Großmutter wurde zerlegt. Die gereinigten Teile dieser gut erhaltenen Textilien ergaben tatsächlich einen Anzug für mich. Sogar ihre Halbschuhe waren brauchbar. Zwar waren sie für mich etwas spitz, aber die dicken Kreppsohlen verschleierten die Tatsache, dass es eigentlich Damenschuhe waren. Zum anderen trugen Verwandte und Freunde zur vorgeschriebenen Ausstattung bei. Zum Beispiel schenkte mir jemand einen Drillichanzug, wie sie bei den Rekruten in der Kaserne üblich waren. Er ersetzte die Arbeitskleidung, die auch in dieser Liste aufgeführt war.

Bei der Abreise war mein Koffer schließlich voll und wog 86 Pfund. Dazu kam die Federbettdecke, die auch auf der Bedarfsliste stand. Sie wurde einfach in Vaters Reiterfuttersack, wie wir diese Reliquie aus dem Ersten Weltkrieg nannten, gesteckt und mit einem Stück Wäscheleine auf den Koffer geschnürt! Damit hatte ich so etwa alles Notwendige und eine erste Barriere war aus dem Weg geräumt. Eine weitere fiel, als mir die Post die begehrte Zuzugsgenehmigung brachte.

Mehr Sorge bereitete uns im Lauf der Wochen der Grenzübergang selbst. Hier lag der kritische Punkt des ganzen Vorhabens. Unser Gott aber hatte auch da zur rechten Zeit eine Lösung: Als unser Vorhaben im Jugendbund (EC) bekannt geworden war, bot sich Johannes, ein Schulfreund von mir, spontan an, unser Führer zu sein. Er war seit Kriegsende mehrmals illegal im Westen gewesen, um an Bibelwochen und Blau-Kreuz-Tagungen teilzunehmen. Bei diesen Grenzgängen hatte er einen Weg gefunden, auf dem die Wahrscheinlichkeit, unentdeckt hinüberzukommen, groß war. Auf seiner Erfahrung basierte unsere weitere Planung:

Nach dem Aussteigen an der Endstation der diesseitigen Eisenbahnstrecke mussten wir uns mit unseren drei Koffern, einem Rucksack und zwei Aktentaschen im Schutze der Dunkelheit die sieben oder acht Kilometer bis zur Milchrampe des nächsten Dorfes schleppen. Dort wollten wir auf den Lastwagen der Molkerei warten, der in den frühen Morgenstunden die Milchkannen der Bauern in den Grenzdörfern abholte. Johannes kannte den Fahrer von früheren Begegnungen und wusste, dass er willig war, Grenzgänger mitzunehmen, um sie in einer uneinsichtigen Talsenke in unmittelbarer Nähe des Grenzstreifens abzusetzen.

Von dieser unübersichtlichen Stelle war es dann nur noch ein Spurt von etwas über hundert Metern bis zum bergenden Waldrand.

Da diese Masche bisher so gut geklappt hatte, waren wir zuversichtlich, dass nichts fehlgehen könne, zumal ja das Ganze auf Gottes Geheiß geschah und wir Schritt für Schritt bei der Planung des Unternehmens und in der bisherigen Entfaltung der Dinge Gottes Hand wahrgenommen hatten. Was Wunder, dass wir drei im ratternden Zug, der uns zur Endstation vor der Zonengrenze brachte, voller Zuversicht waren.

Es war soweit. In den frühen Morgenstunden hatte unsere schnaufende Lokomotive mit ihren vier schwach besetzten Wagen die Endstation erreicht. Nun ging es zu Fuß bis zur besagten Milchrampe im nächsten Dorf. Zu unserer Freude schien Gott auch in dieser Phase des Unternehmens für uns zu sorgen. Wir konnten für unser Gepäck den Handwagen einer älteren Frau benützen, die denselben Weg ging. So war dies erste Stück unseres Fußmarsches wenig beschwerlich.

Als wir an den Sammelpunkt der Milchkannen kamen, fanden wir zu unserem Erstaunen bereits eine Gruppe von Männern und Frauen vor, die offenbar dieselbe Absicht hatten wie wir. Keiner von ihnen hatte mehr bei sich als eine leichte Tasche. Kein Wunder, dass wir ihnen, angesichts unseres Gepäcks, ihre spöttischen Gedanken vom Gesicht ablesen konnten. Selbst der Fahrer, als er aus seinem Lastwagen gestiegen war und unser Gepäck sah, fragte uns, ob wir denn von allen guten Geistern verlassen seien!

Nein, das waren wir nicht, denn wir fühlten uns unserer Sache sicher, gingen wir doch nicht, um im »goldenen Westen« ein besseres Leben zu finden, sondern auf das Geheiß unseres Herrn. Unter diesen Umständen gelten andere Maßstäbe. Trotz seiner Bedenken erlaubte der Fahrer schließlich uns allen auf die Ladefläche zu klettern. Allerdings mussten wir versprechen, dafür zu sorgen, dass wir bei den nur kurzen Halten in unmittelbarer Grenznähe »mit all unsern Klamotten« – wie er sagte – rechtzeitig herunterkommen. Er müsse, so erklärte er uns, das Risiko vermeiden, Verdacht zu erregen, falls die Grenzpolizei ihn beobachte. Die Fahrt war für mein Empfinden kurz. Damit unser Absitzen problemlos ablaufen könne, hatte uns Johannes instruiert, dass er und Lothar beim Anhalten sofort absprängen, damit sie mir alle unsere Gepäckstücke, die ich herunterzugeben hätte, schnell abnehmen könnten. Klar! Alles würde klappen wie auf dem Exerzierplatz! Dann war es soweit. Der Wagen hielt! Unsere Mitfahrer waren im Nu abgesprungen und rannten, ohne sich umzuschauen, über die Wiese zum bergenden Waldrand hinüber. Ich begann, wie verabredet, unsere Gepäckstücke, die zum Teil zwischen die Milchkannen geraten waren, runterzugeben. Langsam begann der Lastwagen wieder anzurollen. Noch ein schneller Blick über die Ladefläche. Nichts vergessen? Ich sprang ab. Mutterseelenallein standen wir drei nun auf der staubigen Straße, unsere Herzen pochten. Zuerst halfen mir Lothar und Johannes meinen schweren Koffer auf meinen Rücken zu packen. Und dann, als die beiden ihre Koffer aufnahmen, entdeckten wir, dass ein Koffer fehlte! Wie war dies möglich? Lothar war der Meinung, dass er nur auf dem Lastwagen geblieben sein könne. Zugegeben, von allen Möglichkeiten war dies die wahrscheinlichste. Ich aber war gewiss, dass ich nichts übersehen hatte, und stritt das entschieden ab. Aber welche andere plausible Erklärung gab es sonst? In unserer schrecklichen Ratlosigkeit standen wir nun, nur wenige Meter vor der stark bewachten Grenze, auf offener Straße in strahlend heller Morgensonne. Ich war der Meinung, dass wir wegen eines einzelnen Koffers das Gelingen unseres Vorhabens nicht aufs Spiel setzen sollten und schlug vor, wie die anderen Mitfahrer schnellstens über die Wiese im nahen Wald zu verschwinden. Für Lothar war das undenkbar: »In diesem Koffer ist mein bester Anzug«, argumentierte er. »Das Flügelhorn, meine wertvollsten Sachen!« In dieser Spannung und unter Schock war an dieser Stelle eine sachliche Klärung unmöglich.

Johannes, in dem Wissen, dass jeden Augenblick eine der deutsch-russischen Grenzpatrouillen auftauchen könne, schlug vor, dass wir fürs Erste in einem etwas rückwärts gelegenen Wäldchen Unterschlupf suchen sollten. Dort könnten wir in Ruhe beraten, was jetzt zu tun sei. Lothar war das recht und ich, auch wenn sich alles in mir sträubte, sah ein, dass dies wohl das Beste war. Verwirrt und niedergeschlagen marschierten wir ein gutes Stück zurück, in die Richtung, aus der wir eben gekommen waren und erreichten das kleine, dem Johannes bekannte Waldstück, allem Anschein nach unentdeckt. Mit Koffern, Rucksack und Taschen krochen wir unter die tief liegenden Zweige der jungen Fichten, um außer Sicht zu kommen. Weiter im Inneren fanden wir einen geeigneten, etwas lichteren Platz, auf dem wir uns fürs Erste sicher fühlten. Noch bevor wir beratschlagten, knieten wir ins Moos: *»Herr, dir ist unser Dilemma nicht verborgen«,* beteten wir. *»Was ist es, das du uns sagen willst? Wenn unsere Berufung wirklich von dir ist, dann kannst du uns durchbringen. Ist sie aber nur eigenes Wunschdenken, dann wollen wir getrost wieder heimgehen. Lass durch diese Situation die Realität Deiner Berufung ans Licht kommen. Lass sie uns so gewiss werden, wie du es einst einem Gideon durch Wolle und Tau (Richter 6,36) geschenkt hast.«* So etwa war der Tenor unseres Betens. Unerwartet und in der Art und Weise überraschend bekamen wir sofort Ermutigung durch das Wort aus den »Lichtstrahlen«[1] des EC für diesen 29. September 1948: »Rufe mich an in der Not, so will ich dich erretten, so sollst du mich preisen.« (Psalm 50,15)

Wochen zuvor hatte also Gott, in Seiner Weisheit und Gnade, dieses Wort aussuchen lassen, damit wir an diesem Tag in unse-

---

1 Ein Bibelleseplan, herausgegeben vom Verband Entschieden für Christus EC e. V.

rer Situation ermutigt wurden. Die Wirkung dieses Wortes und in diesem Moment war gewaltig. Gott redete zu uns! Mit einem Mal standen uns Geschichten des Alten Testaments vor Augen. Der allmächtige Gott hat seinem Bundesvolk den Weg gebahnt. Diese Machterweise des lebendigen Gottes begründeten Seine Aufforderung: »Rufe mich an in der Not!« auch heute noch!

Das Unmittelbare dieser plötzlichen Erkenntnis löste in mir ein innerliches Erschauern vor der Allmacht und Souveränität Gottes aus. Er hatte zu uns gesprochen. Neu und stark kam uns zu Bewusstsein, Er ist derselbe wie damals, der Lebendige, der Allmächtige auch heute noch. Unter diesem Eindruck wich die Verwirrung einem neuen Vertrauen, obwohl die Umstände sich nicht geändert hatten und der Ausgang noch immer sehr ungewiss war.

Johannes in seiner stillen Art muss wohl auf dem Weg von der Talsenke zu unserm Versteck überlegt haben, dass, wenn der vermisste Koffer nicht auf dem Milchauto geblieben war, es nur eine Erklärung geben könne. Er muss an der Abfahrtsrampe stehen geblieben sein, so undenkbar uns das erschien. Noch ehe wir viel spekulieren konnten, bot er sich an, nochmal zur Rampe zurückzugehen. Er kenne sich am besten in dieser Gegend aus, meinte er in seiner bescheidenen Art, und er komme auf alle Fälle zu uns zurück und bis dahin sollten wir einfach abwarten und uns stille verhalten. Wir befahlen ihn, bevor er gegen 10 Uhr morgens unter den Tannenzweigen hindurch auf den Kartoffelacker hinauskroch, dem Schutze unseres Gottes an.

Die ersten Stunden des Wartens dehnten sich. In dieser Spannung der Ungewissheit und des Warten-Müssens falteten wir immer wieder die Hände, um Johannes und den Ausgang dieses Unternehmens unserem Herrn anzubefehlen. Zwischendurch holten wir unser Vesper aus der Tasche. Meine Mutter hatte mir vorsorglich zwei Butterbrote und ein hart gekochtes Ei eingepackt. Gegen Mittag dieses sonnigen, warmen Herbsttages hörten wir hin und wieder Rufe, die wie Kommandos klangen, zuweilen auch Hundegebell.

Mehrmals kroch ich unter den Tannenzweigen auf allen Vieren von unserm Lagerplatz an den Rand des Wäldchens, um die Umgebung zu beobachten. Ich konnte aber niemanden sehen, denn nach Norden hin war die Sicht durch eine flache Bodenwelle auf etwa 150 Meter beschränkt.

Ob hinter ihr vielleicht Bauern bei der Feldarbeit waren? Mittlerweile war es gegen vier Uhr nachmittags. Lothar und ich lagen im weichen Moos und dösten vor uns hin. Ein Geräusch, sehr nahe, machte uns hellwach. Unter tief hängenden Zweigen hindurch konnte ich sehen, dass es Johannes war. Den gesuchten Koffer vor sich her schiebend, kroch er durch das Kraut des Kartoffelackers auf unser Versteck zu. Wer könnte sich wohl die Freude nicht vorstellen, die uns ergriff?

Von Fragen überschüttet, begann er zu erzählen: »Als ich zur Rampe, wo wir auf das Milchauto stiegen, zurückkam, lief mir auch gleich der benachbarte Bauer in den Weg. Er konnte sich denken, wer ich bin und was ich suchte und sprach mich an. Auf die Frage nach dem Koffer konnte er sich zunächst ein paar ironische Bemerkungen über die ›heutige Jugend‹ nicht verkneifen. Er hatte, nachdem der Milchwagen abgefahren war, den Koffer entdeckt und ihn sicherheitshalber ins Milchhäuschen eingeschlossen.«

Nun hatten wir die Erklärung: Bei unserer Ankunft hatte Lothar seinen Koffer unüberlegt an der von der Rampe abgewandten Seite des Milchhäuschens abgestellt, während Johannes und ich unsere Traglasten direkt neben der Rampe abgestellt hatten. Keinem von uns war das aufgefallen. Beim Aufladen war der Koffer dann, in der Eile und weil er außer Sicht war, zurückgeblieben. Im Nachhinein ist es mir trotzdem unerklärlich, dass keinem von uns aufgefallen war, dass wir nur zwei anstatt drei Koffer auf dem Lastwagen hatten. In unsere Freude hinein sagte Johannes ziemlich ernst: »Aber das ist noch nicht alles! Auf dem Rückweg ist mir ein Engel in der Gestalt einer alten Frau begegnet. Sie ging in die gleiche Richtung wie ich. Ein junger Mann mit einem Koffer auf dem spärlich begangenen Weg in Richtung Grenze war ihr verdächtig vorgekommen.

So sprach sie mich an: ›Sie wollen wohl auch nach dem Westen?‹

Ich verneinte das, aber im Lauf des sich entfaltenden Gesprächs erklärte ich ihr, dass meine beiden Freunde hinüber wollten und zwar ins *Missionshaus!*

›Ins Missionshaus? In welches denn?‹

Als ich ihr sagte ›nach Liebenzell!‹, erwiderte sie offensichtlich freudig überrascht:

›Ach die Liebenzeller Mission kenne ich auch. Ich habe vor dem Krieg jahrelang die Missionsblätter bekommen.‹ Damit war natürlich sofort ein Gefühl innerer Verbundenheit da! Dann fragte sie mich«, fuhr Johannes fort, »auf welchem Weg wir denn hinüber wollten. Ich sagte ihr, von der Talsenke bei Tiefenbach aus, von wo es nur gute 100 Meter bis zum Wald auf der andern Seite sei.

›Oh nein!‹, erwiderte sie daraufhin, ›geht nicht dort hinüber, die Grenzpolizei hat herausgefunden, dass dort viele durchschlüpfen. So warten sie seit Kurzem gleich hinter dem Waldrand, um die Überläufer in Empfang zu nehmen. Geht rechts von der Landstraße, in Richtung der Lichter von Possek. Ihr kommt dabei an einen alten Steinbruch, durch den müsst ihr hindurch. Auf der andern Seite steht ein einzelnes Haus, an dem müsst ihr vorbei, kurz danach überquert ihr die asphaltierte Landstraße, die rechter Hand hinein nach Possek führt und von da an haltet euch links, über die Felder, an Possek vorbei.‹«

Wir waren sprachlos!

Dann erzählte uns Johannes noch die Kehrseite der Geschichte. Wie er von Weitem auf der Straße in Grenznähe Leute gesehen habe, die von Grenzpolizisten eskortiert in Richtung Tiefenbach gingen, der Ortschaft, an dessen Milchrampe wir den Molkereilastwagen bestiegen hatten! Wie es ihm schien, handelte es sich um unsere Mitfahrer auf dem Milchauto. Aus dem zu schließen, was Johannes auf seinem Rückweg von der Frau erfahren hatte, mussten sie an dem berüchtigten Waldrand, vor dem uns die Frau gewarnt hatte, der Grenzpolizei in die Hände gelaufen sein. Wir waren wie vom Donner gerührt. Während seines Erzählens waren die Rufe, die uns schon in den Mittagsstunden beunruhigt hatten, häufiger und lauter geworden. Schließlich waren Lothar und Johannes einverstanden, dass ich versuchen sollte festzustellen, ob in unserer unmittelbaren Nähe Aktivitäten der Grenzpolizei zu beobachten seien. Wieder kroch ich auf dem Bauch unter den Tannenzweigen hindurch zum Waldrand. Was ich durch die tief hängenden Zweige hindurch sehen konnte, ließ mir den Atem stocken. Über die Bodenwelle kam eine ganze Truppe von Grenzpolizisten »in offener Schützenlinie« und mit den Gewehren auf dem Unterarm direkt auf uns zu.

Erschrocken und unfähig, sachlich zu denken, kroch ich, so schnell ich konnte, zurück und teilte den beiden meine alarmierende Beobachtung mit. Wir waren uns einig; nach dem, was wir bisher erlebt hatten: Uns blieb nur das Gebet. Im Moos kniend schüttelten wir unser Herz vor Gott aus: »*Herr, Du bist mächtig in der Höhe; Du hast in den alten Tagen den Feinden Israels Sinne und Augen geblendet. Du kannst das auch heute tun. Du kannst es schenken, dass selbst die Hunde uns nicht wittern. ›Rufe mich an in der Not‹, hast du uns heute Morgen gesagt und dazu verheißen, ›so will ich dich erretten‹. Hier liegen wir vor Dir. Du allein bist unsere Rettung! Lass uns jetzt erfahren, ob die Berufung in deinen Dienst wirklich Berufung von dir ist.*«

Ich habe in meinem späteren Leben nicht oft so intensiv gebetet wie in diesen Minuten.

Nach dem gemeinsamen ›Amen‹ wollte ich noch mal die Lage peilen: Kam die Schützenkette weiter auf unser Versteck zu? Wenn ja, wie weit war sie in der Zwischenzeit an uns herangekommen? Als ich etwa halbwegs bis zum Waldrand gekommen war, merkte ich, dass das Dunkel zwischen den Tannenzweigen heller wurde und vor mir sich etwas bewegte. Ich richtete meinen Oberkörper auf und sah, zwischen den Zweigen hindurch, in das Gesicht eines Offiziers. Er hatte die ineinandergehenden Zweige zweier Fichten auseinandergebogen und seinen Oberkörper in das Dickicht hereingebeugt. Ich konnte sein Gesicht deutlich sehen, sah auch, dass er die silbernen Achselstücke eines Offiziers trug. Mit dem Kolben nach oben, hing sein Gewehr an seiner rechten Schulter. Starr vor Überraschung schauten wir einander in die Augen. Ich fühlte mich entdeckt und war im Begriff aufzustehen, als er plötzlich seinen Kopf zurückzog, die Zweige losließ und ein Kommando bellte. Durch die Zweige hindurch konnte ich dann sehen, wie die Schützenkette, die offenbar auf sein Kommando hin ›Links um‹ gemacht hatte, im Gänsemarsch den sanften Hügel hinuntertrottete. Selbst die Hunde, die vorher noch gekläfft hatten, gingen unweit vor unserm Versteck friedlich an der Leine ihrer Führer den Hügel hinunter. Nach diesem Erleben haben wir in den nächsten paar Stunden nicht viel miteinander geredet. Jeder hing seinen eigenen Gedanken nach. Aber im Nachhinein haben wir uns oft gefragt, ob dieser Offizier mich wirklich nicht gesehen hat oder ob Gott ihm das Herz anrührte, sodass er in einem Anflug von Mitleid mich nicht sehen wollte. Was immer die Antwort sein mag, wir sind gewiss, dass unser allmächtiger Gott Seine Hand im Spiel hatte.

Es war inzwischen nach fünf Uhr. Die Sonne stand noch hell am Himmel. Johannes riet, bis zum Einbruch der Dunkelheit zu warten und für die verbleibende Zeit vor dem langen Marsch mit schwerem Gepäck zu ruhen. So legten wir uns, mit aufgewühlten Herzen, wieder ins Moos. An Schlaf war nicht zu denken, Gefühle des Staunens, der Freude, des Dankes und im Blick auf die letzte Phase des Grenzgangs natürlich auch Spannung stürzten wie bunte Steinchen eines Kaleidoskops in uns durcheinander.

Als die Uhr auf zehn zuging, war es soweit. Wir zogen unsere Gepäckstücke aus dem Dickicht auf eine Schneise, nahmen sie auf und nach einem letzten Gebet ging es unter der Führung von Johannes los. Über abgeerntete Äcker schleppten wir uns in Richtung Possek. Dann und wann suchte ein Scheinwerferstrahl das Gelände ab. Jedes Mal, wenn er aufleuchtete, gingen wir in die Hocke, um in die Unregelmäßigkeit des dunklen Hintergrunds einzutauchen. Nach dem Steinbruch kamen wir tatsächlich an das alleinstehende Haus. Mit Erschrecken sahen wir im Vorbeigehen durch das offen stehende Fenster mehrere Grenzpolizisten. Durch den Dunst ihres Zigarettenrauchs hindurch beobachteten wir, dass sie in ein Kartenspiel vertieft waren. Trotz unserer auf dem Kiesweg hörbaren Schritte drehte sich keiner nach uns um. Grenzpolizisten in einer Stube mit weit offenem Fenster, das hatten wir nicht erwartet. Schnell ein paar Schritte auf die Seite, ins Gras, und nichts wie weiter. Bald überquerten wir die asphaltierte Landstraße. Ein Zeichen, dass unsere Richtung stimmte! Stundenlang ging es mit unserem Gepäck über Felder und durch Wälder, immer hinter Johannes her! Und dann, es mag gegen drei Uhr morgens gewesen sein, kamen wir auf einem Waldweg an einen hohen weißen Pfahl. Das hoch angebrachte Schild konnten wir in der Dunkelheit nicht lesen. So legte Johannes seine Traglast ab und kletterte am Pfahl hoch und las laut: »You are in the American sector of the occupation Zone«. So viel Englisch, um das zu verstehen, hatten wir aus unsern Schultagen behalten. Welch eine Last fiel uns nun vom Herzen! Welche Freude, nun aller Gefahr einer eventuellen Festnahme entronnen zu sein. Die offizielle Zuzugsgenehmigung der Stadt Bad Liebenzell ließ uns eine Rückführung nicht befürchten. An Ort und Stelle dankten wir unserm Herrn aus übervollen Herzen für seine wunderbare Führung und Bewahrung!

Eine weitere, die am meisten gefürchtete, Barriere war aus unserem Weg geräumt. Ermattet kamen wir in den frühen Morgenstunden in eines der grenznahen bayrischen Dörfer. Wir wollten gerade an die Tür eines der kleinen landwirtschaftlichen Anwesens klopfen, als im Fenster über der Tür das Licht anging, eine Frau ihren Kopf herausstreckte und auf gut bayrisch fragte: »Kommt's iha vo drüam?«

Das war ja offensichtlich, denn das verriet schon unser sächsischer Akzent.

Auf unsere Bitte, die zwei Stunden bis zur Abfahrt des Milchautos bei ihnen im Stall schlafen zu dürfen, öffnete sie die Tür und bereitete uns ein gutes Strohlager. Voller Müdigkeit, wie wir waren, fielen wir bald in einen tiefen, guten Schlaf. Rechtzeitig zur Abfahrt des Lastwagens weckte uns die freundliche Frau.

Wieder ging es zwischen Milchkannen zur Molkerei, diesmal in die Stadt Hof. Der Fahrer war ebenso freundlich wie die Bäuerin, er brachte uns, noch bevor er zur Molkerei fuhr, mit unserm Gepäck zum Bahnhof.

Hier am Bahnhof galt es zunächst, unsere ostdeutsche Währung in Westmark umzutauschen. Bei der gängigen Umtauschrate von 4:1 hofften wir, dass es uns neben der Eisenbahnfahrkarte noch zu einer sättigenden Mahlzeit reichen würde. Der Umtausch ging besser und schneller vor sich, als erwartet. Nachdem wir die Fahrkarten nach Bad Liebenzell gelöst hatten, gingen wir in die Bahnhofsgaststätte. Wir hatten bis zur Abfahrt des Zuges nicht nur viel Zeit, sondern inzwischen auch einen richtig hungrigen Magen. Als wir mit Koffern und Taschen in die Gaststätte hineinpolterten, drehte sich alles nach uns um. Kein Wunder, sahen wir doch nicht gerade salonfähig aus. Aber nach allem, was wir kurz zuvor erlebt hatten, genierte uns das jetzt wenig. Nun erlebten wir eine weitere Freundlichkeit unseres guten und treuen Gottes:

Ein wohlbeleibter, elegant gekleideter Herr, der ein paar Tische links von uns saß, kam mit seiner dicken Zigarre im Mundwinkel an unsern Tisch und fragte, ob wir von drüben kämen. Nachdem wir das, wohl etwas befangen, bestätigt hatten, zog er seine Brieftasche aus seiner Jacke und blätterte Nahrungsmittel- und Fleischmarken auf den Tisch. Legte noch ein paar Geldscheine dazu und rief: »Herr Ober, bringen Sie diesen Burschen etwas zu essen!« Gottes Fürsorge?! Oder gibt es dafür eine andere Erklärung?

Als sich am späteren Vormittag der Zug Richtung Nürnberg-Stuttgart in Bewegung setzte, war der Abschied von Johannes sehr herzergreifend und emotional! Wir winkten, bis wir einander nicht mehr sehen konnten!

Am nächsten Tag, zur Mittagszeit, stiegen wir in Bad Liebenzell aus dem Zug. Als ich das Schild Bad Liebenzell am Bahnhofsgebäude im Schwarzwälder Stil sah, empfand ich ein Glück, als ob nunmehr alle Wünsche meines Lebens in Erfüllung gegangen seien.

Freilich, nun fing das Lernen erst an. Aber lernen wollten wir! Der Anfang, drei Jahre nach Kriegsende, war nicht leicht. Gebäude und Gelände waren durch jahrelange Zweckentfremdung in einem verwahrlosten Zustand. Wir hatten oft Hunger, denn wir lebten von den Erntedankgaben unserer treuen Missionsfreunde und die waren in den Nachkriegsjahren selbst knapp dran. Da damals im Missionshaus nur die beiden Lehrsäle und das Esszimmer geheizt werden konnten, froren wir im Winter viel. In den Mittwinterwochen glitzerte Eis und Reif an den Wänden des Treppenhauses und in vielen anderen Räumen. Auf dem Dachboden aber, für jeden lesbar, hatte einer der Berufenen mit rußigem Finger, auf die weiß getünchte Wand des Waschraums geschrieben: »Zu allem willig!«

Wahrhaftig: Wenn Gott ruft, fallen Barrieren! Das haben wir nicht nur auf dem Weg ins Missionshaus erfahren; das hat sich in fünfzig Jahren des Dienstes immer wieder neu erwiesen.

Bogandi – aus Steinen schleift Gott Diamanten

Bogandi ist eine der markantesten Persönlichkeiten, die mir begegnet sind, seine Geschichte ist ein Stück Gottesgeschichte:

Die Sonne stand noch hell überm Meer. Ein Sonntag neigte sich dem Ende zu. Wir Missionare unsere Familien und die beiden Schwestern Waltraud Strunte und Traute Krüger, waren zum Abendgottesdienst ins Dorf Lessau gekommen. Es war etwas früher als gewöhnlich, denn sonntags wird dem gemeinschaftlichen Singen mehr Zeit gewidmet. Auf diese Weise lernen die Alten, die nicht lesen können, die Lieder auswendig, die ihnen die Schulkinder begeistert vorsingen.

Nach einer Zeit frohen Singens trat ich hinter die selbst gebaute Kanzel. Vorn auf der ersten Bank saß, wie immer, Bogandi. Tägliche Andachten und die Gottesdienste am Sonntagmorgen waren undenkbar ohne Bogandi. Ich weiß nicht mehr, was ich an jenem Abend sagte. Friedel, meine Frau, erinnert sich aber, dass ich über die zwei Wege sprach: dem einen, auf dem man mit der Mehrheit sorglos und unbekümmert geht und dem anderen, der Verpflichtungen mit sich bringt. Nach einer Weile bemerkte ich bei Bogandi eine sonderbare Unruhe.

Er schien irritiert, schaute mehrmals um sich, als erwarte er jemanden. Ich ließ mich nicht unterbrechen, kamen doch Unaufmerksamkeit und Ablenkungen öfters vor. Plötzlich stand Bogandi auf, ich spürte seine Erregung, er verließ entschlossenen Schrittes die Kirche. Wie gebannt saßen die Leute auf ihren von Hand behauenen Sitzbalken. Die Aufmerksamkeit war dahin, Spannung lag in der Luft. Bald kam Bogandi zurück. Aller Augen folgten ihm, resolut kam er nach vorn und fiel vor der Kanzel auf seine Knie. Noch bevor ich begriffen hatte, was vor sich ging, begann er laut zu beten. Erst nach ein paar Sätzen begriff ich, dann sah ich auch das kleine handgeflochtene Beutelchen vor ihm auf dem Zementsockel liegen. Ergriffen kniete ich neben ihm nieder. Sein Gebet war Bitte um Vergebung und eine erneute Übergabe seines Herzens und Lebens an Jesus. Er hatte eben seinen letzten Schutzzauber ausgeliefert. Die letzte heimliche Bindung an das Erbe der Väter gelöst! Als er geendet hatte, betete ich für ihn und über ihm.

Bogandi, Sohn des alten Häuptlingsgeschlechts der Watah, war in der Umgebung hoch respektiert, obwohl seine Bedeutung durch die politische Entwicklung geschwunden war. Sein Vater, von dem er die Häuptlingswürde geerbt hatte, war ein gefürchteter Mann. In seinen Tagen wurden besiegte Feinde zum Festschmaus des Dorfes. Aber, so fügte er schmunzelnd hinzu, wenn immer er davon sprach, er habe, altershalber, an solchen Gelagen noch nicht teilnehmen dürfen.

Die deutsche Kolonialverwaltung bekämpfte seit 1885 diesen Kannibalismus mit allen Mitteln. Auf den abgelegenen Admiralitätsinseln setzte sich diese neue Politik nur langsam durch. Eine Strafexpedition des deutschen Kreuzers »Falke« im Jahre 1896 blieb erfolglos. Die dichte Bewaldung und das Fehlen von

Ortskundigen und Dolmetschern machte die Landung eines Strafkommandos wenig aussichtsvoll. Nicht viel anders erging es der »Seestern«, die 1908 mit ähnlichem Auftrag nach Lessau geschickt wurde. Bogandi war damals ein Junge von etwa sechs Jahren. Drei Jahre später, 1911, geschah in einem benachbarten Dorf der letzte, offiziell registrierte, Fall von Kannibalismus.

Unter unvorstellbar mühsamen Bedingungen besuchte unsere Missionarin Maria Molnar ab 1932 diese ›Vergessenen‹, am Ende der Welt Lebenden, zum ersten Mal. Sie wohnten damals noch nicht an der Küste sondern im Dschungel, zwischen Nord- und Südküste des westlichen Teils der Manusinsel und sie konnten nur per Kanu auf dem von Krokodilen bevölkerten Gonyadafluss erreicht werden. Mit diesen Besuchen brachen die ersten Lichtstrahlen des Evangeliums in die heidnische Nacht der Nyindrouleute. Neben der Verkündigung, dass der höchste Gott sie liebt, waren diese ersten Besuche hauptsächlich mit der Behandlung Kranker ausgefüllt.

Der Wunsch, einen Missionar in ihrer Mitte zu haben, wurde wach. Damit dies Wirklichkeit werden könne, stellte Bogandi aus seinem Landbesitz an der westlichen Küste einen Hügelrücken zur Verfügung. Nachdem Missionar DeRoo, mit Hilfe von Missionar Doepke ein einfaches Häuschen erstellt hatte, war er der erste, der sich mit seiner Familie 1936 auf der neuen Station Lobehan niederließ. Ihm war es vergönnt, in Bogandis Leben den Grund für den Glauben an Christus zu legen.

Der erste Einbruch in den bis dahin unangefochtenen Machtbereich der Finsternis blieb nicht ohne Folgen. Bei dem fürs Evangelium offenen Bogandi stellten sich unerklärliche Anfälle von Raserei ein. Bei diesen Anfällen entwickelte er eine solche Kraft, dass mehrere Männer ihn nicht bändigen konnten. Es gab keine Fessel, die er nicht zerriss. Furcht befiel die Leute – wenn möglich, ging man diesem gefährlichen Unhold aus dem Wege. Bei solch einem Anfall, so erzählte man mir, schob er allein, mit unmenschlicher Kraft, ein großes Kanu über den Sandstrand ins Wasser. Normalerweise waren dazu vier bis fünf Männer nötig.

Kein Wunder, dass seine Mitmenschen solche Besessenheit durch böse Geister erklärten und ihn mieden. Ihre Furcht war nicht unberechtigt.

Eines Tages wurde Missionar DeRoo von lautem Geschrei und Lärm aufgeschreckt. Bevor er wusste, was vor sich ging, drang der rasende Bogandi mit einem Buschmesser in der Hand ins Haus und packte den Missionar am Haarschopf. Zu Tode erschrocken brachte Missionar DeRoo nur noch den Ruf: »Jesus ist Sieger!« heraus. Da geschah das Wunder: Augenblicklich erstarrte Bogandi und ließ das Messer fallen, und willig ließ sich der gefürchtete und unberechenbare Mann ins Dorf führen. Sichtlich bewegt unterbrach Bogandi sein Erzählen. »Kindre ndrabawei balik« (Gott hinderte Satan), fügte er, nach einer Weile, mit tränenerstickter Stimme hinzu.

Einige Zeit nach diesem Geschehen hörte Missionar DeRoo von Leuten aus dem Dorf, dass Häuptling Bogandi bewusstlos sei. Trotz aller Bedenken rang er sich durch, Bogandi zu besuchen. Bei diesem Besuch erhob er im Gebet immer wieder Anspruch auf den Sieg Jesu und Gott erhörte! Bogandi kam zu sich. Und Missionar DeRoo entschloss sich zu einer außergewöhnlichen Handlung. Er reichte dem noch nicht getauften Bogandi das heilige Abendmahl. Und Gott in Seiner unergründlichen Barmherzigkeit bestätigte diesen Glaubensakt. Von Stunde an war Bogandi von seiner Besessenheit frei. Nach zehnjähriger Arbeit ging die DeRoo-Familie 1938 in Heimaturlaub und wurde von Missionar Gareis und seiner Frau Leni abgelöst. Aus Dankbarkeit fühlte sich Bogandi dem neuen Missionar gegenüber verpflichtet. Gareisens waren jedoch, durch den Ausbruch des Krieges bedingt, nur kurze Zeit in Lessau. Auch und gerade nach deren Weggang fühlte sich Bogandi fortan für die Sache Jesu in seinem Stammesgebiet verantwortlich. Einige Zeit durften dort keine Missionare arbeiten. Nach vielen Schwierigkeiten konnten – auch dank der Hartnäckigkeit von Bogandi – ab 1952 deutsche Missionare wieder einreisen. Und im Juli 1954 wurde ich vom damaligen Interimsdirektor, Pfr. Kühn, angefragt, ob ich bereit wäre, nach Manus zu gehen.

In die folgenden zehn Monate fiel das Abschlussexamen meiner medizinischen Ausbildung. Um Englisch zu erlernen, verbrachte ich zehn Wochen in England. Am 11. Januar 1955 feierten wir unsere Hochzeit. Vier Wochen später verließen wir, vom Hafen in Genua, Europa. Per Schiff über Australien waren wir nun auf dem Weg zu unserem Einsatzort in Manus. Meine Frau und ich waren die Ersten in der Liebenzeller Missionsgeschichte, die verheiratet ausreisen durften. In Australien gab es einen unerwarteten Aufenthalt. Das Schiff das uns nach Neuguinea bringen sollte, war im Trockendock. Doch am 21. Mai 1955 landeten wir dann auf Manus. Missionar Walter mit Frau und Schwester Marlene Hühnlein empfingen uns in Lombrum, dem Hafen für Überseeschiffe. Sie brachten uns mit ihrem Boot auf die Station Loniu, an der östlichen Spitze der Manusinsel. Dort sollten wir, zur Einführung, die ersten Monate verbringen. Der Drang unseren zukünftigen Einsatzort zu sehen und einen ersten Eindruck von dem, was uns dort erwartete, zu gewinnen, war riesig.

Bei unserem ersten Besuch in Lessau, im Juli 1955, begegneten wir Bogandi zum ersten Mal. Er begleitete uns von der Anlegestelle im Dorf zu dem verwaisten Hügel der Station Lobehan. Nach unserer Übersiedlung, im Februar 1956, fanden wir in Bogandi mehr als nur einen freundschaftlichen Gastgeber. Er war uns ein williger, aber vor allem ein treuer Gehilfe, der uns mit den Mitteln und Möglichkeiten, die ihm zur Verfügung standen unterstützte. Das fing bei den Bauarbeiten an. Die notwendige, neue Dorfkirche war eines der ersten Projekte, dem seine besondere Liebe galt. Als die Betonfundamente gegossen waren, übernahm er die Besorgung des Bauholzes. Tag für Tag führte er verschiedene Gruppen von Männern und Jugendlichen des Dorfes an. Im Busch fällten sie Bäume, an Ort und Stelle wurden die Stämme grob zugehauen und dann mussten sie durch Sumpf und über ein Geflecht von Mangrovenwurzeln an den Strand geschleppt werden. Von dort wurden sie ins Dorf geflößt. Es war schwere Arbeit. Aber Tag für Tag war Bogandi dabei. Er fühlte sich verantwortlich, war es doch seine Kirche, die gebaut wurde! Es war in dieser Kirche, in der

Bogandi seinen letzten Schutzzauber auslieferte und in ihr hatten wir das Vorrecht ihn zu taufen. Es ist die Kirche, in der er in den folgenden Jahren heimisch war und mit seinem Gott redete, wie kein anderer im Dorf.

Wenn ich in den folgenden Jahren zuweilen am frühen Nachmittag im Dorf zu tun hatte, hörte ich oft schon in einiger Entfernung durch das Wellblech und die leere Kirche verstärkt, seine Stimme. Als ich diesen unerwarteten Widerhall zum ersten Male hörte, wurde ich stutzig. Neugierig schlich ich mich näher, um zu sehen, was vor sich ging und fand Bogandi auf seinem Platz. Er betete! Da er mein Kommen nicht bemerkt hatte, konnte ich unbemerkt zuhören. Er betete – nicht nur namentlich für alle seine Kinder, für die Leute im Dorf, für die Schulkinder, für die Missionare mit ihren Familien. Er bat auch um den Heiligen Geist, um Erleuchtung der Herzen, um Weisheit, um Kraft, um Schutz vor dem Bösen, priesterliche Gebete! Tief gerührt und beschämt stahl ich mich davon. So am hellen Tag ganz allein in der Kirche und versunken im Gebet fand ich ihn noch öfters. Hier lag der Quellgrund seiner Besonderheit und seiner Ursprünglichkeit.

Dieses Gebetsleben erwies sich als Bogandis Kraftquelle in den schweren Prüfungen, durch die Gott seinen Lebensweg noch führen sollte. Während wir 1959/60 für ein Jahr als Vertretung auf der etwa 70 Kilometer östlich gelegenen Station Lugos sein mussten, wurde bei Bogandi Lepra festgestellt. Die Nachricht war nicht nur für uns schockierend. In den Wochen zwischen Diagnose und Abreise nach Analaua, der Leprakolonie, waren wir zu weit entfernt, um mit ihm in Verbindung sein zu können. Durch eine besondere Spende einer Jugendgruppe in Deutschland hatte ich ein Jahr später Gelegenheit, diese Kolonie der Isolierten zu besuchen. Gerne nahm ich sie wahr, da mehrere Manusleute – zum Teil schon lange Zeit – dort waren. Mit strahlenden Gesichtern standen sie bei meiner Ankunft am Anlegesteg der kleinen Insel vor der Küste von Neu Hannover und streckten mir ihre Hände entgegen. Bogandi brachte kein Wort über die Lippen. Die Tränen in seinen Augen verrieten seine innere Bewegung. Die Rührung und die Freude war auf beiden Seiten groß. Ich war in den folgenden Tagen tief beeindruckt, wie aufmerksam sie bei den täglichen Morgen- und Abendandachten dem Wort Gottes lauschten. In der sich anschließenden Zeit gemeinsamen Gebets konnte man die Freude heraushören, dass es auch für sie einen Heiland gibt. Äußerlich gut versorgt, waren sie jedoch in dieser Kolonie als Nichtkatholische geistlich auf sich selbst angewiesen.

Methodistische Gottesdienste, die dann und wann stattfanden, waren für unsere Manusleute keine Hilfe, da sie das Kuanua nicht verstanden. Da eine Anzahl von ihnen tief im Glauben stand, hielten sie untereinander Andacht und kamen regelmäßig zum Gebet zusammen. Hier sah ich etwas von dem kostbaren »Schatz in irdenen Gefäßen, damit das Übermaß der Kraft von Gott sei und nicht aus uns«, von dem der Apostel Paulus im 2. Korintherbrief (Kapitel 4,7) spricht.

Schnell vergingen die Tage herzlicher Gemeinschaft. Nach dem Abschiedsgottesdienst begleitete mich eine kleine Schar an den Bootssteg. Unter ihnen war auch Bogandi. Als ich ihm die Hand zum Abschied reichte, bat er mich: »Sag es allen daheim, dass sie nicht müde werden sollen für uns zu beten«. Ich habe es ihnen versprochen: »Wir vergessen euch nicht«. Und Gott, der da reich ist an Barmherzigkeit, erhörte das Flehen der Elenden. Acht Monate nach meinem Besuch kehrte Bogandi mit drei anderen Patienten zu unser aller Freude heim. Nach der Behandlung war die Ansteckungsfähigkeit bei ihnen arretiert. Bogandi war sich der Gnade, die ihnen widerfahren war, bewusst und wurde nicht müde, Gott dafür zu danken. Nun war es sein Wunsch am nächsten Pfingstfest getauft zu werden. Ob er sich einen besonderen Namen wünschte? Spontan antwortete er: »Daniel!« Trefflich! – Aber ich wollte ein bisschen tiefer in ihn hineinschauen und machte ein paar andere Vorschläge.

Er blieb dabei: »Daniel will ich heißen, nicht anders!«

»Warum denn gerade Daniel?«

»Er betete dreimal am Tag und ein solcher Mann will ich auch sein.«

Wahrhaftig, kein anderer Name hätte besser besagen können, was Bogandis Leitbild war.

Neben dem Geistlichen war ihm die Entwicklung seiner entlegenen Westküste ein Anliegen. Jedes Projekt, das seinen Nyindrouleuten das Leben zu erleichtern versprach, fand seine volle Unterstützung. Als ich den Häuptlingen der umliegenden Dörfer meine Pläne für den Bau eines Krankenhauses vorlegte und um ihre Unterstützung warb, war Bogandi ganz bei der Sache. Spontan stellte er das nötige Grundstück für dieses Projekt zur Verfügung. Mit großem Interesse verfolgte er den Fortschritt der Bauarbeiten und half, soweit es seine Kräfte zuließen, und spornte die wöchentlich wechselnden Arbeitskommandos aus den Dörfern der umliegenden Inseln an. Hier ein Erlebnis, das ihn charakterisiert und mir im tiefsten Herzen guttat. Für das entstehende Hospital war natürlich eine große Klärgrube nötig. Die

Decke dieses mächtigen Betonkastens war vor gut drei Wochen betoniert worden und musste nun ausgeschalt werden. Zwecks späterer Wartung der Anlage hatte ich ein Einstiegsloch ausgespart. Um nun die überflüssig gewordenen Stützhölzer und Verstrebungen der Schalung in der Grube abbauen zu können, musste jemand hinuntersteigen und das abmontierte Holz durch das Einstiegsloch herausreichen. Nun hatten aber die täglichen Regenschauer der vergangenen Wochen lehmige Erde in dieses noch offene Einstiegsloch gespült. Das schmutzig braune Regenwasser stand etwa hüfthoch in der Grube. Als die Arbeiter dies sahen, weigerten sie sich in die Grube zu steigen. Mein Hinweis, dass die Toiletten noch gar nicht installiert, geschweige denn angeschlossen seien, überzeugte sie nicht. Sie blieben bei ihrer Einstellung: »In diese Güllegrube steigen wir nicht!« Mir blieb nichts anderes übrig, als selbst hinunterzusteigen und das Schalungsmaterial abzumontieren. Es war keine angenehme Arbeit. Um die Sperrholzschalung von der Unterseite der Betondecke zu lösen, musste man mit beiden Händen über dem Kopf arbeiten, obwohl man nicht völlig aufrecht stehen konnte. Dazu war das hüfthohe Wasser kalt. Während ich mit Nageleisen und Beil der Holzverschalung zu Leibe rückte, hörte ich oben jemand laut und erregt schimpfen. Worum es ging, konnte ich nicht verstehen. Dann wurde die Leiter heruntergelassen und Bogandi stieg zu mir in die Grube. Wortlos und bis zum letzten Hammerschlag half er mir. Als wir wieder im warmen Sonnenlicht standen, erfuhr ich von den beschämten Arbeitern, was vorgefallen war. Bogandi war gekommen, um zu sehen, was läuft. Das tat er öfter. Er freute sich am Fortschritt. Dabei sah er, dass alle herumstanden und nur dann in Bewegung kamen, wenn ein Stück Holz aus der Grube herausgereicht wurde. Auf seine Frage, wer denn da unten sei, mussten sie ihm sagen: »Der Missionar!« Da brach sein Unmut über sie herein. Er schalt sie mit vorwurfsvollen Worten und tat sein Bestes sie zu beschämen. Dass sie mich allein in der Grube schuften ließen, war für ihn unglaublich. »Ist das, was der Missionar da baut, nicht für uns? Oder denkt ihr, wenn er heimgeht, dass er diesen Bau mitnimmt? Schämt euch was!« Auf diese Weise hatte er ihnen die Leviten gelesen. Und dann hatte er sein Lendentuch gerafft, die Zipfel in den Bund gestopft und war zu mir in die Grube gestiegen. Das war Bogandi! Der letzte große Schmerz, den Gott ihm im Alter noch zumutete, war der unglückliche Tod seines Jüngsten. Sapak war ein später Nachkömmling, der *Benjamin* aller. Das freundliche, intelligente Kerlchen war der Liebling der Familie. Im Alter von etwa sieben Jahren kam er eines Mittags aus der Schule heim, nahm sich seine Angelschnur und lief, wie schon dutzende Male vorher auf einem Balken unseres noch unfertigen Bootsstegs etwa zehn Meter hinaus in die Bucht. Weder war der Balken hoch über dem Wasser, noch war das Wasser tief. Kurze Zeit später sah man ihn im Wasser treiben. Der Schock traf nicht nur die alternden Eltern. Er traf uns alle, denn jeder hatte Sapak gern.

Der Vorfall blieb unerklärlich, denn in diesem Alter sind die Kinder auf Manus mit dem Wasser vertraut. Man vermutete, dass Sapak ausgerutscht sei und sich im Fall an einem der Balken den Kopf anschlug und so bewusstlos ins Wasser fiel. Unter normalen Verhältnissen hätte ihn ein solcher Fall ins untiefe Wasser niemals erschreckt, sondern Vergnügen bereitet. Der Schock war groß. In ihrer Verzweiflung warf sich Sapaks Mutter auf die Erde, wälzte sich auf dem sandigen Boden und schrie nach traditioneller Sitte ihren Schmerz aus sich heraus. Bogandi war das Gegenteil. Man sah ihn still und mit zusammengepressten Lippen am Strand oder in der Kirche sitzen. Er verarbeitete seinen Schmerz im Gespräch mit seinem Gott. Am Tage der Beerdigung geschah das damals noch Undenkbare. Bogandi verkündigte den vielen zur Trauer Versammelten: »Geht nach Hause – es gibt keinen Kapek!« Kapek, das ist der traditionelle aufwendige Leichenschmaus zur Besänftigung der Geister der Ahnen. Diese Tradition wäre für Bogandi Verpflichtung gewesen, gar nicht zu sprechen von dem Unmut der Ahnen und ihrer zu erwartenden Ahndung dieses Affronts. Bewusst sagte Bogandi dieser traditionellen Verpflichtung ab.

Nachdem er mit der Herausgabe seines letzten Schutzzaubers die letzte Bindung an dunkle Mächte gelöst hatte, nachdem er in der Aussätzigenkolonie erlebt hatte, dass Gott sein Vertrauen nicht zu Schanden werden ließ, nachdem er sich den Namen Daniel als Lebensprogramm erwählt hatte, gab ihm Gott nun die Gnade, bewusst dieser traditionellen Verpflichtung absagen zu können und wie Hiob zu bekennen: Dies ist die Angelegenheit des höchsten Gottes.

Als im Oktober 1969 unsere Abreise für den zweiten Heimaturlaub bevorstand, sprach ich im Anschluss an einen Gottesdienst mit Bogandi über meine Pläne nach unserer Rückkehr. Er sah mir in die Augen und sagte bestimmt: »Du wirst nicht wiederkommen!« Ich glaubte nicht recht zu hören und beteuerte, dass ich unbedingt vorhabe wiederzukommen. Ruhig entgegnete er mir: »Als Missionar Dietsch ging, wusste ich, dass er wiederkommt. Aber Gott hat mir gezeigt, dass du nicht wiederkommen wirst!« Ich tat dies als dummes Zeug ab und vergaß es schnell. Am Tag der Abreise versammelten wir uns, bevor wir aufs Boot gingen, zu einem Abschiedswort und Gebet in der Kirche. Auf dem kurzen Weg von der Kirche zum Bootssteg nahm mich Bogandi in seine Arme, und drückte mich fest, nahm meine Hand, dankte mir »für alles«. Seine letzten Worte waren ein Segenswunsch! Acht Wochen nach unserer Heimkehr teilte uns die Missionsleitung mit, dass man beabsichtige, uns nach Kanada zu senden. »Was sollen wir in Kanada? Wir haben in Lessau eine unvollendete Arbeit hinterlassen«, erwiderte ich, »wir lieben diese Menschen, sprechen ihre Sprache und möchten vollenden was wir begonnen haben!« Leider wurde uns dieser Wunsch nicht erfüllt. Bei dieser Eröffnung kam mir der Abschied von Bogandi in den Sinn und seine entschiedene Aussage: »Du wirst nicht wiederkommen!« Und das Unvorstellbare wurde wahr, uns wurde eine andere Aufgabe in Gottes Weinberg zugewiesen! Wiederholt hat Bogandi in den folgenden Jahren die Missionsleitung um einen neuen Missionar für Lessau und die umliegenden Dörfer an der Westküste gebeten. Er hat es nicht erlebt, dass ihm dieser Wunsch erfüllt wurde. Aber seiner Mission ist er treu geblieben bis ans Ende!

Wie uns berichtet wurde, hat er kurz vor seinem Sterben sich seine Ersparnisse bringen lassen und einen guten Teil davon an seine Söhne ausgehändigt mit dem Auftrag, diesen Betrag an die Mission zu schicken, als Dank dafür, dass sie uns Missionare geschickt haben! Aus rohem, unscheinbarem Gestein schleift Gott Diamanten!

Karl Kalmbach berichtet

Missionseinsätze:
1964-66: Manus; 1966-70: Arkosame/Sepik; 1971-76: Manus;
1977-82 Wewak-Brugam/Sepik; 1983-85:
West-Neubritannien (Karl Kalmbach ohne die Familie)
1993-96: Port Moresby; 1998,1999 und 2000: Bau-Einsätze in
Guam, Chuuk und Gavuvu/West-Neubritannien

Die Berufung

Ganz ungewöhnlich war es für den Überbergerweg 12, dass die Polizei aufkreuzte. Sie wollten Vater sprechen und dann wurde auch ich gerufen. Die Gesichter waren ernst. Eigentlich hatten sie größere Jungs im Visier, aber alle behaupteten, dass der Karl vom Überbergerweg Anführer und Haupttäter sei. Es ging um eingeworfene Fensterscheiben, einen Einbruch in der städtischen Turnhalle, um gestohlene Seile, und einen Einbruch im alten Schloss, bei dem wertvolle alte Türschlösser zerstört und der Schlosswächter verletzt worden war.

Vater war geschockt! Als die Polizei weg war, erwartete ich ein Donnerwetter. Lange und mit tiefer Trauer in den Augen schaute mein Vater mich an. Dann ergriff er wortlos meine Hand, und sagte: »Komm!« Ich sträubte mich, denn ich erwartete Strafe, aber sein Griff wurde fester, er zog mich hinter sich her. Es ging ins Haus durch den Vorraum, durchs Kinderzimmer hinein ins Elternschlafzimmer. Er schloss die Türe hinter uns zu. Es war wohl das erste Mal, dass ich richtig Angst vor ihm bekam! Geht es mir jetzt mal richtig an den Kragen?, fragte ich mich. Er kniete an seinem Bett nieder, drehte mir sein wehes Gesicht zu. Ich sah, dass er mit den Tränen kämpfte, und er sagte: »Ich weiß nicht mehr weiter!« Kein Vorwurf. Nichts! Dann betete mein Vater. Nein, er schüttete sein Herz, ein ganz hilfloses Herz, vor seinem himmlischen Vater aus. Er sagte ihm, dass er versucht hätte mich zu erziehen, dass er aber eben auch nur ein armer, schwacher, sündhafter Mensch sei. Sein Versagen tat ihm leid. Leidenschaftlich bat er Gott um Hilfe und darum dass er mir gnädig sein solle und mich nicht in Schlimmeres abdriften lassen solle.

Meinen sonst so starken Vater so hilflos zu sehen, das war für mich damals die schlimmste Strafe.

Am nächsten Tag war das Verhör auf der Polizeiwache. Unter den Angeklagten war ich wohl der Kleinste. Als mir aber von den Größeren alle Untaten angelastet wurden, wurde der Kommissar sauer. Er versuchte, mich mit freundlichen Fragen aufzumuntern. Aber zu mehr als einem ängstlichen Nicken oder Kopfschütteln brachte ich es nicht.

Mit freundlichen Ermahnungen schickte er mich heim.

Ein anderes Mal hatte ich, wie leider oft, einen Streit mit meiner Mutter. Es ging mächtig zur Sache. Ich spielte lebensmüde und stürmte mit den Worten »Wenn ihr mich nicht mehr wollt, dann häng ich mich auf!« hinaus. Nicht im Entferntesten dachte ich an Selbstmord. Im Innern unserer Scheune mit Ziegenstall versteckte ich mich tief im Heu und verharrte regungslos. Mutter folgte mir erschrocken und rief mich: »Karl...Karl...«. Ihr Rufen wurde zum Flehen. Ich spürte ihren Schmerz und ihre Angst. Wenn einer denkt, ich hätte geantwortet, täuscht er sich. Mit einer dämonischen Freude genoss ich ihren Schmerz. Mutter bettelte und flehte, dass ich mich melden und rauskommen solle, ich aber kostete ihr Leiden aus. Die bodenlose Abgründigkeit meiner Seele damals lässt mich bis heute erschauern. Nie hab ich realer gespürt, dass wir Menschen auch Teufelskinder sind. In meiner Höhle rührte ich mich nicht, immer wieder dachte ich: *So ist's gut, geschieht dir recht, spürst du es, ha, ha, ha.*

Eine andere schlimme Angewohnheit und Mutter bekam sie oft zu spüren, war mein ›Beleidigt-Sein‹. Leider habe ich bis heute manchmal damit zu kämpfen, und deshalb auch Angst vor mir selbst. Fühlte ich mich gekränkt, verletzt, zurückgesetzt oder war einfach zornig, weil man mir nicht zu Willen war, dann legte ich einen Schalter um. Ich strafte die Betroffenen mit tage- oder wochenlangem, eiskaltem Schweigen. Auf Fragen reagierte ich nicht, ohne Gruß verließ ich das Haus.

Etwas Unvergessliches erlebte ich in der Grundschule als 6- oder 7-Jähriger. Es war Hitlerzeit, die Paraden mit dem »Heil-Hitler-Gruß« gehörten zum Schulalltag. Als die Parteigenossen ihr besonderes Augenmerk auf unsere Schule warfen, entdeckten sie, dass unser Lehrer Löckle den Hitlergruß nicht vollzog. Gleich nach dem Appell stürmte der Schulleiter tobend in unser Klassenzimmer, er brüllte auf Löckle ein und appellierte vor allem an seine Vorbildfunktion. Die Tür knallte ins Schloss, Totenstille herrschte im überfüllten Klassenzimmer. Löckle stellte sich ganz ruhig und gelassen vor uns hin und erklärte, dass es die Pflicht des Schulleiters sei, so zu agieren. Dass er aber dieses »Heil« nicht sagen könne und dass es ihm schon gar nicht möglich wäre, dabei gen Himmel zu zeigen. Denn »Heil« könne nur vom »Heiland« kommen. In meinen Augen war mein Lehrer ein Held.

Mit 13 war meine Volksschulbildung abgeschlossen. Vater suchte mir, wie ich wollte, eine Lehrstelle zum Schreiner. In meinem Herzen entfernte ich mich immer weiter von dem, was meinen Eltern wichtig war. Aus der Kirche war ich *hinauskonfirmiert* worden. Ich spottete vor andern über die Frömmigkeit meiner Eltern.

Sobald ich meinen Gesellenbrief hatte, wollte ich dem »frommen Zinnober« im Elternhaus entfliehen. Weil es aber schon Herbst war und der Winter vor der Tür stand, arbeitete ich noch bis zum Frühjahr für 46 Pfennig die Stunde.

Im Frühjahr hielt ich dann nach Arbeitsstellen Ausschau, und fand einiges, aber nichts war mir weit genug von zu Hause weg. Schließlich bewarb ich mich als Stallbursche auf einem Bauernhof in der Schweiz. Meinem Vater log ich vor, – Lügen war für mich damals schon zur zweiten Natur geworden – dass ich eine ganz tolle Stelle bei Luzern gefunden hätte. Als der Tag der Abreise kam, zog ich stolz und selbstsicher aus. Vater ließ es sich nicht nehmen, mich noch bis zum Bahnhof zu begleiten. Den ganzen Weg trug er meinen Koffer. Ich spürte, dass es ihm wehtat, dass sein Ältester mit Verachtung für seine »fromme Krücke« fortzog. Er war doppelt gebeugt, einmal von jener fernen Kinderlähmung und nun, was schwerer für ihn war, vom rücksichtslosen, undankbaren Losstürmen seines Ältesten. Da stand der Mann, der alles für mich getan und manchmal vielleicht auch um mich geweint hatte, und winkte mir sein »Lebewohl« zu. Das war Vaterliebe.

Ganz anders würde alles ablaufen, wenn ich den Weg heute nochmals abschreiten dürfte.

Mein schweizerisches Lügengebäude erhielt ich aufrecht, von Kreissägen und Werkstatt schrieb ich heim. Nicht erzählte ich, wie grenzenlos einsam mich der unverständliche Schweizer Dialekt machte, oder dass ich vor dem Frühstück zwei Pferde füttern, striegeln und bürsten musste.

Egal – heimkehren würde ich auf keinen Fall. Niemand, vor allem nicht die Frommen wollte ich sagen hören: »Der verlorene Sohn ist heimgekehrt«. Im Herbst kündigte ich und reise mit meinen verdienten Schweizer Franken nach Konstanz. Meinen Eltern signalisierte ich, dass ich es nun geschafft hätte. Als Beweis fügte ich Fotos bei, die mich Zigaretten rauchend zeigten. Damit wollte ich ihnen zeigen, dass ich für ihren Lebensstil endgültig verloren sei.

Erschüttert und neu orientiert!

Am 25. September 1956 erlebte ich eine radikale Lebenswende. Wie kam es dazu? Bei zwei Motorrad-Unfällen wurde ich mit dem Sterben konfrontiert. Glück gehabt?! Oder hatte Gott auf mich aufgepasst? Dann war da meine Spielsucht. Sie isolierte mich mehr und mehr von meinen Freunden. Wir spielten um Geld. Als miserabler Verlierer verlangte ich, dass weitergespielt wurde. Ich wollte immer noch eine Chance. Meine Selbstsicherheit bekam Risse. Ich dachte ans Sterben und auch an Selbstmord. Warum? Ich fand keine Erklärung.

Es war Mitte September 1956. Fast zwei Jahre lebte ich schon in Konstanz, als mich ein junger Mann ansprach: »Wir begegnen uns fast täglich und immer wenn ich dich sehe, habe ich das Gefühl, dass du es echt nötig hättest, auch mal in eine Kirche zu gehen.« Ich fragte nicht, warum oder wieso, sondern drohte ihm mit Prügel. Er entschuldigte sich und gab mir eine Einladung zur Zeltmission. Am folgenden Sonntagabend fraß mich die Langeweile fast auf, Fernsehen gab's noch nicht. Keiner meiner Freunde hatte Lust auf eine Runde Skat. Da fiel mir der Zettel in die Finger und ich ging zur Zeltmission der Baptisten.

In der letzten Reihe machte ich es mir bequem. Was sonst ablief, weiß ich nicht mehr, aber als schüchterne junge Mädchen und einfache nicht sehr sprachgewandte Hausfrauen erzählten, wie sie Christen geworden seien und wie ihre Beziehung zu Jesus und die Sündenvergebung durch ihn sie unendlich dankbar gemacht habe, war mein ganzes Sein urplötzlich hellwach. Irgendwie wusste ich, dass etwas Dramatisches anstand. Ging es jetzt für oder gegen den Glauben meiner Eltern? Von meinen Eltern wusste ich, dass Jesus keine Luftblase sondern Gott, Herr, Chef über jede Stunde ihres Alltags war. Wenn dieser Gott real erfahrbar war, dann... – ja, was dann...? Ich machte einen Test: »Herr, wenn du mir begegnen willst, dann arrangiere, dass der 19.30-Uhr-Bus auf mich wartet. Dieser Bus war der einzige, der mich rechtzeitig zur nächsten Abendveranstaltung bringen konnte. Unter normalen Umständen konnte es nicht reichen. Der Fußweg, Waschen, Umziehen und dann zurück zur Bushaltestelle – es war unmöglich vor 19.40 Uhr an der Haltestelle zu sein. Würde Gott dafür sorgen, dass der Bus Verspätung hatte?

Es wurde spannend. Mit einer Schnitte Brot in der Hand verließ ich mein Zimmer Richtung Haltestelle. Als ich um die Ecke bog, sah ich etwa 200 m entfernt den großen roten Bus. Er hatte Verspätung. Nun sagte ich zu mir: »Karl, jetzt schön langsam und cool bleiben, kein Winken, kein Rennen, keiner soll denken, du wollest auf den Bus«. Schritt für Schritt bewegte ich mich auf den Bus zu.

Längst waren alle Passagiere aus- oder eingestiegen. Warum fuhr er nicht los? Im Zeitlupentempo bewegte ich mich vorwärts. Kaum hatte ich den Bus betreten, legte der Fahrer den Gang ein und los ging's. Was? Ich war geschockt! Reagierte Gott auf mich? Wie betäubt saß ich im Zelt. Nun begann ich zu agieren. Ich beendete meine Arbeit früher, sodass ich einen früheren Zug erwischte. In mir brodelte es. Ich fieberte dem Dienstagabend entgegen. Und am Mittwoch gelang es mir, einen Freund zu überreden, mitzukommen. Am Ende jeder Abendveranstaltung wurde aufgerufen, sich per Handzeichen für Jesus zu entscheiden.

In meinem Innern schien die Hölle los. Fast physisch spürte ich den Kampf um meine Seele. Dann wurde zur Entscheidung aufgerufen. Ich saß wie gelähmt und spürte, wie mich irgendetwas mit einer irrsinnigen Macht daran hindern wollte, meine Hand zu heben. Ich wollte meine Hand heben, aber es war, als ob Dämonen mich hindern wollten, ich sollte dem Erlöser, Jesus nicht begegnen, sondern unter eigener Regie weiterexistieren. Es ist mir nicht möglich, die Dramatik jenes Kampfes zu beschreiben.

Nach einer, wie es mir schien, endlos langen Kampfzeit ging mein Arm langsam, ganz langsam nach oben. Fluchtartig verließ mein Freund Erwin das Zelt. Zwei alte Frauen und ich waren die Einzigen, die sich an diesem Abend gemeldet hatten.

Scheinbar waren wir etwas schwer von Begriff. Auf jeden Fall entnahm der Evangelist seiner Börse ein Fünfmarkstück, hielt es mir hin und fragte: »Wenn ich dir dieses Geldstück anbiete und du nimmst es aus meiner Hand und sagst Danke, wem gehört es dann?« In diesem Moment, es war der Bruchteil einer Sekunde, verstand ich die Erlösung und sie wurde an mir vollzogen. – Ich wusste, das Geldstück steht für Jesus, der vor mir steht und sich mir schenken will. Nur »Danke« brauchte ich zu sagen. Ich spürte: Meine Schuld verschwand. Ich war wiedergeboren. Ich gehörte jetzt zu Christus – nun war ich ein Kind Gottes. Von der Finsternis hat Christus mich genommen und hat mich ins Licht gestellt.

Prediger Hokema betete noch mit uns, wahrscheinlich habe auch ich mein erstes Dankgebet gestammelt. Dann stürmte ich hinaus, mein Glück fassen konnte ich nicht. Alles war anders, die Farben waren stärker, die Bäume grüner, das Licht wärmer, der Bodensee weiter, die Berge dahinter höher und die glitzernden Wellen waren mir wie Grüße Gottes aus seiner ganz anderen Welt. Plötzlich gab es für mich nur noch zwei Sorten von Menschen: solche, die wie ich auch erlöst waren und solche, denen man diese überwältigende Botschaft sagen musste.

Mit meinen Freunden gab es lange Diskussionen. Meine Kollegen am Arbeitsplatz meinten, meine Argumente für ein Leben mit Jesus seien beunruhigend und ich solle damit aufhören, sonst sei es mit ihrer Seelenruhe vorbei.

Die Begegnung mit Jesus Christus hatte mein Leben auf den Kopf gestellt. Die Bibel wurde für mich das spannendste Buch, ganze Nächte las ich darin. Ein Feuer brannte nun in mir. »Diese Botschaft ist so revolutionierend – ich möchte sie dort sagen, wo sie noch keiner gehört hat.« Acht Jahre später durfte ich als Missionar nach Papua-Neuguinea ausreisen.

Weil Gott alles Belastende aus meiner Vergangenheit weggeschafft hatte, begann nun eine Aufräumaktion.

In Überberg hatte ich Eier aus dem Hühnerstall geklaut. Jetzt ging ich hin, entschuldigte mich und bezahlte den Schaden.

Zu Hause entdeckte ich Hobel und Feilen, die ich aus meinem Lehrbetrieb geklaut hatte. Mit einer beträchtlichen Summe Geldes machte ich mich auf den Weg zu meinem ehemaligen Chef und bekannte meine Vergehen. An die Schweizer Zollbehörde schickte ich einen Brief mit Geld für Schmuggelware, die ich schwarz über die Grenze geschafft hatte.

Meistens fielen mir die Bußergänge sehr schwer. Einmal entschuldigte ich mich bei einem Jungen, den ich in einem maßlosen Zornanfall zusammengeschlagen hatte. Zum Glück war damals ein Anwohner eingeschritten.

Obwohl ich gleich nach meiner Christusbegegnung daran dachte, Missionar zu werden, hielt ich es für besser, meine neue Lebensausrichtung im Alltag zu testen. In Stockach und Ludwigshafen am Bodensee schulte ich um und wurde Bautechniker.

Dann besorgte mir meine Schwester in Böblingen eine Stelle in einem Architekturbüro. Für sozial Schwache wurde ich missionarisch aktiv, geschockt haben mich damals Alkoholiker, die ihre hungernden Familien verprügelten. Erschüttert hat mich, dass mir diese Säufer beipflichteten, wenn ich ihnen von Christus erzählte. Manche heulten und freuten sich, wenn ich mit ihnen betete, aber einen echten Neuanfang habe ich nicht gesehen.

Von 1959 bis 1963 wurde ich im Missionsseminar in Liebenzell ausgebildet. Als ich 1964 während meines Probedienstes den Eindruck hatte, dass mich die Mission wegen meines begrenzten Englisch nicht nach Papua-Neuguinea schicken würde, kündigte ich und schrieb an die australische Botschaft in München. Australien war damals für Papua-Neuguinea zuständig. Als Antwort auf diesen Brief bekam ich einen Anruf von Friedrich Walter, der zu jener Zeit Missionsinspektor der Liebenzeller Mission war. Friedrich Walter hatte schon immer etwas für Außenseiter übrig, denn er selbst war wohl auch einer. Nachdem ich erraten hatte, wer am andern Ende der Strippe war, wollte er wissen, warum er mich anrief! »Wegen meiner Kündigung?«, antwortete ich.

»Nein!«

Er: »Sag mal, hast du an die australische Botschaft geschrieben?«

Dann erklärte er: »Wegen der ersten vier Missionare für das Sepikgebiet in Neuguinea war ich in München auf der australischen Botschaft. Da zogen sie einen Brief aus einem Schubfach und fragten mich, ob wir mit jemand, der unbedingt in Papua-Neuguinea helfen wolle was anfangen könnten. Es war dein Brief. Sag mal, was hast du dir dabei gedacht?« Aufmüpfig antwortete ich: »Nun, ich hörte mein Englisch sei zu schlecht, deshalb geh ich meinen eigenen Weg.« – »Deine Kündigung nehmen wir vorerst nicht an. Außerdem ist das Englisch in deinem Brief an die Botschaft gar nicht so schlecht.« Es dauerte nicht lange, bis Friedrich Walter wieder anrief und fragte, ob ich für anstehende Bauaufgaben zwei Jahre auf die Insel Manus gehen würde.

Nun wurden Nägel mit Köpfen gemacht. Hans Knauer, der für seinen Krankenhausneubau Hilfe brauchte, brauchte sie bald. Ich wurde zu einer Sitzung nach Bad Liebenzell eingeladen. Ganz klein kam ich mir vor, als ich vor dem großen Kreis der Verantwortlichen stand. Alles Herren und gestandene Männer. Meine Kündigung kam zur Sprache und, und, und... – schließlich wurde ich gefragt: »Bruder Kalmbach, Sie werden ja voraussichtlich für 5 bis 6 Jahre nicht mehr nach Hause kommen. Haben Sie ein Mädchen, das Ihre Braut wird und Ihnen später nachreist?« Ich rastete aus – ohne jeden Respekt für die Würde dieser Männer zischte ich los. »Was für eine Frage? Hat der Apostel Paulus eine Braut gehabt? War Jesus verheiratet? Geht es in der Liebenzeller Mission ums Evangelium oder ist dies ein Eheanbahnungsinstitut?« Ich wurde in die Zange genommen. Bedenken, ob man jemanden wie mich, mit solch einer Einstellung, mit so wenig Respekt vor Vorgesetzten und so wenig Selbstkontrolle zu einem Missionseinsatz um die halbe Welt reisen lassen konnte, wurden sehr laut. Einige Fragen konnte ich noch beantworten, aber ich spürte auch, dass einige meinen Einsatz auf keinen Fall befürworten würden. Das Ende vom Lied war, dass ich heulend das Sitzungszimmer verließ.

Trotzdem durfte ich, auch auf Betreiben von Friedrich Walter, am 11. Mai 1964 das Flugzeug Richtung Papua-Neuguinea besteigen.

Manus

Die ersten Missionare der Liebenzeller Mission Friedrich Doepke und Hermann Kraft reisten im Jahr 1914 nach Manus aus. Sie kamen auf Anfrage von Offizieren der Kolonialverwaltung, die in der Zeit von 1900 bis 1910 die Aufgabe hatten, im Kaiser-Wilhelms-Land, wozu auch Manus gehörte, für Recht und Ordnung zu sorgen. Sie begegneten dort Stammesfehden, Blutrache, Kannibalismus und mussten bald erkennen, dass mit Gesetzen und Strafen allein keine Veränderung geschehen würde.

Kampf mit den Mächten der Finsternis

Missionar Hermann Kraft berichtet von der Zeit am Anfang des 20. Jahrhunderts:

»Im Liebenzeller Missionshaus wurde schon seit 1908 für die Insel Manus, damals deutsche Kolonie, gebetet, denn dort, unter den Kannibalen, gab es keine Missionsarbeit. Ich selbst bekam 1908 mit dem Wort Jesu ›Ich habe noch andere Schafe‹ den Ruf in die Weltmission. […] Am 27. Juli 1914 konnten wir 5 km von der Regierungsstation entfernt 10 ha Land kaufen, dieses wunderschön an der Nordküste von Manus gelegene Fleckchen Erde hatte mein Mitstreiter Br. Doepke im Traum gesehen. Wir rodeten, bauten eine Unterkunft und richteten einen Schulraum ein. Aber Schüler zeigten sich keine und niemand wollte irgendetwas lernen. In den Dörfern gab es nur wenige Jungs und die waren nicht abkömmlich, denn sie mussten ihre Väter und andere Männer bedienen. Da schenkte uns Gott einen Weg. Wir bekamen von Freunden wertvolle Zuchtschweine und die kriegten Junge. Das erregte Neid, ein Nachbar kam vorbei und meinte: »Du hast jetzt so viele Ferkel, da könntest du mir eins schenken.« Ich war hart und antwortete: »Du hast mir auch noch nie etwas geschenkt.« Aber da fiel mir ein, dass er einer der wenigen Väter war, der einen Sohn hatte. So schlug ich ihm den Tausch, Ferkel gegen Sohn, vor. Und er? Rannte heim, holte seinen etwa zehnjährigen Sohn, übergab ihn mir als seinem neuen Vater. Hochbeglückt zog er mit seinem Ferkel ab. Bald kam sein Nachbar und meinte:

*»Du bist aber ganz schön dumm, so ein hübsches Schweinchen für einen kleinen Jungen herzugeben.« Ich konnte ihm nur sagen: »Wenn du einen Jungen hast, sollst auch du ein Ferkel haben.« So kamen wir rasch und unerwartet zu einer Schule mit 15 Schülern.«*²

Die unglaublichen Zustände vor der Missionierung sind auch im folgenden Text zu erkennen³:

Der Köder!

»Drei Lehrer und Zeugen Jesu wurden uns 1962 auf der Insel Manus vorgestellt. Es waren drei Brüder Apollos, Ananias und Tychikus. Tychikus, der jüngste und fröhlichste erzählte mir die Geschichte seiner Mutter. Wenn eine Frau drei ihrer Söhne in Jesu Dienst gegeben hat, dann verdient sie es, dass ihr Name und ihre Lebensgeschichte festgehalten wird.

In der Zeit des Kannibalismus überfiel ein Dorf das andere. Die Sieger fraßen die Besiegten auf oder benützten das erbeutete Fleisch zum Tausch. Die Bewohner der Vulkaninsel Lou ließen sich für ihre Feuersteine mit Menschenfleisch bezahlen. Da die Obsidiensteine für Speerspitzen, Steinäxte und Dolche gebraucht wurden, blieb den Männern keine andere Wahl, als ein Opfer halb tot in Lou abzuliefern. Ganz tot durfte es nicht sein, weil sonst das Fleisch in der Hitze schlecht geworden wäre.

Zurück zu Nasehon, der Mutter der drei Brüder. Nasehon war ein Mädchen von etwa 13 Jahren, als sie mit einer Gruppe von zehn Jugendlichen in den Wald gelockt wurde. Ein junger Mann des Dorfes Tingau war es gewesen, der die Gruppe zu

---

2　Hermann Kraft: »Morgenrot auf Manus«, Verlag der Liebenzeller Mission, Liebenzell 1964, 3. Auflage, S. 26-28

3　Dr. Kurt E. Koch, »Der Köder« in »Unter der Führung Jesu«, Evangelisationsverlag, Berghausen, S. 200-203 *einer Jagd auf Baumbären hatte überreden können. Solche Jagden gehören zu den fröhlichsten und begehrtesten Jugendspielen. Besonders in mondhellen Nächten ziehen sie los. Die Baumbären hocken im Mondlicht auf ihren Bäumen, die ihre Futterplätze sind. Die Besten klettern in die Bäume und versuchen das Tier am Schwanz zu fassen. Wer ungeschickt zugreift, wird gebissen.*

Die Bewohner von Tingau hatten mit dieser Baumbärenjagd ein unheimliches Verbrechen vor. Man hatte monatelang durch alle möglichen Freundlichkeiten und Hilfen die Bewohner von Ndranou in Sicherheit gewiegt, so konnte der geplante Schlag umso leichter durchgeführt werden. Nun war es soweit, dass die ahnungslosen Jugendlichen von Ndranou in die Falle gingen. Sie hatten sich im Laufe der Jagd weit von der Heimat weglocken lassen. Der Mond ging unter, die Nacht brach herein und der Weg nach Hause war weit. So übernachteten sie in einer Buschhütte. Auf diesen Moment hatten die Männer von Tingau gewartet. Sie überfielen die Wehrlosen und machten sie nieder. Danach wurden die Toten und Verletzten nach Tingau geschleppt. Die Tingauer versammelten sich, um ihre Ration abzuholen. Das 13-jährige Mädchen wurde einem Mann zugeteilt, der zuerst glaubte, es wäre tot. Als er es in seine Hütte geschleppt hatte, merkte er, dass es noch atmete. Er brachte es nun nicht fertig, das sonst gut aussehende Mädchen vollends zu töten. Er pflegte ihre ekelige Verletzung. Als sie wieder gesund war, heiratete er die heimwehkranke junge Frau. Nasehon wurde jetzt von den Tingauern, ohne ihr Wissen, als Köder benutzt. Sie wurde in ihr Heimatdorf geschickt und sollte versuchen, junge Männer nach Tingau zu locken. Man hatte ihr dafür genaue Instruktionen erteilt. Sie musste ihren Dorfgenossen erzählen, dass in Tingau ein großes Fest vorbereitet würde, zu dem die Leute von Ndranou eingeladen wären. Man wollte Frieden schließen, denn sie, ›Nasehon‹, die noch lebte, sei der beste Beweis, dass für weitere Kriegszüge kein Anlass bestünde. Zehn Männer sollten zuvor nach Tingau kommen, um die Modalitäten des Friedensschlusses und des Festes zu besprechen. Nasehon führte den Auftrag aus. Was wirklich geplant war, davon hatte sie keine Ahnung. Die Bewohner ihres Heimatdorfes ließen sich überreden. Zehn junge Männer begleiteten Nasehon nach Tingau. Dort wurden sie mit großer Gastfreundschaft einzelnen Familien zugeteilt. Nachts brachte man die Männer um und verspeiste sie. Nasehon war entsetzt, als sie feststellte, dass sie der ahnungslose Köder dieses scheußlichen Verbrechens gewesen war. Nun plante sie ihre Flucht. Sie wollte aus diesem Dorf verschwinden. Sie wartete auf eine günstige Gelegenheit. Eines Tages war sie weit im Busch, niemand konnte sie beobachten. Sie flüchtete nach Ndraou und erreichte wohlbehalten ihre Heimat.

Nach einiger Zeit heiratete sie dort einen Stammesgenossen. Als Missionar Doepke das Evangelium in ihr Heimatdorf brachte, war sie eine der ersten, der der Herr das Herz auftat. Auch ihr Mann fand den Weg zu Jesus. Es wurden ihnen mehrere Kinder geschenkt, die auch ihr Leben der Führung des Herrn anvertrauten. Drei ihrer Söhne stehen nun als Lehrer im Dienst ihrer Manuskirche. Die Mutter lebt noch (1962) als hochbetagte Frau. Sie ist immer noch durch die furchtbare Narbe gekennzeichnet. Die Spuren jenes Axthiebes sind nie mehr verschwunden. Aus diesem todgeweihten und zerbrochenen Menschenleben hat sich der Herr Jesus ein Werkzeug seiner Gnade zubereitet. So triumphiert Jesus Christus auch über die finsterste Macht des Heidentums.«

Stammeskult, Tambaram und Sanguma

Der Stamm

Afagra war ein vom Erfolg verwöhnter Jäger. Im Dorfleben gingen seine Strategien auf, seine Vorschläge wurden befolgt. Als Klanältester bestimmte er über den Landbesitz der Großfamilie und über die Ehen seines Clans. Er organisierte erfolgreiche Jagd- und Kriegszüge. Nur sein Jähzorn und seine Eigensinnigkeit schreckten manchmal auf. Keiner wollte ihn provozieren. So kam es, dass er vieles, was seinen Widerspruch erregen könnte, nicht mehr erfuhr. Angst vor ihm lähmte. Bisher hatten seine Ausbrüche nur Familienglieder getroffen. Einen plappernden, gutmütigen, einfältigen Vetter hatte er erschlagen, weil dieser ihm seine Arroganz vorgehalten hatte. Wie oft hatte er seine Frau, nur weil eines ihrer Kinder weinte oder sie angeblich nach andern Männern geschaut hatte, blutig geschlagen, als ob sie nicht ohnehin in Angst vor ihm zitterte. Zwei seiner Hunde verstümmelte er, weil sie es gewagt hatten, vorsichtig an Blättern, in die sein Essen gewickelt war, zu zupfen.

Dann aber überschritt Afagra, in den Augen vieler die Grenze des Zumutbaren. Kaloai entdeckte, dass Afagra die Frau Waserenkes vergewaltigte. Kaloai, Waserenke und Afagra waren Brüder. Waserenke hatte das Dorf verlassen, um auf einer fernen Plantage Geld zu verdienen. In gutem Glauben ließ er Maidscha, so hieß seine Frau, in der Obhut seines Bruders Afagra zurück.

Nachdem sich die Vergewaltigungen wiederholten, konnte Kaloai nicht länger wegsehen. Er war nach uralten Stammesgesetzen gezwungen zu handeln. Der Grund war nicht ein moralischer, sondern die Tatsache, dass im Dorf bekannt war, dass er, Kaloai von der Affäre wusste. Auch wenn Afagra einen Großteil des Brautpreises für diese Frau bezahlt hatte, gab ihm das nach dem Ehrenkodex der Ahnen niemals das Recht, solange sein Bruder noch lebte, bei ihr zu schlafen noch viel weniger sie zu vergewaltigen. Kaloai beobachtete wie seine Schwägerin versuchte Afagras Nachstellungen zu entkommen, es gelang ihr nur selten. Für sie war es nicht möglich sich irgendjemandem anzuvertrauen. Die Entgleisungen häuften sich.

Als Afagra Kaloai aufforderte, ihm beim Roden eines neuen Gartens für Waserenkes Familie zu helfen, war das Maß voll. Kaloai wusste, dass Afagra versuchte mit diesem Plan, die Voraussetzung zu schaffen, noch ungehinderter Waserenkes Frau Maidscha zu missbrauchen. Mit Afagra und einigen Vettern begab er sich in das Waldstück in dem der neue Garten werden sollte. Maidscha würde demnächst oft hier arbeiten müssen, Afagras Plan war leicht zu durchschauen. Freilich ahnte er nicht, dass seine Vergewaltigungen Dorfgeflüster waren. Den ganzen Vormittag entasteten oder fällten die Männer Bäume. Um die Mittagszeit entfachte Kaloai auf einer kleinen Lichtung zum Garen einiger Taroknollen[4] ein Feuer. Als er in der Umgebung der Lichtung Äste abhieb, hätte das

---

4   Eine sehr schmackhafte Knollenfrucht

auffallen können. Er wollte sicher sein, dass er fliehen konnte, falls sein Vorhaben misslingen sollte. Als die Knollen geröstet waren, setzten sich alle ums Feuer, jeder angelte sich eine Knolle aus der Glut, das Verkohlte wurde abgeschabt. Kaloai erklärte, dass er mal müsse, erhob sich, dann ging alles blitzschnell, der Griff nach dem bereitgestellten Speer, Kaloais Schrei und schon bohrte sich die tödliche Waffe ganz tief in Afagra hinein. Entsetzt sprangen die andern nach ihren Speeren. Kaloai riss seinen Speer aus dem Sterbenden, und stellte sich in Verteidigungspose und sprach: »Afagra zahlt dafür, dass er die Ehre unseres Klans besudelte, dieser Garten ist nur ein Vorwand.« Die Männer unterhielten sich kurz, stellten ihre Speere wieder weg, dann kümmerten sie sich um den Sterbenden. Es dauerte nicht lange, dann lag der große Afagra ganz still, sie stimmten die Totenklage an und schleppten den Toten laut klagend heim ins Dorf, auch Kaloai legte mit Hand an. Diese Tat wurde, als ich 1966 ins Dorf kam, noch immer als die Tat eines Helden gerühmt. Kaloai war bis zu seinem Tod 1999 immer einer der angesehensten Männer.

Im Dorf- und Stammesgefüge war eine Untat gesühnt und Harmonie wiederhergestellt worden.

Harmonie im Stamm, im Dorf, in der Familie war die Grundlage für Stärke und Sicherheit, auch für das Wohlwollen und den Segen der Ahnen und mächtigen Geister ihres Landes. Diese allgegenwärtigen unsichtbaren Begleiter waren es, die eine Jagd oder einen Handel erfolgreich, den Garten und die Frau fruchtbar, die kriegerische Auseinandersetzung siegreich, die Zauberattacke triumphal oder durch Unstimmigkeiten erfolglos, unfruchtbar und verlustreich machen konnten.

Um Harmonie sicherzustellen, zu erhalten oder wiederherzustellen, war eine Tötung ein durchaus anerkanntes, lobenswertes Mittel.

Der Tambaram-Kult

Der Tambaram-Kult wird heute nicht mehr praktiziert, aber prägte das Volk stark. Tambaram beschreibt im Sepikgebiet Kulthandlungen, durch die männliche Heranwachsende in den Stammesverbund aufgenommen werden. Es ist eine brutale Weihe.

Ältere Kultangehörige, die nun die Pflicht haben Jugendliche in den Kult einzuführen, reden davon, dass dies ihre Chance sei, erlittene Schmerzen zurückzuzahlen.

Ich versuche nur zu skizzieren, was mir Glieder des Kultes erzählt und erklärt haben.

Während der Zeremonie ist es Frauen bei Todesstrafe verboten sich in der Nähe der Tambaramkultstätten aufzuhalten.

Ich habe erlebt, dass, während ich in einem Gottesdienst einiges über Tambaramkultinhalte von mir gab, Frauen vom Horror ergriffen sich die Ohren zuhielten und aus der Kirche stürmten.

Wenn während der Weihe fliegende Füchse in der Abenddämmerung überm Dorf kreisen und mit ihren gellenden Schreien den stillen Tropenabend beflecken, dann wissen alle Frauen und Mädchen, dass die fliegenden Füchse dort oben ihre zum Tambaran verwandelten Söhne und Brüder sind. Sie haben sich im Kult mit den Geistern der Vorfahren und mit den Mächten, die über die Geschicke des Dorfes bestimmen, verbündet. Horror und Stolz erfüllt ihre Seelen. Horror, weil ihre Söhne nun in Verbindung mit den Geistern eine Bedrohung sind. Stolz, weil ihre Söhne nun große spirituelle Macht besitzen und der Garant für den Fortbestand ihres Stammes sind.

Acht Wochen dauern die Riten und enden mit der Präsentation der Geweihten. Als richtige, vollwertige Männer verfügen sie nun über magische Kräfte und sind für immer mit Leib und Leben dem Tambaram verpflichtet. Das Männerhaus ist von nun an ihre Domäne. Dort leben sie und nie wieder wird ihr Fuß die Schwelle zur Hütte ihrer Mutter überqueren. Ihre Kindheit liegt wie ein geschützter Garten weit hinter ihnen, sie bewegen sich fortan in Feindesland, auch der Tambaram selbst kann hier zum Todfeind werden.

Haus Tambaram

Voller Geheimnisse und mächtig ist der Tambaram, jedes Vergehen bestraft er mit dem Tod. Das Leben derer, die zu ihm gehören ist geheimnisumwittert und gefährlich, nicht nur für sie selbst, sondern vor allem auch für die, die mit ihnen in Kontakt kommen. Viele Tabus bestimmen von nun an ihren Alltag.

Die Auswahl derer, die geweiht werden sollen, obliegt den Ältesten, sie jedoch behaupten, der Tambaram hätte die Jugendlichen zur Weihe bestimmt.

Um die Hintergründe der Weiheriten zu erahnen, muss man wissen, dass jedes Dorf und jeder Stamm Neuguineas entlang verwandtschaftlichen Kriterien zweigeteilt ist. Das sind die sogenannten Totems, das können Vogel-, Baum-, oder Tierarten sein. Im hier beschriebenen Tambaram sind es Paradiesvogelarten und Raubvogelarten.

Kultglieder mit dem Totem der Paradiesvögel werden immer die Söhne mit dem Totem der Raubvögel weihen und umgekehrt. Gleicherweise kann ein Raubvogel eine Ehefrau nur aus dem Sippenverband der Paradiesvögel bekommen und umgekehrt. Die Beziehung zwischen diesen beiden Gruppen ist äußerst sensitiv und wichtig und darf niemals gestört werden. Spannungen könnten dazu führen, dass die eine Totemgruppe der andern Ehefrauen verweigert und sie wäre so vom Aussterben bedroht.

Dem Tambaram geweiht: beinahe unglaubliche Initiationsriten

Die Weiheriten in den Tambaram sind für unsere Begriffe grausam, menschenverachtend und herzlos gewesen. Die Jugendlichen werden in einem Dschungellager isoliert. Sobald sich die 13- bis 17-jährigen Zöglinge einigermaßen von der sehr schmerzhaften Beschneidung erholt haben, werden sie von einer Herausforderung zur nächsten getrieben. In einer finstern mondlosen Nacht werden sie frische Gräber öffnen und Beweise dafür, dass sie bis zum Toten vorgedrungen sind, zurückbringen. Unter den Augen ihrer Bewacher werden sie von der Brühe, die sich um einen Toten gesammelt hat, trinken. Erkrankt oder stirbt einer der Jugendlichen, ist das Beweis genug, dass er durch Fehlverhalten den Zorn des Tambaram erregt hat.

Während der Weihe werden sie vom Kot derer, die sie weihen, essen. Ekel zu zeigen oder zu widersprechen ist undenkbar. Haben sie diese ersten Tests bestanden, werden sie auf stoisches Aushalten von Schmerzen geprüft. Wiederholt beziehen sie Prügel und erklettern nackt einen Masten, der mit fürchterlich brennenden Nesseln umwickelt ist. Von den Nesseln brennt ihre Haut wie im Feuer und ihr ganzer Körper schwillt an. Aber Schmerzen zeigen, weinen oder sich weigern, ist nicht möglich, sie würden damit nur beweisen, dass sie unwürdig sind, Teil ihres Stammes zu sein. Haben sie alle Prüfungen bestanden, dann werden sie in langen Sitzungen in die Geheimnisse und das Sexualverhalten der Männer des Stammes eingeführt. Verschwiegenheit und Härte, um nicht zu sagen Brutalität gegen sich selbst und andere werden nun ihre Markenzeichen sein.

Starb ein junger Mann an einer Vergiftung dessen, was er zu sich genommen hatte oder an einer Entzündung, nicht selten waren besonders die Geschlechtsteile davon betroffen, so bedauert das keiner, wenigstens nicht öffentlich, denn der Geist des Tambaram hat jedes Recht zur Selektion. Nach Überzeugung der Hüter des Kultes ist es gut, wenn Schwächlinge und solche, die irgendein Tabu gebrochen haben, ausgesondert und liquidiert werden. War einer der Initianten während der Riten wehleidig, zimperlich oder rebellisch, konnte er immer noch vom unerwartet erscheinenden Tambaramgeist hingerichtet werden.

Die Zeremonienmeister zeigen letzte Härte, sie gehen bedenkenlos bis an die Grenze des Erträglichen, denn es waren die Väter dieser Jungen, die damals, als sie geweiht wurden, so behaupten sie, noch grausamer mit ihnen umgesprungen seien. Jene Schmerzen wollen sie jetzt zurückzahlen. Außerdem ist es unvorstellbar, irgendwelchen Memmen die eigenen Töchter als Ehefrauen anzuvertrauen und Feiglinge oder Angsthasen in einen Krieg schicken, bedeutet das Aus für den eigenen Stamm.

Alles endet mit einem überaus üppigen Tanzfest, viele Schweine werden geopfert, monatelang hat man Gartenfrüchte gehortet, von nah und fern werden Gäste erwartet, denen stolz und reich mit Ornamenten geschmückt die Geweihten vorgestellt werden. Nächtelang erfüllen Gesänge und Trommeln schwermütig, laut und schrill die Nacht und die Erde bebt unter den trampelnden Tanzbeinen.

Auch wenn nun alle Essensvorräte aufgebraucht sind und eine Zeit des Hungers folgt, geht das Dorf mit neuem Selbstbewusstsein aus den Tambaramfeierlichkeiten hervor.

In andern Gegenden sind die Riten anders, immer aber laufen sie darauf hinaus, den Initiierten abzuhärten, ihn cool und gefühllos zu machen, sodass er ohne Rücksicht auf Gefahr und ohne Skrupel auch in Extremsituationen handlungsfähig bleibt. Die Bereitschaft zum Töten wurde gefördert, indem der Feind als bösartiges Scheusal dargestellt wurde. Die Männer und Ahnen aber die am meisten dieser Feinde getötet hatten, waren leuchtende Vorbilder, Helden und wenn einer selbst mutig ist, unsichtbare Begleiter.

In einem Stamm am Fuß der Torricelli-Berge mussten Jugendliche im eigenen Dorf während der Riten einer Mutter ihr Neugeborenes rauben, es töten und verzehren. In einigen Stämmen am Sepik-Fluss konnte keiner in den Kult aufgenommen werden, der noch keinen Feind getötet hatte, dabei spielte es keine Rolle ob das Opfer ein Baby, ein Kind, eine Frau oder ein Mann war.

So fürs Leben gedrillt und trainiert zu sein, lässt uns ahnen, dass eine so gewordene Einstellung nicht einfach dadurch, dass ein kluger Weißer mit ein bisschen humanistischem Ballast daherkommt und sagt ›seid nett zueinander‹ ausgehebelt wird. Wundern wir uns da noch über die Hartherzigkeit und Brutalität, die im Bandenwesen, in den Städten um sich greift?

Gura stirbt

Mit Sanguma (Todeszauber) wurden wir zum ersten Mal konfrontiert, als wir als junges Missionarsehepaar im Dorf Arkosame die medizinische Versorgung übernommen hatten.

Wir freuten uns, denn durch den Einsatz von Penizillin und Chinin erlebten wir wahre Wunder. Mit unserer ärztlichen Arbeit hatten wir viel Vertrauen gewonnen.

Eines Nachmittags kamen einige Jugendliche aufgeregt zu uns und behaupteten, dass Gura sterben würde. Gura, bis heute Morgen eine gut aussehende, gesunde, junge Mutter mehrerer Kinder, soll sterben. »Hatte sie einen Unfall? Ist sie krank? Wieso bringt sie niemand zur Klinik, damit wir sie behandeln können? Und überhaupt, wer sagt, sie würde sterben?«

Die Antwort auf alle meine Fragen hieß: »Ein Sanguma hat sie getroffen!«

Mit ärztlichen Utensilien bewaffnet, begab ich mich zur Hütte der Kranken. Die Ältesten des Dorfes eingeschlossen des Medizinmannes waren versammelt.

»Warum hat mich keiner informiert, dass Gura so krank ist?«, wollte ich wissen.

»Warum sollten wir – Gura stirbt.«

»Was heißt hier ›Gura stirbt‹? Woher wollt ihr so was wissen? Es ist unverantwortlich den Tod einer Mutter auf diese Art und Weise zu programmieren! Es ist die Verantwortung eines jeden Menschen alles zu unternehmen um Leben zu retten!«, belehrte ich sie und machte keinen Hehl daraus, dass ihr Fatalismus nicht in meine Welt passte.

Ich kam mir klug vor und rechnete mir aus, dass nachdem die Erkrankung, so nannte ich Sanguma, kaum 2 Stunden alt war, gute Chancen auf Heilung bestanden. Ihr eher mitleidiges Lächeln irritierte und ärgerte mich.

»Du darfst sie gerne behandeln!«, ermunterten sie mich.

Ich untersuchte sie, stellte Fragen und erhielt immer nur eine Antwort.

»Auf dem Heimweg vom Garten wurde sie von einem Sanguma-Speer getroffen, deshalb muss sie sterben.« Die Patientin schien sich in ihr Schicksal zu ergeben und erklärte mir wiederholt, dass sie auf dem Heimweg nach der Überquerung eines Baches im Rücken einen stechenden Schmerz empfunden hätte, als sie sich umdrehte sah sie eine Schattengestalt ins Unterholz brechen. Trotz aller Bemühungen konnte ich weder eine Einschussstelle noch Krankheitssymptome ausmachen. Ich versuchte, sie davon zu überzeugen, dass sie sich auf keinen Fall einbilden dürfe, sie würde sterben.

In meinem Verständnis durfte und konnte es nicht sein, dass ein Mensch, in diesem Fall eine Mutter im besten Alter, sterben sollte, nur weil ein paar Heiden sich das einbildeten. Gefallen wollte mir nicht, dass die Frau über Schmerzen klagte, ich jedoch keine Verwundung fand, alle aber von einem tödlichen Ausgang überzeugt schienen.

Freilich hatte ich öfter schon Sanguma-Geschichten gehört. Die panische Angst und das scheinbare Ausgeliefertsein der Neuguineer hatten mich jedes Mal verwirrt.

Dieser Fall nun trieb mich besonders um, zum ersten Mal konnte ich selbst agieren. Aber ohne Symptome – welche Medikamente sollte ich da einsetzen? Im Zweifelsfall immer auf Malaria behandeln, war eine Regel, und die wandte ich an, denn jederzeit konnte ein neuer Fieberschub einsetzen. Ich hoffte auf ein Wunder, um mich herum war nur lähmende Resignation, für sie stand fest: Der Sanguma hat zugeschlagen, für Gura – sein Opfer – gibt es kein Entkommen, sie wird sterben.«

Zu Hause angekommen, durchforstete ich unsere Bücher über tropische Krankheiten. Zum Thema Todeszauberei fand ich nichts, und der stechende Schulterschmerz half mir auch auf keine weiterführende Spur.

Auf unser Fragen nach ihrem Befinden erhielten wir immer die gleiche Antwort: »Sie stirbt«!

Bei meinem Besuch vierundzwanzig Stunden später, war Gura bereits im Koma. Sie war nicht mehr ansprechbar und auch jetzt konnte ich keine erhöhte Temperatur, kein anderes Krankheitssymptom ausmachen. Nochmals vierundzwanzig Stunden später starb sie. Die Männer ließen mich wissen, dass sie es mir ja gesagt hätten, dass gegen Sanguma nichts zu machen sei, nur ein übermächtiger Gegenzauber könnte retten, er wirke zwar selten, aber in diesem Fall sei er nicht aufzutreiben gewesen.

Die Gleichgültigkeit, mit der das Sterben dieser jungen Frau akzeptiert wurde, erschreckte mich tief, die Frau selbst hatte sich fatalistisch in ihr Sterben ergeben. Was für eine Welt?

Wir lernten später, dass mit Jesus Christus, dem Auferstandenen, auch der Kampf gegen Sanguma nicht verloren sein muss.

Bedrohlich wie ein Damoklesschwert lastet das Wort Sanguma über Neuguinea. An jedem Ort kann Sanguma zuschlagen, treffen und töten. Der Missionsarbeit ist es bisher, trotz mancher guten Erfahrung nicht gelungen, die Furcht vor Sanguma wegzuscheuchen. Über Argumente, die Sanguma wegerklären wollen, schmunzelt der Einheimische. Meine besten Erfahrungen machten wir unter dem Aspekt: ›Mut zur Konfrontation‹.

In Papua-Neuguinea gibt es in fast jedem Dorf eine ganz kleine Elite geweihter Sanguma-Männer. Es wird behauptet, diese Männer könnten sich unsichtbar machen und hätten die Macht mit unsichtbaren Speeren ihre Opfer zu liquidieren. Ausgelöst werden solche Sanguma-Attacken durch Missgunst, Neid, Streit, Zurechtweisung oder Landprobleme.

In einem Streitfall mag einer nicht stark genug sein um sich öffentlich zu wehren. Er geht nun mit einer entsprechenden Bezahlung zu einem Sanguma-Mann und bittet ihn, seinen Widersacher oder dessen Frau oder Bruder aus der Welt zu schaffen. Dieser Sanguma-Mann ist im Verständnis des Volkes nichts anderes als ein bezahlter Henker.

Wenn immer unerklärliche Todesfälle auftreten, wird der Begriff Sanguma zum alles beherrschenden Thema. Die Frage, ob der Todesfall ein Einzelfall sei oder ob es der Anfang einer Serie ist, ängstet tief und lähmt das betroffene Dorf, manchmal eine ganze Gegend. Sanguma steht für hinterhältigen Mord, doch genauso schlimm ist, dass der Mordfall das große Rätselraten auslöst: ›Wer will wen aus dem Weg räumen und warum‹. Das betroffene Dorf wird mit einer Welle von Vermutungen überzogen. Wem kann ich noch trauen? Hat der Speer mir gegolten? War die Ursache ein Wortwechsel, eine Jagd, die Nutzung des Landes, ein Schwein das in einem Garten wühlte Neid?

Ein Lehrer, der mit der Neuendettelsauer Mission in Papua-Neuguinea tätig war, wurde mit dem Phänomen Sanguma in seiner Schule konfrontiert. In seinem Buch »Sanguma« berichtet Dietrich Mroßko[5] darüber: »Das Opfer wird vom Sangumamann überfallen, bewusstlos geschlagen, er öffnet ihm den Mund und stößt ihm von außen nicht sichtbar durch den Hals einen präparierten kleinen Bambusspeer hinab bis in die Lunge. Den Fremdkörper

---

5 Kurt Dietrich Mroßko: »Sanguma, Die Rache der Geister«, Erlanger Verlag für Mission und Ökumene, 1981, S. 129–132

lässt er im Opfer. Wenn das Opfer nach dem Überfall erwacht, schleppt es sich nach Hause, berichtet von seiner Begegnung und legt sich zum Sterben. Nach wenigen Tagen tritt der Tod ein. Im vorliegenden Fall wurde das Opfer ins Krankenhaus gebracht und dort entdeckte man auf dem Röntgenbild den Fremdkörper in der Lunge«.

Dies wäre eine Erklärung die einen Europäer befriedigte und im vorliegenden Fall mag sie richtig sein, dass es aber die Erklärung schlechthin ist, bezweifle ich sehr.

Das dicke Bein

Meistens fuhren wir nach Lorengau. Heute wollte ich mit den vielen Marktbesuchern der Küste entlanggehen. Palmen, Sandstrand und drüben jenseits der blauen Bucht die Inseln Pitilu,

Hawai und Ndilo. Zwischen uns und jenen Inseln pflügen schwer beladene, von murrenden Außenbordmotoren geschobene Kanus uns überholend, dem Markt zu. Nach der Überquerung des kleinen Baches in Lossa waren wir bald in Bundelis. Eins der Boote steuerte durch eine Passage auf uns zu. Nicht Sago, Bananen und Betelnüsse für den Markt waren darauf verstaut, sondern Kochtöpfe, Bettzeug und Dinge, die man für einen längeren Besuch benötigt. Nachdem das Boot knirschend im Sand der Anlegestelle zum Halten gekommen war, balancierte ein Mann einen Jungen auf den starken Armen tragend auf eine Hütte zu. Hatte ich recht gesehen? Ein Bein des Jungen hatte schockierende Dimensionen. Gewiss hatte ich mich getäuscht! Auch ich drängte mich, wie viele der anderen Gaffer, dahin, wo der Bub auf eine Pritsche abgelassen wurde. Der Junge stöhnte, vorsichtig wurde sein Bein auf Lumpen gebettet, mit einem feuchten Tuch sollten die Qualen des ca. Elfjährigen gelindert werden.

Nur eine Absicht konnte hinter der Bootsfahrt stehen, der Junge sollte so schnell wie irgend möglich ins Krankenhaus gebracht werden. Aber warum hatten sie dann nicht die nächste Anlegestelle, näher beim Krankenhaus, benützt? Sie hätten dem Jungen den weiteren Weg und unnötige Qualen sparen können. Eine Frau mit großen traurigen Augen kümmerte sich besonders liebevoll um den Buben.

»Ist das dein Sohn?«, frage ich.

Sie antwortet mit dem typisch verschämten Augenaufschlag der Manusfrauen: »Ja, er ist mein Sohn!«

»Seid ihr auf dem Weg ins Krankenhaus?« Sie schaut weg und will offenbar nicht antworten, war ich naseweis, hätte ich so direkt nicht fragen sollen? Werde ich es je lernen, eine Unterhaltung zu führen?

»Bist du schon lange krank?«, wende ich mich an den Jungen.

»Vielleicht einen Monat«, antwortet er.

»Was einen ganzen Monat und erst jetzt geht ihr zum Arzt?«

»Wir gehen nicht zum Arzt, denn der würde mir das Bein amputieren.«

»Wer hat dir so etwas gesagt?«

»Papa weiß das, deshalb hat er mich hierher gebracht. Morgen kommt ein richtiger Doktor, der macht mein Bein wieder gut.«

»Ihr geht nicht zum Arzt, aber morgen kommt ein Doktor, komisch! Heißt das, dass jemand aus eurer Verwandtschaft Medizin studiert hat und dass er morgen, am Sonntag von Port Moresby herfliegt?«

Hilfe suchend schaut der Junge nach seiner Mutter, meine Fragerei ermüdet ihn, außerdem hat er Schmerzen. Kein hilfreicher Krankenbesuch eines Missionars!

Ich will es gerne wieder gutmachen, deshalb sitze ich einfach nur mal eine Weile da und wische mit dem feuchten Lappen über das überdimensional angeschwollene Bein, es ist als wollte es jeden Augenblick platzen. Die recht intelligent erscheinende Mutter hält sich im Hintergrund. Sie hat offensichtlich keine Lust meine Fragen zu beantworten. Mir scheint, es fehlt die Fürsorge, wieso wird nichts unternommen, den Jungen ins Krankenhaus zu bringen? Warum richtet sich die Familie hier ein?

Bald wird klar, der Vater hat einen der berühmtesten Zauberer hierherbestellt. Dass just in dem Augenblick, als sie hier ankamen, auch der Missionar vorbeikam, passte ihnen nicht so ganz ins Programm. Der Junge ließ mich nicht mehr los. Immer wieder machte ich mich auf den Weg nach Bundelis. Trotz mehrmaliger Behandlung durch den Zauberer konnte jeder erkennen, dass, wenn der Junge nicht zum Krankenhaus gebracht wurde, er bald sterben würde. Mir blieb nichts anderes übrig, als diesen Jungen aufs Sterben vorzubereiten. Wie froh ist man da für eine Bibel und ihren Trost. Bei meinem letzten Besuch hielt Bomaki lange

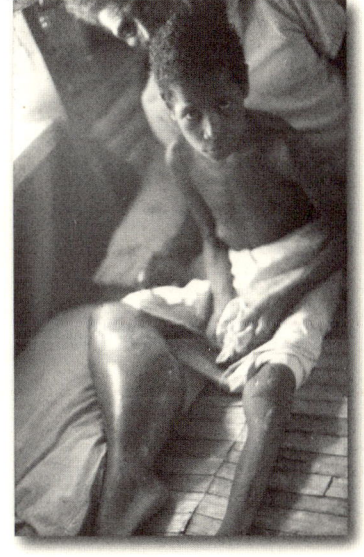

meine Hand fest. Sein ganzer Körper war fiebrig heiß. In der Nacht starb er.

Das Argument des Vaters lautete, lieber einen toten Sohn, als ein beinamputierten.

Zu akzeptieren, dass ein behindertes, begrenztes Leben auch ein reiches Leben sein kann, ist für ein Neuguineer noch schwer.

Erweckung in West-Neubritannien: Helen Held – eine mutige Frau

Helen Held ist eine Ausnahmepersönlichkeit, sie wurde schon im Sepikgebiet als Miss Walkabout tituliert – sie ist die Frau, die keinen Weg scheut, keinen Berg fürchtet und jeden gurgelnden Urwaldfluss überquert. Helens Zuhause war gepflegt und kuschelig. Aber ihr eigentliches Zuhause war der Wille ihres Herrn und die Menschen, zu denen sie ihr Herr gerade gesandt hatte. Sie konnte immer Altes zurücklassen und sich ohne Abstriche in neue Abenteuer stürzen. Sie berichtet über ihren Ruf vom Sepikgebiet nach West-Neubritannien[6]:

> »An einem Abend hatte ich ein seltsames Erlebnis. Nicht den Besuch einer Schlange, auch nicht der Besuch der gewohnten Ratten. Unter meinem Moskitonetz las ich noch in christlichen Zeitschriften. Als plötzlich und unerwartet der Herr Jesus zu mir sagte: ›Dein Platz wird in Zukunft in West-Neubritannien sein‹. Das war's! Ich bat um eine Bestätigung. Die Antwort kam aus Jes. 6 Vers 8 ›Hier bin ich, sende mich‹. Zuerst überwältigte mich eine große Freude, aber dann waren da auch Zweifel und Kleinglaube.«

---

6 Karl Kalmbach hat die Aufzeichnungen aus dem Nachlass von Helen Held überarbeitet und einige Teile davon hier verwendet.

Helen war eine zarte, kleine, dünne, feingliedrige Frau. Wenn sie aber um Menschenseelen oder um die Gemeinde Jesu rang und gestalten wollte, war sie eine Heldin, groß und wortgewaltig. Wie sie die zig Flussüberquerungen, die endlosen, oft schlüpfrigen Auf- und Abstiege in den Bergen West-Neubritanniens und die vielen Nächte in den primitivsten Unterkünften, manchmal in Gesellschaft mit Totenschädeln bewältigte, ist ein Geheimnis.

Helen kam nach West-Neubritannien mit der Vision, den Siedlerfrauen eine rechte Mutter und Pastorin zu sein, aber dann entdeckte sie etwas für sie Unfassbares. Da, hinter dem schmalen Küstenstreifen, jenseits der Plantagen, dort wo alle Wege endeten, im weiten Herzen der großen Insel – dort lebten Menschen, Geschöpfe Gottes in abgründiger Gottesferne. Seit fast 100 Jahren siedelten Pflanzer, Kolonialbeamte, sogar Missionare an der Küste. Und parallel dazu konnten im Innern dieser Insel, 100 Jahre lang, Menschen weiterexistieren, die ihre Frauen und Mütter ermordeten und mit Totenschädeln lebten.

Helen fand keine Ruhe, stand in der Bibel nicht: »Gehet hin.... und machet zu Jüngern alle Völker (Mt. 28,19).

Helen suchte Kontakte zu den Arowe. Wenige der jungen, verachteten Arowe arbeiteten kurzfristig in Plantagen. Von ihnen erfuhr Helen die ersten Horrorgeschichten. Tabi erzählte ihr, dass vor Kurzem eine junge Frau, von Bluträchern verfolgt, total erschöpft in ihrem Weiler auftauchte, sie wollte nur eines: leben. Wenn die Rächer diese Frau aber bei uns finden, wird sie sterben. Und er erklärte mir: Weil ein Ehemann mit kostbaren Muscheln, mit Schweinen oder auch mit Früchten des Feldes für seine Frau bezahlt hat, gehört sie ihm. Sie ist ihm zu absoluter Treue verpflichtet. Sollte ihr Mann sterben, dann ist sie verpflichtet ihm ins Totenreich zu folgen. Die Aufgabe der Sippe ist es dann, diese Frau und Mutter zu erdrosseln und zu ihrem toten Mann ins Geisterreich zu schicken. »Tötet ihr Ehefrauen und Mütter von kleinen Kindern auch heute noch?«, wollte Helen wissen. »Ja klar«, sagte der Mann, »die meisten Frauen wollen das auch.«

Helen brannte darauf, diese Menschen in ihren Gehöften und Weilern zu finden. Wie tief sie dazu in den fast undurchdringlichen Dschungel hineinmusste, war zweitrangig. Aber Unerreichten das Evangelium sagen – das war ihr Ding.

Helen Held schrieb über ihre ersten Kontakte:

»Die Arowe waren nicht zu bewegen, Kontakte zur Außenwelt aufzunehmen. Deshalb ließ man sie in der Steinzeit. Sollte es nun uns, der kleinen, unbekannten SSEC-Kirche (South-Sea-Evangelical-Church bzw. Südsee Ev. Kirche) gelingen? Hat mich Gott deshalb nach West-Neubritannien geholt?

Zuerst mussten wir jemand finden, der uns den Weg zum nächsten Gehöft zeigen konnte. Schließlich fanden wir einen Arowe, der bereit war, uns zu führen.

Luftmatratze, Kleider, Lebensmittel usw. verstauten wir in meinem kleinen Suzuki. David, einer unserer Ältesten, und Joana, ein junges Mädchen, kamen mit. Am Ende des Schotterweges ließen wir unsern Allrad-Suzuki auf der letzten Kleinplantage stehen. Nun folgten wir einem Dschungelpfad, es ging steil bergauf. Für Joana war der Aufstieg schwierig, ich aber genoss die Kühle der Berge in vollen Zügen. Von der Hitze der Küste in so kurzer Zeit in ein solch angenehmes Klima zu kommen, phantastisch!

Nach 3 Stunden traten wir hinaus auf eine Art Lichtung und bei genauerem Hinsehen entdeckten wir, dass es Gärten waren. Dann hörten wir Stimmen, scheue, junge Mädchen in Grasröcken tauchten auf. Wir hatten Giangaura erreicht. Sie waren fluchtbereit, denn eine weiße Frau hatten sie noch nie gesehen. Nach einigem Zögern und unseren freundlichen Gesten begrüßten sie uns und luden uns in ihre armseligen Hütten ein. Diese nicht regenfesten Laubhütten konnten doch nur Gartenhütten sein, dachte ich. Einziges Mobiliar waren wackelige Gestelle, die, wie ich später herausfand, ihre Betten waren. An den Wänden hingen Grasröcke, ein Steinhaufen und etwas Feuerholz diente zum Kochen. Schon bald knisterte ein Feuer und wie selbstverständlich teilten die Giangauras ihr Essen mit uns. Wir fühlten uns nach der anstrengenden Bergtour heimisch und wohl. Das Schimpfwort Gaulong (Kuhdumm) war nach diesem herzlichen Willkommen für uns gestorben.

Unser Besuch wurde prompt Häuptling Robilo gemeldet. Er erschien, begrüßte uns und erlaubte, dass wir mit den Dorfbewohnern reden durften.

Als wir ihnen anhand von Bildern die Schöpfungsgeschichte erklärten, wurden sie sehr aufmerksam. Robilo zeigte uns dann ganz stolz einen sehr schön geschnitzten und bemalten Schild und sagte: »So wie euer Gott es mit euch gut macht, so sind auch unsere Ahnen. Wenn die gefürchteten und tödlichen Pfeile der Feinde auf uns fliegen, gebrauchen wir unsere Schilde und unsere Ahnen machen, dass die tödlichen Pfeile im Schild stecken bleiben.«

Am nächsten Morgen setzten wir unseren Weg fort. Stundenlang ging es bergauf, dann wieder steil hinab, Flüsse mussten auf Baumstämmen oder watend überquert werden. Bei plötzlichen Tropenregen werden die Stämme schlüpfrig, aber meine Begleiter waren so um mich besorgt, dass, noch ehe ich die Gefahr erkannte, schon von vorne oder hinten helfende Hände mich stützten.

Bei unserer Ankunft in Guberiba wurden wir von Häuptling Wiatme begrüßt. Er machte einen gutmütigen Eindruck und schien sich über unser Kommen zu freuen.

Fürs Nachtlager schlüpfte man mit in die Hütte. Die Luftmatratze kam auf eines der Gestelle. Schweine und Hunde gehören mit zur Familie. Während der kühlen Nächte geht das Feuer nicht aus. Durch dieses entsteht beißender Qualm. Dennoch muss der Eingang der Hütte aus Furcht vor den bösen Geistern, die einsteigen könnten, verschlossen bleiben. Freche Ratten, die überall nach Essbarem suchen, machen die Nächte zur Tortur. Am besten ist, man nimmt Unvermeidliches mit Humor und wird den Arowe eine Arowin!

In Guberiba waren Frauen und Mädchen für das Evangelium aufgeschlossen. Sie schätzten es sehr, dass wir mit ihnen plauderten.

Helen Held und eine Arowe-Frau

Arowe sprechen meist nur ihre Muttersprache, aber hier trafen wir zwei Mädchen, Regina und Misis, die auch »Neumelanesisch« beherrschten. Sie waren mir beim Übersetzen eine große Hilfe und sie halfen beim Formulieren von kurzen Sätzen, wie »engri Jisas yamba ata« (»Das Blut Jesu kann das Herz rein waschen«).

Manchmal erstaunt es mich total, wenn ich beobachte, wie das Wort Gottes Gesichter verändert. Es ist fast so, als würde die Finsternis vertrieben und ein Hauch von Gottes Herrlichkeit aufleuchten.

Mit Häuptling Wiatme konnte ich mich fließend in Neumelanesisch unterhalten. Er erzählte mir, dass er vor einiger Zeit auf einer Kleinplantage arbeitete. Während dieser Zeit erkrankten seine Frau und die Kinder. Der Plantagenbesitzer war Christ und betete für Wiatmes Familie und es wurde besser. Dies war für den Häuptling ein Beweis, dass es einen Gott gibt, der Gebete erhört!

Im jedem Arowe-Dorf gibt es ein Männerhaus. Dort werden die Schädel der Vorfahren aufbewahrt. Viele Tabus schützen diese Männerhäuser. Würde eine Frau ein Männerhaus betreten, würde es unrein und die Männer darin würden krank, bekämen Asthma und Lungenentzündungen.

Wir genossen die Gastfreundschaft und machten uns sehr ermutigt auf den Heimweg, gewiss, dass wir wiederkommen durften.«

In Guberiba hörte Helen vom weiten Ru-Gebiet, ihre guten Erfahrungen in Giangaura und Guberiba ermutigten sie sehr weitere Vorstöße zu wagen.

Helen berichtet über den Vorstoß ins Ru-Gebiet

»Bei unseren Versammlungen in den Großplantagen trafen wir den jungen Arowe, Gegio, seine Heimat war das Ru-Gebiet. Zunächst versprach er, uns zu führen, fand aber dann immer neue Ausreden. Aber irgendwann war Gegio bereit, unser Herr hatte unser Rufen erhört.

In der tropischen Hitze ging es Stunden über Hügel und durch Sümpfe, bis wir auf den Fluss Ru stießen. Auf glitschigen Steinen kämpften wir uns das Ru-Flussbett hinauf. Das gurgelnde, plätschernde Wasser wirkte erfrischend, aber durch meine vielen Ausrutscher war ich bald hellrot, blau und schwarz von den vielen Prellungen. Ein Picknick verschaffte etwas neue Kraft. Aber nach einer kleinen Wegstrecke legten wir eine Ruhepause ein. In seiner ganzen Größe lag Gegio auf einem großen Stein im Ru und schlief wie ein Murmeltier. Wir kühlten unsere Füße und waren irritiert, die Zeit lief davon, die Dämmerung war nicht mehr fern. Was tun? Wir wussten, einen schlafenden Animisten sollte man nicht aufwecken, denn seine Seele könnte unterwegs sein. Wird er wachgerüttelt, kann dies seinen sofortigen Tod bedeuten.

Als unser Führer endlich wieder ansprechbar war, erklärte er, dass wir seinen Heimatort heute nicht mehr erreichen könnten. Es sei noch viel zu weit. Plötzlich hörte er Stimmen, denen er gleich folgte. Er kam zurück mit dem Bescheid, dass in unmittelbarer Nähe am Ru-Ufer eine Familie wohne und dorthin wolle er uns nun bringen.

Ganz einsam und primitiv, unter einem armseligen Blätterdach, lebte eine Familie mit 4 kranken Kindern. Bruder David, der Kirchenälteste von der Küste wollte, bevor es dunkel wurde ein Nachtlager für uns richten. Fix verlängerte er das Dach der Hütte und legte den Boden mit Blättern aus.

Wir kümmerten uns um die kranken Kinder. Drei hatten Malaria, dafür genügte unsere Medizin. Das 8-Jahre-alte Mädchen Giri aber lag bewusstlos auf einer miserablen Pritsche. Nach Aussage der Eltern litt das Kind seit Tagen an Durchfällen. Durch Infusionen müsste der Wasserverlust ersetzt werden. Was konnten wir tun? Vom menschlichen Standpunkt aus nichts. ABER bei Gott gibt es kein »Unmöglich«, ER KANN. Wir beteten im Glauben nach Markus 16,18. Es gelang dann, Giri etwas Wasser einzuflößen, und wir ermunterten die Eltern, dies häufig zu wiederholen. Wir befahlen diese Familie und vor allem Giri der Gnade des Herrn an und rüsteten zum Aufbruch. Hätten wir tags zuvor unser Ziel erreicht, wären wir dieser Familie nicht begegnet. Rückblickend können wir nur staunen: »Seine Wege sind vollkommen.«

Unser Führer Gegio begleitete uns nur noch über den nächsten Berg, wies uns die Richtung nach Wongaia und verabschiedete sich. Wir fanden hin, waren aber enttäuscht, denn mitten im unendlich weiten Urwald stand da nur ein Männerhaus und ein Haus für die Familie. Nur Tomas, einige Jugendliche und Tomas' Familie wohnten hier. Alle anderen hatten den Weiler verlassen. Der finstere und ängstliche Gesichtsausdruck spiegelte etwas von Tomas' tiefen Ängsten wider. Unser Auftauchen war ein Schock. Eine weiße Frau zu sehen, war etwas Unfassbares.

Joana und ich fanden Unterschlupf im Haus der Familie. Es war eine baufällige und verwahrloste Hütte, die Löcher im Dach ließen nicht nur frische Luft herein, bei Regen wurden die Bewohner klatschnass.

Als weiße Frau genoss ich Sonderrechte und hatte meist auch Zugang zum Männerhaus. So auch jetzt. Es kam zum Gespräch mit Tomas. Mein Blick blieb an einem Paket, das von der Decke baumelte, hängen. Es bestand äußerlich aus Blättern und Zweigen, aber bei genauem Hinsehen entdeckte ich Menschenknochen, Überreste von Tomas' Sippe? Er berichtete nun, dass immer, wenn er zur Jagd geht, er Knochen seines verstorbenen Vaters mitnähme. Sie sollten ihm Jagdglück bescheren. Tomas lebte nicht nur im Diesseits, die Verbindung mit seinen Ahnen ist für ihn sehr wichtig!

Und doch hatte Tomas ein aufmerksames Ohr für die Botschaft von Jesus Christus. Beim Abschied ermutigten wir ihn, dass, wo immer er auch sei, ob im Garten, im Urwald, oder zu Hause er den Namen »Jesus« anrufen solle, denn Gott erhört unser Rufen und hilft gerne.

Die Finsternis im Ru-Gebiet ist greifbar. Während einer Nacht dort begann ein Kind so furchtbar zu brüllen, dass es nach meiner Einschätzung unter dem Einfluss finsterer Mächte stand. Unter der Deckung des teuren Blutes und im Namen Jesu gebot ich diesen Mächten zu weichen. Schlagartig wurde das Kind ruhig.

Wir zogen weiter zum Weiler Imum. Auf dem Palaver-Platz saßen die Männer. Wie so oft fragten wir, ob sie von dem Namen Jesus schon gehört hätten. Meist bekamen wir ein »Nein« zur Antwort. Hier war es anders. Jankert meldete sich. Vor vielen Jahren arbeitete er auf einer Plantage und hörte dort von Jesus und lernte Pidgin. Da sonst keiner Pidgin sprach, übersetzte er für uns. Als David anhand eines Bildes den Sündenfall erklärte, riss ihm Jankert das Bild förmlich aus der Hand, er war ganz bei der Sache.

Bald nach unserem Besuch starb Jankert und wie es unter den Arowe Sitte ist, verließ seine Sippe Imum. Würden sie am Ort des Todes bleiben, würden noch weitere Angehörige durch die Todbringer sterben. Eine Übernachtungsmöglichkeit bot sich uns hier nicht. Wir mussten durch Nacht und Tropenguss weiter nach Fututumbu. Phosphoreszierende Holzstöcke beleuchteten spärlich den Weg und vertrieben Schlangen. […]

Inselüberquerung – Luftlinie ca. 110 Kilometer

Auf unseren Buschtouren erreichten wir immer nur wenige Arowe. Ich wollte mir aber ein Bild von der ganzen Arowe-Bevölkerung machen. Deshalb plante ich eine Inseldurchquerung. Mit dem Flugzeug dauert das 30 Minuten. Ein Plantagenverwalter riet mir dringend von meinen Plänen ab. Die Berge seien zu hoch, das Land unerforscht, die Menschen unberechenbar und die Flüsse mehr als gefährlich. Aber ich hatte schon einen jungen und wie mir schien zuverlässigen Arowe namens Kere gefunden. Drei Siedlerfrauen waren bereit mitzukommen. Für 14 Tage brauchten wir Proviant: Reis, Konserven, Tee, Zucker, Petroleum, Lampen, Zündhölzer, Kochtopf, Schlafsäcke, Kleider, Medikamente usw. einige Stunden waren wir bereits unterwegs, als wir merkten, dass wir weitere Träger brauchten. Was tun? Ein Zurück kam nicht in Frage.

Unser Weg führte durch Giangaura, dort hofften wir auf Hilfe. Auf dem Dorfplatz wimmelte es von Menschen, ausgebreitet lagen da wunderschöne Muscheln, grunzende Schweine und Papiergeld: der Brautpreis für ein Arowe-Mädchen.

Mit der Zustimmung des Häuptlings ließ sich ein junger Mann anwerben. Mauswara schnappte sich ein schweres Tragnetz und marschierte los.

Am Nachmittag überraschte uns ein heftiger Tropenregen. Dankbar waren wir, als wir dann im Gebiet von Mengera in einer alten Hütte Unterschlupf fanden. Ganz durchnässt tat uns die Wärme des offenen Feuers sehr wohl. Nach dem schweren Regen dachten wir mit Bangen an unsere Weiterreise. Würde das Hochwasser des Kapiaura-Flusses uns den Weg abschneiden?

Die beiden Männer Kere und Mauswara bewährten sich in den Fluten und beförderten zuerst unsere Lasten und dann auch uns vier Frauen ans andere Ufer. Wie oft haben wir das Wort aus Jesaja 43,2 erlebt: »Wenn du durchs Wasser gehst, ich bin bei dir...«

[…] Alle Namen und Plätze, die mir Kere vor unserer grossen Reise genannt hatte, hatte ich aufgeschrieben. Nachdem wir nun tagelang nur Urwald und immer wieder nur Urwald sahen, fragte ich Kere nach den Orten, die auf meinem Papier standen. Seine Antwort war einfach und für mich ein absoluter Schock: »Dies sind keine Namen von Ortschaften oder Weilern, sondern Bezeichnungen für die jeweiligen Gegenden.« Welche Enttäuschung! Wo sollten wir die ungläubigen Arowe finden? Unter den vielen Namen stand auch Malaku. Zum Glück war dies wenigstens nach Keres Behauptung ein richtiges Dorf mit Menschen und diesen Ort sollten wir bald erreichen. Die letzte Wegstrecke führte über Baumstämme und durch neu angelegte Gärten.

Ein junger, kraftstrotzender, selbstbewusster Mann namens Aiye begrüßte uns in Malaku. Er zeigte mir das *Roll-Buch* (die Registratur der Einwohner) des Dorfes. Wie war ich erstaunt, darin etwa 70 Namen zu finden. Normalerweise leben die Arowe in winzigen Weilern; nun fanden wir hier ein richtiges Dorf. Alle Namen durfte ich mir in mein Gebetbuch abschreiben.

[…] Vor uns lag immer noch ein 2-3-tägiger Marsch. Ich hatte den Eindruck, dass die Berge noch höher wurden. Auf den ganz schwierigen Strecken, als alle Kräfte verbraucht schienen, sahen wir Frauen mitleidig lächelnd einander an, zum Reden reichte die Kraft nicht mehr. Kere, unser Führer, setzte sich auf dieser Wegstrecke immer öfter von uns ab. Mit seinem eisernen Speer jagte er lieber Fische, als unsere Lasten zu schleppen. Bald war's mit der Fischerei vorbei, denn anstelle eines Fisches hatte er seinen Zehen gespeert. So gut er konnte, hinkte er mit.

Die Berge mit dem dicht bewachsenen Regenwald blieben hinter uns, die schmalen Dschungelpfade führten hinab ins Flachland. In der Ferne entdeckten wir den Hochwasser führenden Amgen. In einem Garten trafen wir David. Als wir ihm sagten, dass wir heute noch die Küste erreichen wollten, erklärte er uns, dass das wegen des Hochwasser führenden

Amgen und der Entfernung ein Ding der Unmöglichkeit sei. Wir gaben klein bei.

David lud uns ein, er und seine Familie teilten Herberge und Essen mit uns. Wir schenkten ihm ein NT. Kere blieb wegen seiner Infektion bis zu seiner Heilung bei David.

Den langen Weg nicht scheuend, kam David eines Tages in unser Missionszentrum nach Gavuvu. Er wollte Jesus Christus als seinen persönlichen Heiland aufnehmen.

Die letzte Wegstrecke zur Küste forderte unsere letzten Kräfte. Mehrere Male mussten wir noch den Amgen queren. Ohne die Hilfe der Männer hätten wir es nie geschafft. Brücken suchten wir vergeblich. Auch Boote zur Beförderung unserer Lasten standen nicht zur Verfügung. Auf den Schultern trugen unsere Führer die schweren Tragnetze, die wegen der Höhe des Wasserstandes manchmal auch hoch über den Kopf gehoben werden mussten. Mit dicken Stochern tasteten sie sich langsam im Wasser vorwärts. Den in diesen Gewässern beheimateten, gefürchteten Krokodilen muss der treue Gott an diesem Tag die Mäuler verschlossen haben!

Für dieses Mal war unsere Mission abgeschlossen. Ein kleines Flugzeug brachte uns in einer halben Stunde zurück nach Gavuvu. Für alle Begegnungen und alle Bewahrung in den vergangenen 12 Tagen dankten wir unserem Herrn von ganzem Herzen.

Beginn der Arbeit und Durchbruch in Guberiba

Die Leute von Guberiba waren offen für das Evangelium; deshalb besuchten wir dieses Dorf immer wieder. Häuptling Wiatme wagte als erster den Schritt aus dem Animismus. Es war ein großer Tag, als Wiatme durch die Taufe öffentlich seine Gotteskindschaft bekannte. Unsere sporadischen Besuche waren nun nicht mehr genug. Die Bewohner baten um einen Pastor. Aber woher sollte einer kommen, der das primitive Leben der Arowe aushielt?

Monate später kam aus dem Sepik mit dem kleinen, gelben Missionsflugzeug Samson Nauki.

Pastor Samson predigte und unterrichtete im Kirchlein, seine Familie wohnte vorerst noch bei uns in Gavuvu. Kam er seine Familie besuchen, dann zog es mich nach Guberiba. An solch einem Wochenende spürte ich, dass der Geist Gottes in besonderer Weise am Wirken war. Das Singen war anders, bestimmt erreichten diese Klänge durch das Blätterdach hindurch die himmlischen Welten. Ich redete von den zwei Blinden und der Geist Gottes wirkte. Die Eheleute James und Regina waren die Ersten, die sich für Jesus entschieden. Der Ehemann berichtete: »Mit meiner Familie komme ich aus dem Dorf Malaku. Eins unserer Kinder erkrankte und starb. Gelähmt von Angst flohen wir, weg von den tödlichen Angriffen unserer Feinde. Irgendwo im Busch errichteten wir eine neue Hütte. Doch schon bald klopfte der Tod wieder bei uns an und forderte ein weiteres Glied unserer Familie. Diesmal war es meine Schwester. Aus Angst und um dem Feind zu entkommen, verließen wir auch diesen Ort. Mit unseren wenigen Habseligkeiten durchstreiften wir unsere Wälder, bis nach Bras. Doch der Tod hielt Schritt mit uns. Ein drittes Familienmitglied wurde in Bras in der Erde verscharrt. Auf schmalen Urwaldpfaden eilten wir weiter, über Berge und durch Flüsse, bis wir nach zwei Tagen Guberiba erreichten.« Jetzt ist James selbst Pastor.

Jeden Tag, oft bis spät in die Nacht, saßen Pita, Wiatme und ich mit heilshungrigen Arowe im Kirchlein. Ich blieb eine Woche und der Samstagabend wurde zum Höhepunkt. Ich konnte nicht glauben, dass auch die jungen Männer mit den schwarzen Zähnen eine Entscheidung für Jesus treffen würden, denn sie waren den Geistern geweiht. Doch es geschah! Der erste, der zur Aussprache kam, war auch der Jüngste, Daniel.

Eine der Neubekehrten, Gebun, kann sich an all dem nicht mehr beteiligen. Sie liegt matt und elend in ihrer Hütte und bald rief sie der Herr über Leben und Tod zu sich in die Herrlichkeit. Sie wurde nun nicht mehr unter ihrem Holzbett verscharrt. Nein, ihr Leib wurde unter Gesang und Gebet der Christen von Guberiba am Rande des Dorfes begraben und niemand verließ wie früher aus Furcht das Dorf. »Jesus macht neu« (2. Kor. 5,17)!

Von dieser Buschreise kehrte ich sehr krank zurück und musste auf Anordnung des Arztes sofort nach Deutschland fliegen. Daniel besucht jetzt unsere Bibelschule.«

Die beinahe unglaubliche Geschichte der Arowe

Wie lebten die Arowe früher?

Als Gerücht hielten sich Behauptungen, dass die Gaulongs die meisten ihrer Neugeborenen erstickten und dass bei ihren Geisterfeiern ihre besten und schönsten Frauen geopfert würden.

Solche Berichte zementierten die Verachtung der Küstenbewohner für die Arowe. Kontakte gab es kaum. In ihren Augen war die Bezeichnung »Gaulong« berechtigt. Den weißen Mann, der seit 1886 an den Küsten Anker warf, Plantagen anlegte, handelte, missionierte, Schulen errichtete und medizinische Hilfe anbot, mieden sie bewusst und erfolgreich.

Die beiden jungen Männer, die meiner Neugierde Flügel gaben, waren bei meiner Ankunft (1983) in West-Neubritannien bereits in der Bibelschule, die ich leiten sollte, eingeschrieben. Sie waren von Guberiba und sollten Pastoren werden. Ihre Geschichte ging mir unter die Haut, denn Daniel (18) und Paulus (16) hatten als elf- und dreizehnjährige Buben bei der Tötung ihrer Mutter aktiv mitgewirkt. Ihr Vater sei, so sagten sie mir, durch schwarze Magie umgekommen. Der Tote wurde auf dem Dorfplatz aufgebahrt und ihre Mutter liebkoste und verhätschelte den Leichnam ihres Mannes. Sie verfiel dann in eine ekstatische Totenklage und verlangte von ihren Brüdern, Onkeln, Vettern und Kindern sie zu ihrem Ehegatten ins Totenreich zu schicken, sie wollte ihrem Mann eine würdige Gefährtin bleiben.

Irgendwann im Verlauf der Totenklage ermannten sich ihre Brüder und legten der todessüchtigen Schwester die Schlinge um den Hals. Ihre Mutter sei beim Anlegen der todbringenden Liane behilflich gewesen, erzählten mir die beiden. In der aufgewühlten fanatisierten Atmosphäre hatten auch Daniel und Paulus mitgezogen und den Strick erst wieder losgelassen als die Mutter schlaff und leblos zusammenbrach.

Auf meine Fragen nach dem Warum, Wieso und Wozu blieben sie stumm und verharrten in ihrem Denken: »Das wurde immer so gemacht und an den Stammesgesetzen konnte keiner rütteln. Erst seit einige von uns Christen geworden waren, praktizierten wir diese Sitte nicht mehr.«

»Wir haben Angst, wenn du so fragst!«, erklärten sie mir.

Lautes Jammergeschrei, die Totenklage und viele Rituale folgten der Tötung der Witwe. Die Totenklage dient der Demonstration von Schmerz und Trauer und um die unsichtbar anwesenden Seelen der Verstorbenen davon zu überzeugen, dass sie sehr vermisst werden und dass ihr Sterben für das Dorf ein sehr großer Verlust sei. Die Klage dauerte rund vier Wochen, danach wurden die Gräber wieder geöffnet und der Dorfälteste trennte nach der Sitte die Schädel in einem vorgeschriebenen Ritual vom Rumpf. Dann folgte der Aufbruch in eine neue Heimat: Die Todesfälle waren Beweis dafür, dass böse Geister, erzürnte Verstorbene oder Feinde sie aufgespürt hatten und sie auslöschen wollten.

Damals zog die traurige Kolonne der Dschungelkinder mit ihrer Last, den Schädeln ihrer Toten, weiter. Sie wollten sich an einem möglichst weit entfernten, versteckten Gebirgswinkel niederlassen. Das Kriterium, nach dem sie fragten, war einzig: Bietet dieser Platz ausreichenden Schutz vor neuen Angriffen?

Die Frage nach der Schuld!
Mit der Flucht und dem Siedeln in einem neuen Versteck sind die Todesfälle weder vergessen noch bereinigt. Die intensive Suche nach der Ursache für den Todesfall wird mit allen Mitteln betrieben. Eine ausgleichende Gerechtigkeit muss es geben, der Schuldige oder ein Stammesangehöriger desselben muss sterben.

Die letzten Tage und Wochen des Verstorbenen werden akribisch unter die Lupe genommen. Einige der unzähligen Fragen lauten:

»Hat er ein Tabu gebrochen und wurde er deshalb von ansonsten wohlgesinnten Ahnen mit dem Tode bestraft?

Hat irgendjemand aus dem eigenen Stamm Haare, Essensreste, Exkremente oder andere persönliche Gegenstände des Toten an sich gebracht und schwarze Magie damit getrieben?

Ist er unterwegs im Dschungel irgendwo von verzauberten Gegenständen tödlich verstrahlt worden?

Wo genau hat er die ersten Schmerzen gefühlt?«

Im Falle von Daniels und Paulus' Vater wurden die Bewohner Mingas ausgemacht. Sechs Stunden lag Minga von Leim entfernt. Wegen eines Grenzstreites hatten sie tödliche, schwarze Magie gemacht. Die Beschuldigung traf die Mingas aus heiterem Himmel, waren sie doch sonst mit den Leims verbündet. Nach ewiggültigem Gesetz der Arowe können sie den Schuldigen ausliefern, was sie aber aus Gründen des Zusammenhalts im Dorf nicht tun werden. Es bleibt ihnen deshalb nur, sich dem unter Arowe praktizierten Wassertest zu unterziehen.

Wassertest
Ein tatsächlich Schuldiger wird nicht benannt, damit sind alle Männer aus Minga angeschuldigt. Die Anschuldigung lastet schwer auf ihnen. Sie werden sich unter den Augen der Abordnung aus dem Klan von Leim und anderen herbeigerufenen Beobachtern dem Wassertest unterziehen.

Von einer im Herzen von Aroweland liegenden schwefelhaltigen, übel riechenden, heißen Quelle wird gelbliches Wasser beschafft. Nun müssen alle Verdächtigen dieses Wasser trinken. Übelkeit, Erbrechen und Durchfall sind die Folge. Wer stirbt, war der Übeltäter. Die über dem ganzen Leben wachenden Ahnengeister haben ihr Urteil gesprochen. Die weitere friedliche Koexistenz der Klans war gesichert. Für wie lange? Wann tritt der nächste Todesfall ein? Der Teufelskreis dreht sich weiter!

Der Rauchtest
Den Geburtsvorgang betrachteten die Arowe als eine für den Stamm gefährliche Situation. Die Frage, ob das Neugeborene ein richtiger Mensch sei oder ob es der Versuch eines bösen Geistes war, in den Stamm einzudringen, musste beantwortet werden. Deshalb wurde jedes Neugeborene direkt vom Mutterleib weg, nackt und ungewaschen in eine dicke Qualmwolke gehalten. Gespannt warteten die Umstehenden auf das Ergebnis dieses Rauchtests. Kämpfte das Neugeborene nicht mit Würgen, Husten und Erstickungsschreien oder lautem krampfartigem Röcheln gegen den Qualm, dann endete sein Leben im dicken, extra für diesen Zweck geschaffenen Rauch. Kämpfte es hörbar gegen den mörderischen Rauch, dann wurde es mit großer Freude aus dem Qualm genommen und der Hebamme anvertraut. Sein Leben war gerettet. Jetzt konnte es gesäubert, getrocknet und der Mutter an die Brust gelegt werden. Erst jetzt durfte man sich über das Baby freuen. Erst jetzt durfte dem Vater und der Mutter Gutes gewünscht werden.

Die Logik der Arowe dahinter war die: »Es gibt keinen Menschen, den dicker Qualm nicht umbringen würde. Jeder Mensch hustet und würgt, tut er das nicht, dann ist es kein Mensch, sondern ein böser Geist.«

Zum Allgemeinwissen unter den Arowe gehört, dass böse Geister alle Tricks und jeden erdenklichen Betrug versuchen, um als Glieder im Stamm akzeptiert zu leben. Zu gegebener Zeit werden sie mit Unglück, Krankheit und Tod zuschlagen. Einer ihrer schlausten Tricks ist, sich über die Geburt in den Stamm einzuschleichen.

Schockiert lamentieren Zeitungsberichte aus Neuguinea, dass schwarze Magie und die Suche nach Schuldigen für Krankheit, Unglück und Tod ein trauriges Wiedererwachen erleben.

Die Arowe öffnen sich

Seit 1979 hatte Helen Held versucht, den Arowe die gute Nachricht zu bringen. Neben der ersten kleinen Gemeinde in Guberiba, heute Leim, entstand in den Jahren 1983-85 auf wundersame Weise die Gemeinde Asirim.

Dreimal der gleiche Traum

Eine junge, wortkarge Arowe-Frau – Umwi – wachte eines Morgens auf und wusste, dass der Traum, den sie gehabt hatte, große Bedeutung haben würde. Die Bilder waren so lebendig. Sie war tief beeindruckt und meinte, die Männer würden, sobald sie von ihrem Traum erfahren, handeln.

Im Traum war ihr ein Häuptling begegnet, der sie gut kannte. Dieser Häuptling nahm sie mit, wie ein Adler flog er mit ihr in einer neuen, guten Kraft über die Wälder. Sie fürchtete sich nicht, instinktiv spürte sie, ›der meint es gut‹. Sie fühlte sich geborgen. Das Waldgebiet, über dem sie schwebten, war ihr fremd. »Siehst du die Berge dort«, redete sie der Fremde an, »von jenseits der Berge, von Norden wird einer kommen, der gute Nachricht für euch bringt. Schau, da unten, siehst du das Glitzern des Flusses?« Mit seiner Hand zeigte er nach vorne. »Da neben dem Wasser! Kannst du die abgeernteten Gärten erkennen?« Sie sah die Gärten und nickte. In ihrem Kopf aber war Sturm. Was, wenn der, der kommen sollte, ein Feind wäre?

Die Stimme ihres Führers schreckte sie: »Dort sollt ihr eure Hütten bauen. All eure Verwandten, alle die, die gute Nachricht hören wollen, sollen für sich auch Hütten bauen. Und ihr sollt alle Alten und alle Kinder dorthin mitnehmen. Und bevor ihr dort richtig zu Hause seid, wird er kommen. Jetzt hast du Angst, aber er ist wie ihr. Von einer fernen Küste wird er zu euch kommen. Bei sich tragen wird er nicht Speer, Bogen und Pfeil, sondern redende Blätter. Er kann machen, dass diese Blätter zu euren Herzen reden. Das Reden der Blätter wird eurem Bauch wie gute Speise sein. Ihr werdet satt werden und ihr werdet euch sehr freuen und viele Brüder und Schwestern aus andern Stämmen werden eure Verbündeten werden. Der Mann wird Gutes reden, sodass die Zauber, die ihr fürchtet, euch nicht mehr schrecken werden. Wenn ihr auf seine Rede achtet, wird eurer Leben anders.«

Vieles war ihr auf ihrer Matte in den Nächten begegnet, aber die Begegnung mit dem unbekannten Häuptling brannte wie Feuer in ihrem Bauch.

Als sie ihrem Mann davon erzählte, spottete er: »Willst du bestimmen, wohin wir ziehen? Ein guter, fremder Häuptling, dass ich nicht lache! Gefallen dir andere Männer? Und weißt du, was von Norden bisher kam? Fremde, die unser Land erkunden, um es uns dann wegzunehmen! Weibergeschwätz!? Was soll's?«

Nur eine alte Legende?
Immer ist es das Gleiche, dachte sie. Auf eine Frau hören die Männer nicht. So war es bei der alten Abusi auch gewesen. Sie kannte eine alte Verheißung und hatte den Männern davon erzählt. Aber die Männer wollten sich von ihren Reisen mit den Toten nicht verabschieden. Die gleichen Männer, die zuerst auf Abusi hörten, erklärten später, diese Geschichte sei sinnloses Geschwätz einer verrückten alten Frau.

Von einem Übergeist, der über allen Busch-, Wasser-, Wald- und Totengeistern wohnte und mit einem neuen Gesetz über die Arowe herrschen wollte, redete die Verheißung. Seine Gesetze, so fanden die Arowe später, waren den 10 Geboten zum Verwechseln ähnlich. Sein Name sei Aigumon und weil er alles mit seinen Worten gestaltet hatte, würden sie ihn ehren und nur ihm dienen. Aigumon habe anders als alle andern Götter keinen Anfang und kein Ende und er werde, wenn er kommen würde, immer bei ihnen bleiben, um sie zu schützen.

In einigen hatten die Worte der Verrückten dann aber doch Wurzeln geschlagen, denn als ein großer Mann im Sterben lag und keiner mehr helfen konnte, riefen sie Aigumon an und der Häuptling lebte.

Eine lange Zeit redeten dann alle von Aigumon, aber die Traditionen der Arowe waren stärker und bald war Aigumon wieder vergessen. Und als der Mann der alten Abusi starb, war auch ihre Zeit zum Sterben da.

Umwis Mann war sehr ärgerlich und beschimpfte sie, sie solle diese Hirngespinste nicht so ausbreiten. Umwi wollte schweigen, wie es ihre Pflicht war, doch sie konnte den Traum einfach nicht für sich behalten und erzählte den anderen Frauen davon. Dadurch kam es, dass deren Männer mehr über den Traum erfahren wollten, wie auch Umwis Mann selbst.

In der folgenden Nacht kam im Traum der gütige Häuptling wieder.

Was sie nicht wusste, war, dass die Männer herausgefunden hatten, wo das Gebiet, das sie in ihrem Traum gesehen hatte, lag. Sie waren aufgeregt, denn alle wussten, dass sie dieses Land, das einem fernen Onkel gehörte, noch nie besucht hatte. Sie erkundigten sich, ob ihr jemand von dem Land erzählt hätte. Als sie niemanden fanden, war es, als ob sie der Spur eines großen Ebers folgten.

Als sie hörten, dass sie in der nächsten Nacht noch einmal das Gleiche gesehen hatte, kamen einige Männer. Zuerst bezichtigten sie sie der Lüge, aber als sie bei ihrer Geschichte blieb, wollten sie schließlich alles ganz genau wissen.

Lange diskutierten sie miteinander.

Die Männer wollten nun alle Einzelheiten aus dem Traum wissen und berichteten davon, wo dieses Land lag, das Umwi in ihrem Traum gesehen hatte. Sie wollten sie gar nicht gehen lassen – so wichtig erschien ihnen auf einmal das Gehörte. Ihr Mann fragte jedoch zweifelnd, ob in dem Traum wirklich kein Fluch und nur Segen vorkam und wie es kam, dass sie diese Vision gehabt hatte, und nicht einer der Hellseher! Auch Umwi hatte darauf keine Antwort.

Samson Nauki

Parallel zum Geschehen im Herzen des geheimnisvollen Arowe-Gebietes ereignete sich drei Tagereisen entfernt an der Küste Folgendes: Pastor Samson Nauki, früher in Guberiba, jetzt Pastor einer Plantagengemeinde, stellte bei der Kirchenleitung der Südsee Evangelikalen Kirche (SSEC) in Gavuvu den Antrag auf Freistellung. Sein Anliegen: Er wollte in den Bergen nach den Arowe suchen und ihnen die gute Botschaft bringen. Auf Nachfrage meinte er, dass drei bis sechs Wochen für seine Mission genügen würden. Samson war klein, von gedrungenem Körperbau, mit hellen wachen Augen und einer charismatischen Ausstrahlung. Er liebte es, unkonventionelle Wege zur Evangelisierung von vernachlässigten oder verachteten Bevölkerungsgruppen zu gehen. Im Sepikgebiet gehörte er selbst zu solch einer Gruppe, den Gwangas.

Er brannte förmlich darauf, seine Arbeit unter den Gaulongs fortzusetzen. Sein Argument: »Mein Stamm, die Gwangas, waren im Sepikgebiet so verachtet wie die Arowe hier. Mit allen erdenklichen Schimpfnamen trieb man uns in die Isolation. Durch das Evangelium sind wir nun zu richtigen Menschen geworden. Ich war fast 2 Jahre Pastor in Guberiba und habe dort von vielen andern Arowe gehört, wir müssen ihnen das Evangelium bringen.« Die Kirchenleitung und die an der Sitzung teilnehmenden westlichen Missionare sahen keinen Anlass, seinem Antrag zuzustimmen. Denn die Regierung hatte oft genug erfolglos versucht, mit diesen nomadisierenden Bergbewohnern Kontakt aufzunehmen um ihnen zu helfen. Aber immer reagierten die Arowe auf Annäherungsversuche dadurch, dass sie spurlos in den Weiten ihres riesigen Dschungelgebietes verschwanden. Niemand hatte eine Ahnung wie viele Arowe im zerklüfteten Inneren der Insel wohnten. Und auch Helens Vorstöße waren außer Guberiba keine Erfolgsgeschichte.

Was Samson Nauki dann ganz neu motivierte, war ein Erlebnis auf dem Wochenmarkt in Galai. Märkte sind Dreh- und Angelpunkt der ausgedehnten Ölpalmplantagen, die sich in den Küstenebenen ausgebreitet haben. Enge Schotterstraßen verbinden die Siedlungsgebiete miteinander. Über diese werden die Ölfrüchte zur Weiterverarbeitung in die Ölmühlen transportiert. Die aus vielen Stämmen des Landes zugezogenen Siedler bauen sich hier eine neue Existenz auf.

Selten tauchen in diesem bunten Markttreiben auch Arowe oder Gaulongs »*Kuhdumme*«, wie sie auch genannt werden, auf. Ihr Dschungel-Outfit, ein kurzer Grasrock der Frauen und des Mannes seltsame Kopfform machen sie zur Attraktion. Eine Verständigung mit ihnen ist kaum möglich, denn kaum einer der Arowe spricht Pidgin, die Landessprache. Arowe erregen die Aufmerksamkeit der Kleinplantagen-Besitzer, weil sie billiges, gut geräuchertes Schweinefleisch anbieten. Den schützenden heimischen Wald hatten an diesem Tag Porong mit Frau und Sohn verlassen.

Sie waren noch dabei ihr Rauchfleisch auf Bananenblättern auszubreiten, als sich grinsende Käufer um die seltenen »Gaulongs« sammelten. Die ersten Kunden schnappten nach den

Fleischstücken. Gleichzeitig hielten mehrere den Arowe ihr Rauchfleisch unter die Nase: »Was kostet das hier?« – »Was ist der Preis für die Haxe hier?« – »Ich möchte das hier haben!« – »Was kostet es?« – »…und der Bauchlappen da?«

Hilflos, verwirrt blickt Sinisi ihren Mann an. Im Gegensatz zu allen andern Marktbesucherinnen war sie oben ohne. Sie verstand kein Wort. Nicht weniger verwirrt antwortet Porong unbeholfen und gestikulierend: »Was kostes!«

Gelächter war zu hören und sie wiederholten spottend: »Was kostes!? Was kostes!?« Eine Lehrersfrau hatte ein besonders schönes Stück erwischt. Sie hielt den dreien einen Kina vor die Augen und sagte: »Hier ist dein Kina!« Jeder konnte sehen, dass das Fleisch mindestens dreimal soviel wert war. Unsicher nahm Sinisi das Geld. Vom Gelächter übertönt, rief Porong: »Zwe, zwe!« Zu spät, sobald die Buschfrau ihr das Geld abgenommen hatte, drängte die Käuferin mit ihrem Happen durch die Masse gaffender und belustigter Menschen. So ging es noch einige Zeit weiter, bis jemand dem

Geschehen Einhalt gebot: Samson, den kleinen Sepik-Pastor, hatte das Gelächter auch hergelockt. Mit wachen Augen und zunehmendem Zorn beobachtete er das Geschehen. Dann explodierte er: »Schämt sich hier niemand? Da kommen Bergbewohner, die eigentlich auch zu uns gehören, schleppen sich halbtot und bieten uns gutes, günstiges Fleisch an. Und wir, wir amüsieren uns, nützen ihre Unwissenheit und ihre Sprachprobleme in unverschämter Weise aus, hauen sie über die Ohren und lachen sie dann auch noch aus. Die meisten hier sind Christen, oder? Lehrt euch das der Anstand oder die Bibel oder die Kirche? Waren wir und unsere Väter nicht wie sie? Manche von uns haben einen Kopf voll Wissen, wer hat dafür bezahlt? Waren es nicht unsere Väter und Mütter? Waren sie nicht oft nackt oder nur mit einem Grasbüschel bekleidet? Wir verdienen gutes Geld, alle sind wir gut angezogen, oder? Und was treiben wir, was? Wir betrügen diese Buschleute. Zum Spaß hauen wir sie über die Ohren! Das reicht. Schluss jetzt, verstanden?«

Erschrocken hatten die Marktbesucher dem kleinen Wüterich Platz gemacht und zugehört. Er zog ein Geldstück heraus und legte es in Porongs Hand. Entschieden lehnte dieser ab: »Deine Kina bei dir bleiben, du gutes Mann«.

Jetzt lief das Geschäft ohne weitere Komplikationen. Als alles verkauft war, erstanden die drei Arowe im nächsten Laden etwas Seife, Salz, ein Lendentuch und ein Buschmesser. Dann verließen sie fluchtartig den entwürdigenden Ort und eilten ihren heimischen Wäldern zu, wo sie vor solchen Demütigungen sicher waren.

Samson bricht auf

Seit jenem Markttag war Samson ruhelos. Noch zwei Anträge musste Samson stellen, bevor wir Weißen und die unnachgiebige Kirchenleitung einlenkten. Von seinem, wie wir meinten fehlgeleiteten Missionseifer konnten wir ihn nicht heilen. Vielleicht würden ihn negative Erfahrungen unter den »Gaulongs« kurieren. Bei der erstbesten Gelegenheit machte er sich auf den Weg. Zuerst besuchte er seine Freunde, die jetzt in Leim wohnten. Er traf Porong, Sinisi und ihre Kinder hier. Die Christen Leims rieten von einem tieferen Eindringen in ihr Land ab. Er widersprach und zog allein weiter. Enttäuscht stellte er bald fest, wie berechtigt alle Warnungen gewesen waren. Jedes Gehöft, das er auf kaum erkennbaren Pfaden erreichte, fand er verlassen. Leim war eine rühmliche Ausnahme. Waren sie die Einzigen, die dann und wann die Märkte aufsuchten?

Enttäuscht irrte er tagelang im zerklüfteten Bergland umher. Er entdeckte, dass die Gerüchte von den Totenschädeln der Wahrheit entsprachen. Im Bereich von Minga hatte er in einer leer stehenden Hütte campieren wollen. Als er sich niederließ und sein Blick im Halbdunkel nach oben wanderte, entdeckte er zu seinem Entsetzen, dass ihn von den Sparren herunter viele Totenschädel anstarrten.

Nach 5 Tagen entschied er, dass der kommende Tag sein letzter Versuch sein würde. Der nächste Tag kam, er hörte ein Geräusch, wie wenn Bäume gefällt werden und ging diesem Geräusch nach. Die Totenschädel standen warnend vor ihm. Er bat Gott, dass bevor sein eigener Kopf wie diese Totenschädel enden würde, er noch Gelegenheit haben würde, von der Erlösungstat durch Jesus zu zeugen.

Nicht bemerkt und nicht gehört hatte er, dass einige Männer ihm seit Längerem folgten. Flüstern, das er aus unmittelbarer Nähe vernahm, ließ ihn erstarren. Von einigen Bäumen lösten sich Männer. Schnell waren sie bei ihm. Gelegenheit zur Flucht blieb ihm nicht. Auch Verstecken ging nicht mehr. Sie bedrohten ihn nicht? In Pidgin redete er auf sie ein. Sie verstanden nicht, bedeuteten ihm aber, dass er mit ihnen ins Dorf kommen solle, was er gerne tat. Nicht wenig überraschte ihn, als er dort wie ein lange erwarteter Gast begrüßt wurde. Ein junger Mann, der mal in einer Plantage gearbeitet hatte, konnte die Fragen der Dorfoberen übersetzen.

»Hast du redende Blätter?«, lautete ihre erste Frage. Samson schaute verwirrt um sich und blieb stumm. Die nächste Frage erstaunte ihn noch mehr. »Bist du von weither über das große

Wasser zu unserer Insel gekommen?« – »Ja, warum?«, stammelte Samson. »Lange schon warten wir auf dich, mit einem Festessen möchten wir dich begrüßen und willkommen heißen und wenn du dich satt gegessen hast, sollst du uns die Worte der Blätter sagen!« Samson begriff, diese Buschleute meinten seine Bibel. Er spürte, dass es Gott war, der ihn in diese unwirtliche einsame Region getrieben hatte. Seine Hand griff in seinen Rucksack, er packte seine Bibel aus und hielt sie ihnen vor die Augen. Langsam öffnete er sie vor ihrer aller Augen und ließ ihre Blätter durch seine Finger gleiten. Ein Raunen ging durch die Menschen. Ganz still wurde es, als er auf die Blätter deutete und sagte: »Reden, reden, viel reden«. Seine Finger eilten durch die Blätter, dann hielt er an und bat seinen Übersetzer zu sich. Er ließ das Blatt in ganz kleinen Abschnitten reden:

»Da antwortete ihnen Jesus und sprach: Meine Lehre ist nicht mein, sondern dessen, der mich gesandt hat. Wenn jemand seinen Willen tun will, so wird er von der Lehre wissen, ob sie aus Gott ist oder ob ich aus mir selbst rede. Wer aus sich selbst redet, sucht seine eigene Ehre; wer aber die Ehre dessen sucht, der ihn gesandt hat, der ist wahrhaftig, und Ungerechtigkeit ist nicht in ihm.« (Joh. 7,16-18)

Mit kleinen Denkpausen übersetzte sein Helfer. Überwältigt redeten viele auf einmal. Samson blätterte weiter, hielt still und ließ noch ein Blatt reden:

Welche ich lieb habe, die weise ich zurecht und züchtige ich. So sei nun eifrig und tue Buße! Siehe, ich stehe vor der Tür und klopfe an. Wenn jemand meine Stimme hören wird und die Tür auftun, zu dem werde ich hineingehen und das Abendmahl mit ihm halten und er mit mir. (Offenbarung 3,19-20)

Nach diesem ersten Lehrstück geleitete ihn die ganze Dorfgemeinschaft zu einer Unterkunft, ein karger Raum, aber im Dorf der beste. Auf dem harten Rindenboden konnte er ruhen und schlafen. Samson fühlte sich nach den einsamen Tagen des Umherirrens in der Gesellschaft dieser Arowe gut aufgehoben. Mit einer frischen, saftigen Papaya und süßen Ananasstücken zeigten sie ihm nochmals, dass er willkommen war. Die Ereignisse der letzten Stunden hatten alle Müdigkeit und Resignation aus seiner Seele verscheucht. Das große, neue Dorf! Die Einwohner, die anstatt zu fliehen auf ihn gewartet hatten! Die Frage nach den redenden Blättern! Die ungeteilte Aufmerksamkeit, als er aus seiner Bibel las! Seine Ankunft schien *das* Ereignis zu sein.

Eines Abends las er wieder in seiner Bibel. Als er das tat, ging das wie ein Lauffeuer durchs Dorf. Alles versammelte sich, hochgewachsene Frauen mit kurzen wulstigen Grasröcken, Männer mit Buschornamenten geschmückt und ihren typischen Basttaschen. Eine kleine, scheue, mit großen Augen dreinblickende, nackte Kinderschar. Samsons Herz wurde weit. Er spürte den Himmel offen. Er las laut und erklärte das Gelesene. Als es dunkel wurde, machte sich keiner auf, um zu seiner Hütte zu gehen. Erwartungsvoll verharrten sie um das vor der Hütte entfachte, flackernde Feuer. Dass die Blätter trotz hereinbrechender Nacht, wenn nur der Lichtschein auf sie fiel, weiterredeten, war für sie ein Wunder.

Er hätte in der Dunkelheit, auch ohne die Bibel zu lesen predigen können, aber das wollte er nicht, denn er merkte, dass sie ganz auf die Blätter fixiert waren. Er las, sie lauschten, diskutierten und stellten Fragen und wollten wissen, ob er Aigumon kenne. Er musste passen.

Samson suchte, las und erklärte Bibeltexte, von denen er annahm, dass sie sie verstehen würden.

Ihr Hunger nach den Worten Gottes und die Leidenschaft, mit der sie über das ihnen Vorgelegte diskutierten, erstaunten ihn sehr und machten ihn sehr glücklich. Er spürte, dass Gottes Geist über ihnen ruhte und sie neu machen wollte.

Die ganze Zeit wunderte er sich, warum die Leute so hörbereit und scheinbar auch zum Tun bereit waren. Deshalb fragte er: »Woher wusstet ihr, dass es redende Blätter gibt? Warum habt ihr euch gefreut, als ich kam?« Sie waren überrascht, dass er solche Fragen stellte. »Dein Häuptling hat uns durch Umwi alles gesagt!« Erst jetzt erfuhr er von den wiederkehrenden Träumen der Umwi.

Nach drei Tagen kam eine Abordnung und wollte wissen, wann und wie nun der neue Häuptling Jesus zu ihnen kommen würde. Er erklärte ihnen, dass Jesus, als sein Chef und unsichtbarer Begleiter, mit ihm, schon gekommen sei und nun auch in ihrem Bauch leben wolle. Da wurden sie ganz still und sagten, sie wollten das. Von den Blättern erklärte er ihnen nochmals Offenbarung 3,20, dass Jesus der gütige Häuptling vor ihrer Herzenstür stand und darauf wartete, dass sie öffneten und wenn sie das täten würde es im Himmel und in ihren Herzen ein Fest geben. Er zeigte ihnen auch, dass es gut wäre, wenn sie sich vom Bösen lossagen, damit Jesus es wegschaffen könne (1. Joh.1,9). Zuerst kamen die Männer, dann schickten sie ihre Frauen und zuletzt die Kinder.

Samson erzählte: »Tag und Nacht beichteten sie und ich führte einen um den andern zu Jesus. Ihre Zahl war 112. Die Freude war groß. Unter uns war der Auferstandene.

Nachdem sie Jünger geworden waren, las ich ihnen aus der Apostelgeschichte, die Geschichten der ersten Christen. Christliche Lieder lernten sie singen und sie lernten, wie man betet. Sie ermutigten einander und erzählten, dass das Böse jetzt besiegt sei, weil Jesus in ihren Herzen lebt.

Es waren gute Tage. Bis wir an die Geschichte von der Taufe des Afrikaners kamen. Leider habe ich ihnen diese mit großem Nachdruck erzählt und ihnen erklärt und sie ermahnt, sich nun auch taufen zu lassen. Als sie das hörten, verlangten sie von mir, dass ich sie, wie Philippus den Afrikaner, taufe. Ich wehrte ab und versuchte, ihnen klarzumachen, dass es in unserer Kirche eine Regel gibt, nach der es üblich sei, dass neue Christen erst einige Monate im Evangelium unterrichtet werden, bevor sie getauft würden.

Weil ich sie von dem, was in den Blättern steht, abhalten wollte, gab es Ärger und sogar böse Worte.

Wir kamen überein, dass mich einige nach Gasmata auf die Südseite der Insel begleiten sollten. Von dort aus wollte ich die Verantwortlichen unserer Kirche fragen, ob sie getauft werden können.

Vor Sonnenaufgang brachen wir am übernächsten Tag auf. Nach 2 Tagen kamen wir in Gasmata an. Ich versuchte mehrere Tage, die Kirchenleitung über Funk zu erreichen. Alle Versuche eine Verbindung herzustellen schlugen fehl. Enttäuscht machten wir uns auf den Rückweg, was sollte ich tun?

– *Vielleicht war es gut, dass er uns nicht erreichte! Wie hätten unsere Anweisungen ausgesehen?* –

[...] Als wir nach Asirim zurückkamen, führten sie mich zu einem Berg aus Totenköpfen, Fetischen, Zaubersteinen, Knochen, Haarbüscheln und Götzengebilden und sagten: »Bevor du in den Süden gegangen bist, haben deine Blätter zu uns von den Christen in Ephesus geredet. Du sagtest, die Epheser hätten alle Zaubergötter zerstört. All unsere alten Kräfte liegen hier vor dir. Was sollen wir machen? Was sagen die Blätter? Der neue Weg muss frei sein. Ist jetzt der Weg zum Wasser (Taufe) offen?«

Als ich all die Zaubergegenstände sah, staunte ich über Gottes Macht. Ich betete ihn an. Mein Herz wurde ganz still. Ich sagte ihnen, dass sie die Totenschädel, Knochen und die Haare ihrer toten Ahnen begraben sollten. Als ich die Zaubersteine zerschlug, hatten sie große Furcht, aber Jesus hat uns behütet. Fetische und Götzen übergaben sie den Flammen. Und dann, dann taufte ich sie. Gott hat Kinder Gottes aus ihnen gemacht! Am liebsten wäre ich bei ihnen geblieben. Bald möchte ich sie wieder besuchen.«

Samsons Worte klangen echt! Manche waren begeistert. Andere wollten seine Geschichte nicht so recht glauben. Gaulongs, die sich Jahrzehnte allen fremden Einflüssen widersetzt hatten, sollten solch eine Wende erleben!? Unmöglich! An Pfingsten und in Jerusalem war so was geschehen, aber doch nicht heute und dazu noch bei den Gaulongs. Samson musste sich viele Fragen gefallen lassen.

Ein weißer Missionar in Asirim

Wir sollten prüfen, ob sich Samsons Geschichte so zugetragen hatte, wenn ja, dann sollten wir herausfinden, ob sich in der Nähe von Asirim ein Landestreifen anlegen ließe. Asirim lag 3 gute Tagesmärsche von der letzten Kleinplantage entfernt und genau in der Mitte des Arowe-Stammesgebietes. Der Auftrag reizte, wir legten einen Termin fest.

Am ersten Tag schafften wir es bis Leim. Jugendliche von Leim dienten uns als Führer. Zwei weitere Tage würden wir brauchen, um nach Asirim zu kommen. Von Leim aus führte ein steiler Pfad hinab an den wild tosenden Iglik, der in nicht ganz ungefährlichen Aktionen überquert werden musste. Ohne die Hilfe meiner Begleiter, die mich stützten und durch das felsige Flussbett und die gurgelnden Wassermassen hievten, hätte ich das andere Ufer nie erreicht.

Am späten Nachmittag des dritten Tages standen wir auf jenem nördlichen Bergkamm, von dem Samson erzählt hatte. Drunten zu unseren Füßen lag, durch die Abendsonne vergoldet Asirim. Die halb fertigen Hütten, der glitzernde Bach, in dem Kinder tollten und neu angelegte Gärten, alles stimmte mit Samsons Bericht überein. Unser Ziel vor Augen, eilten wir unbeschwert hinunter! Als die Bewohner uns entdeckten, flohen sie nicht! Unsicher kamen sie auf uns zu. Als wir »Samson! Samson!« gerufen hatten, war der Bann gebrochen. Begeistert begrüßten sie uns.

Einer der mitgekommenen Kirchenräte zeigte ihnen seine Bibel und bald erschien auch der Übersetzer. Wir konnten uns verständigen.

Nachdem sich herausstellte, dass jedes Wort Samsons stimmt, wollte ich gleich meine nächste Aufgabe erledigen.

Ich erkundigte mich, ob sie sich vorstellen könnten, dass man im Bereich von Asirim ebenes Land zum Bau eines Landestreifens für Kleinflugzeuge finden könnte?! Entgeistert blickten sie mich an. Meine Frage erschreckte sie. Sie wussten, wo Weiße durch den Wald schritten, um Markierungen zu hinterlassen, da kämen bald fremde Menschen, die diesen Wald niedermachten.

Bei meinen Begleitern erkundigten sich die Dorfältesten, ob ich im Auftrag des Häuptlings der Blätter bei ihnen sei oder ob mich ein anderer geschickt hätte. Anstelle einer Erklärung kramte ich in meinem Rucksack und zeigte ihnen meine Bibel. Sie entspannten sich und wünschten, dass ich die Blätter reden lassen sollte, wie Samson es getan hatte.

Obwohl müde, brachte ich es nicht übers Herz, ihrem Verlangen nicht nachzugeben.

Die Aufmerksamkeit war groß. Jedes Mal wenn ich aufhören wollte, blickte ich in enttäuschte Gesichter. Nach dem Bad im Fluss und einem Essen, bestehend aus Knollenfrüchten, etwas Vogelfleisch und Blattspinat fühlten wir uns erholt. Die Männer kamen in unsere Unterkunft und löcherten uns mit vielen, vielen Fragen. Viele Antworten gaben meine Begleiter, aber wenn es Fragen waren, die die Neuordnung ihres Lebens, ihre Christusnachfolge betraf, sollte ich antworten. Über die meisten Fragen hatte ich noch nie ernstlich nachgedacht und es war das erste Mal, dass ich einem Stamm begegnete, der so radikal umstellen wollte. Hatte Samson solch eine exzellente Vorarbeit geleistet, oder hatte Gott, der ja alles neu machen will, das in sie hineingelegt? Fragen wie: »Unser Jagdzauber bestand aus Fasten und Geisterbefragung. Was sollen wir jetzt tun, um bei der Jagd erfolgreich zu sein?«, oder »Was machen wir, damit uns die bösen Geister nicht mehr töten, wie sie es bisher taten?« – »Einige haben kürzlich hier kleine neue Gärten angelegt, was sollen wir tun, damit die Früchte gedeihen?«, oder »Apos ist krank, wie vertreiben wir den Geist, der krank macht?«

Mitternacht war lange vorüber, aber nicht ihr Wissensdurst! Ich, der Missionar, war überfordert. Ich antwortete und spürte, dass viele meiner Antworten nicht ins Schwarze trafen. Zum Glück konnte ich immer wieder sagen, die Antwort darauf müssen wir in den Blättern suchen. Sie sollten ruhig merken, dass auch ich ein Lernender bin.

Kurz vor zwei Uhr morgens ließen sie von uns ab. Aber sie gingen nicht. Sie warteten und warteten, bis wir herausfanden, dass Samson ein Gutenachtgebet eingeführt hatte. Sie verließen uns mit dem Hinweis, dass hier jeder Tag mit einem Frühgottesdienst beginnt und dass wir als Ehrengäste die Blätter reden lassen sollten.

Die Morgendämmerung war kaum wahrzunehmen, als sich von den Hütten dunkle Gestalten lösten. Sie bewegten sich still über den Dorfplatz und verschwanden im neu errichteten Kirchlein. Bald füllte sich die Morgendämmerung mit rhythmisch frohen, sanften Liedern. Überwältigt von der Art und Weise, wie hier Naturkinder einen neuen Tag und ihren Schöpfer begrüßten, setzte ich mich zu ihnen.

Nach Singen und Beten durften die Blätter reden. Der Text erfüllte Redner und Hörer vollständig. Eine schöpferische Lebendigkeit war zu spüren. Viele gänzlich unerwarteten, zündenden Gedanken packten uns. Ich hatte das Gefühl, als ob hier Gott selbst Gemeinde schuf und gestaltete und wir durften als staunende Geburtshelfer dabei sein.

Als wir aus dem Kirchlein kamen, war es hell. Sich verziehende Nebelbänke krochen den Hängen entlang und erste, den Morgennebel durchbrechende warme Sonnenstrahlen verwandelten das taufrische Dorf in eine unerwartet glitzernde Schönheit. Millionen von Tautropfen sprachen zu uns von dem, der Leben gab.

Offenbar erwachte mit ihrem Christsein auch ein Interesse für die Welt außerhalb ihres bisherigen Horizontes. Sie wollten wissen: »Sind alle Menschen an der Küste Christen?« – »Warum betrügen sie uns?« »Haben die Worte von den Blättern ihr Leben nicht anders gemacht?«

»Seit wann habt ihr von dem großen Häuptling die gute Nachricht?« Ich antwortete: »Sehr, sehr lange. Mein Vater und mein Großvater hatte sie und dessen Vater hatte sie auch schon lange! Wie sollte ich hier 2000 Jahre erklären?«

Am Nachmittag dieses Tages kamen alle Männer mit einer Anzahl Buschmesser bewaffnet zu mir. Sie erklärten, da sie nun wüssten, dass ich auch zu dem guten Häuptling gehöre, wollten sie mir jetzt den Platz für den Landestreifen zeigen.

Schnell holte ich mein mitgebrachtes Maßband und folgte ihnen. Enttäuscht war ich, als sie mich nicht, wie erwartet, in die Ebene etwas weiter den Fluss hinab führten. In unmittelbarer Nähe des Dorfes dem Fluss entlang schlugen sie eine Schneise. Ich versuchte abzuwehren und zu erklären, dass hier voraussichtlich viel zu wenig Platz sei, um eine Landepiste anzulegen. Trotz meines Widerstandes hackten sie drauf los. Eine Schneise entstand. Ich folgte mit meinem Maßband. Mal hörte ich das Rauschen des Flusses, dann entdeckte ich einen Abhang. Sicher würde er die Landepiste verhindern. Mit Erfahrungen im Anlegen solcher Pisten war ich überzeugt, dass sich weder die erforderliche Länge, noch die Breite mit den nötigen Schürzen für die Flügel hier herausarbeiten ließen.

Wie im Flug verging der Nachmittag. Hier und dort brauchte ich noch eine Messung und als ich meine Vermessungsergebnisse zusammenstellte, staunte ich.

Ein einwandfreier Flugplatz würde sich hier, direkt beim Dorf, bauen lassen. Das Ergebnis beunruhigte mich. Irgendein Fehler musste mir unterlaufen sein. Am nächsten Morgen schnurrte das Maßband noch einmal. Das Ergebnis blieb dasselbe.

Nach meiner Rückkehr stellte ich beim zuständigen Flugsicherungsdienst den Antrag zum Bau des Landestreifens. Eine Skizze, die die Lage und die Maße des Streifens zeigte, legte ich bei.

Nach einer Hubschrauberinspektion der Lokalität durch Experten der Behörde bekam die SSEC-Kirche die Genehmigung zum Bau des Flugplatzes. Als Anmerkung war zu lesen: »Da der Landestreifen ideal im Taleinschnitt positioniert sein wird, ist der Baumbestand so zu lichten, dass der Landestreifen von beiden Enden angeflogen werden kann.« Unglaublich! Das hieß, wir würden in Asirim einen der besten Flugplätze in ganz West-Neubritannien bekommen.

Eigentlich sollte dieser Bescheid uns nicht verwundern, denn hatte diesen Platz nicht unser Chef, der neue Häuptling der Arowe selbst ausgesucht?! Und er, er wohnt im Himmel, hat die richtige Perspektive und den totalen Überblick.

In der Zwischenzeit wurde das ganze umliegende Arowe-Land von Asirim aus durch Arowe evangelisiert. Sesshaft sind sie geworden und Schulen wurden in ihrem Gebiet eröffnet. Außer Daniel und Paulus wurden noch andere ausgebildet und sind Pastoren geworden.

Kriminalität in Port Moresby – was läuft schief?

Francis kommt nach Port Moresby

Nach einem Gottesdienst in Port Moresby stellt uns Pastor Dubuk den arbeitslosen Francis vor. Auf Empfehlung des Pastors laden wir den Einundzwanzigjährigen ein, uns bei Garten-, Reparatur- und Reinigungsarbeiten zu helfen. Er kam wie abgesprochen, war fleißig, zuvorkommend und hilfsbereit. Für seinen Tageslohn und die Chance arbeiten zu dürfen, bedankte er sich aufrichtig.

Während des Mittagessens, zu dem wir Francis eingeladen hatten, erfuhren wir, dass er ein kürzlich entlassener Häftling sei.

»Und warum hast du Bekanntschaft mit dem Knast gemacht?«, wollten wir wissen.

Er begann zu erzählen: »Meine Eltern hatten eine große Kinderschar, deshalb kam es ihnen gelegen, als mich mein Onkel mit nach Moresby nahm. Den Flug bezahlte er. Ich war damals so 13 Jahre alt.«

Francis wird ausgegrenzt

Weiter erzählte er: »Ich half in unserer Bude, besorgte Feuerholz und machte Botengänge. Nach einem Jahr aber starb mein Onkel an Malaria. Mein Onkel hatte gut für mich gesorgt, manchmal gab er mir sogar etwas Geld, aber nach seinem Tod war ich für die andern nur ein lästiger, zusätzlicher Esser. Sie warfen mich nicht hinaus, aber immer öfter blieb ich hungrig. Gern wäre ich nach Hause geflogen, aber das kostete viel Geld und ich hatte keines. Um meinen toten Onkel heimzufliegen, hatten Stammesleute Geld gesammelt. Nahe Verwandte hatte ich in Moresby keine, ich spürte, dass ich überall unerwünscht war. Deshalb trieb ich mich in der Stadt herum, streunte durch Supermärkte und Läden. Ich stahl. Ab und zu erwischten mich die Sicherheitsbeamten, dann setzte es Prügel. Daraufhin wühlte ich dann für ein, zwei Wochen in den Abfalltonnen oder hing bei Bekannten rum, bevor ich mich wieder in die Kaufhäuser wagte. Der Unterschlupf meines Onkels wurde von einem Vetter meines Onkels beansprucht und so kam es, dass ich nie wusste, wo ich schlafen würde. Von andern Jugendlichen, denen es scheinbar viel besser ging als mir, hörte ich, dass es Gruppen von Jugendlichen gäbe, die zusammenhalten und zum Essen gäbe es bei ihnen immer mehr als genug. Sie erzählten, dass sie bei Nacht arbeiteten und dafür außer Essen und einem Schlafplatz sogar noch Taschengeld bekämen.«

Francis wird Glied einer Bande

»Für mich klang das wie das Paradies. Taschengeld hatte ich von meinem Onkel nur ganz selten mal bekommen. Einer aus unserem Elendsviertel nahm mich mit. In der gleichen Nacht ging es zur Sache. Die Aufnahmeprüfung war hart und ich wusste auch gar nicht, dass es eine Prüfung gab. Spätabends wurde ich gefragt, ob ich mit zur Arbeit wolle, was ich bejahte. Vor diesem ersten Arbeitseinsatz hatte man mir eingehämmert, dass, sollte ich je erwischt werden, ich niemals irgendwen verpfeifen dürfe. Die Jungs waren echt super, verraten würde ich bestimmt keinen. Ich musste Schmiere stehen, und prompt wurde ich erwischt. Sicherheitsbeamte nahmen mich mit in eine einsame Hütte im June Valley.

Zuerst befragten sie mich freundlich, wenn ich die Namen der andern rausrücken würde und wollten sie mir Geld dafür geben. Als ich dazu nicht bereit war, begannen sie mich zu schlagen und sie würgten mich. Aus einer Platzwunde und aus der Nase lief Blut. Als alles nichts nützte, fesselten sie mich. Sie drohten, wenn ich nicht geständig wäre, würden sie mir die Gurgel durchschneiden. Sie kriegten mich nicht weich. Für mich war es Ehrensache, zu sterben.

Jetzt erst merkte ich, dass das eine Prüfung war. Meine Freunde kamen. Sie wuschen mir die Wunden und sagten mir, dass die beiden Sicherheitsbeamten der Big Boss und sein Geschäftsführer gewesen seien.

Nun gehörte ich zu einer bekannten und, wie ich später erfuhr, brutalen Bande. Ich hatte nicht nur Unterkunft und genug zu essen, sondern auch gute Freunde. Keiner würde den anderen verpfeifen. Wir arbeiteten nachts: Einbrüche, Diebstahl, Handel mit Marihuana und als extra Belohnung Vergewaltigungen.«

Francis wird zum Mörder

»Wir wurden bekannt. Man erwischte uns nicht. Nichts schreckte uns, deshalb bekamen wir vor drei Jahren einen ganz großen Auftrag mit Vorauszahlung. Wir sollten, wie das im Dorf früher die Todeszauberer taten, einen verhassten Geschäftsmann umlegen. Er hatte es sich bei seinen Stammesangehörigen in der Stadt durch seine Wucherpreise und seine Betrügereien verdorben. Er kam wie wir aus dem östlichen Hochland, forderte aber nicht nur von der üblichen Kundschaft, sondern auch von seinen eigenen Leuten, überhöhte Preise. Er wurde schnell reich, sein Laden war in Morata.

Die Mittelsmänner zahlten uns im Voraus 7000 Kina (ca. 1 300 Euro). Wir hatten eine fantastische Zeit. In wenigen Tagen versoffen, verspielten und verprassten wir die ganze Kohle. Als das Geld alle war und wir wieder nüchtern, sagten wir, ›auf Jungs, die Kohle ist verbrannt, nun müsst ihr noch dafür arbeiten‹. Mit Strumpfmasken überfielen wir den Laden und zwangen das Opfer in seinen Wagen, dirigierten ihn ins Sumpfgebiet. Als der Weg endete, zerrten wir ihn aus seinem Fahrzeug ins Unterholz. Er wusste, dass es ernst war. Er hatte höllische Angst. Wir zwangen ihn in die Knie, packten ihn am Haar und rissen ihm den Kopf nach hinten, dann legten wir ihm ein Geldstück auf die Stirn und fragten: ›Spürst du's? Du wolltest sehr, sehr viel davon, immer mehr wolltest du. Du hast dich nicht geschämt, eigenes Blut zu saugen, das nützt dir nun alles nichts.‹ Er bettelte um sein Leben. Er tat uns leid. Jeder für sich alleine wären wir vielleicht weich geworden, als er weinte und als er von seinen Kindern redete. Aber wir mussten unsere Arbeit tun. Wir schnitten ihm die Kehle durch. Wahnsinn, wie das Blut hervorschoss! Schweine hab ich schon viele sterben sehen, aber einen Menschen – das war anders! Das Blut quoll und gurgelte immer so fort, als wollte es nicht aufhören. Hab nicht gewusst, dass in einem Menschen so viel Blut ist. Wir zerrten ihn ein bisschen weiter ins Unterholz, deckten ihn zu und verwischten unsere Spuren. Bald fand man den Toten, und weil wir nicht vorsichtig genug gewesen waren, wurden einige von uns verhaftet. Ich war auch dabei. Wir deckten die andern, sie blieben auf freiem Fuß. Ich bekam nur zwei Jahre. Wir wussten, dass wenn wir wieder rauskommen würden, würden uns die andern versorgen, denn mehrere Jahre Gefängnis ist kein Pappenstiel.«

Francis hört auf einen Seelsorger

»Nun ist aber alles anders gekommen. Pastor Dubuk kam ins Gefängnis und erzählte uns, dass Jesus auch unser Leben ändern kann. Und dieser Herr hat mein Leben nun im Griff. Jetzt will ich so arbeiten wie Pastor Dubuk es mir sagt.

Umbringen wollte ich zwar keinen, aber nachdem die Leute so gut zahlten! – So ist es eben, wenn man gut ist, kriegt man große Aufträge. Wir mussten die Arbeit machen, einen Ausweg gab es nicht. Der Ladenbesitzer war ein Lump.«

Wir erstarrten – war das der nette junge Mann, dem ich am Vormittag ein scharfes Buschmesser in die Hände gab?

Francis erzählte ohne Emotionen! Kennt er Schuldgefühle? Merkte er, dass wir ihn sprachlos, entsetzt anstarrten? Während er berichtete, hatten wir aufgehört zu essen. Uns blieben die Bissen im Hals stecken. Er dagegen aß neben seinem Erzählen genüsslich weiter.

Was für ein Land, in dem solche Taten von scheinbar harmlosen, jungen Leuten verübt werden!

Als Gefängnisseelsorger bot Andrew Dubuk Strafgefangenen bei ihrer Entlassung Unterkunft und Betreuung an. Damit wollte er das Paktieren mit der alten oder einer neuen Bande verhindern. Francis akzeptierte Dubuk als Mentor. Damit übernahm dieser nach Papua-Neuguinea-Sitte die Rolle des Klanältesten. Er betreut Francis rund um die Uhr und Francis ist verpflichtet, ihm in allem zu gehorchen. Ganz so klappt das nicht immer, aber Pastor Dubuk weiß meistens, wo sich Francis befindet: wo er isst, wo er schläft und wo er arbeitet. Regelmäßig hilft er kostenlos seinem Pastor bei Arbeiten auf dem Kirchengelände. Fehlverhalten auf Francis' Seite zieht lange Aussprachen nach sich und die Drohung, dass wenn er sich nicht an die Regeln hält, er den Schutz und die Geborgenheit der Gemeinde nicht weiter beanspruchen könne.

Papua-Neuguinea – der Dämon Gewalt

In Papua-Neuguinea, das man mal *Paradisia* nennen wollte, lief ab Mitte der Neunzigerjahre einiges unerwartet schief. Vergessen wir nicht, dass Papua-Neuguinea wie viele afrikanische Länder ein Land ist, in dem zahllose Stämme sich auf grausame Weise über Jahrhunderte hinweg bekämpften. Todeszauberei, Tambaramriten, Kopfjagd, Totenkulte und blutige Stammesfehden bestimmten den Alltag.

Zuerst waren es Zeitungsberichte und Geschichten aus den Städten, dann aber zog die Welle der Kriminalität und Brutalität immer weitere Kreise. Sie erreichte ferne Dörfer. Stammesfehden, die durch die Kolonialherren beendet oder unterdrückt worden waren, brachen wieder auf. Die Dynamik und der jungfräuliche Gestaltungswille der Politiker dieser jungen Nation hatten Gutes versprochen. Erwartet wurde westlicher Wohlstand.

Willkommen, frei und dazugehörig hatten sich die dagebliebenen Ausländer fast im ganzen Land gefühlt. Jetzt aber konnte plötzlich fast jeder eine selbst erlebte, oder in unmittelbarer Nähe geschehene Geschichte von Diebstahl, Raub, Überfall, Fesselung oder Vergewaltigung erzählen. Nicht nur Autoschlüssel wurden erpresst. Die Regierung selbst war bedroht und wurde in den Städten und Krankenhäusern durch unterbrochene Wasserversorgungsleitungen, manchmal sogar mit Waffengewalt zu überhöhten Zahlungen gezwungen. Um hohe Kompensationsforderungen durchzusetzen, wurden Sendeanlagen der Post besetzt oder zerstört. Es passierte, dass Piloten, in der eigenen Wohnung gefesselt, hilflos zusehen mussten, wie die eigene Frau in einem sogenannten sicheren Stadtgebiet von einer ganzen Bande viehisch vergewaltigt wurde. Schnell begriff jeder, dass sich die Übergriffe nicht auf Ausländer beschränkten.

Sicherheitsdienste sprangen wie Pilze aus dem Boden. Hundezüchtereien florierten und waren nicht in der Lage, die Nachfrage nach besonders aggressiven Wachhunden zu erfüllen. Öffentliche Einrichtungen mussten vielfach gesichert werden. Die Bereitschaft zu töten war offenbar. Wachmänner, Bodyguards und die Polizei lebten gefährlich. Bei der geringsten Bedrohung schossen oder stachen diese Neukriminellen los. Ihr eigenes Leben, wie auch das Leben ihrer Opfer schien wertlos.

Der Rausch der Gefahr, das Prickeln der bösen Tat, der Ruhm, die Bande nicht enttäuscht zu haben, das zählte. Diese Banden ersetzten in einem gewissen Sinn die Geborgenheit des Stammes, daheim. Der Teufelskreis schloss sich, immer öfter las man von

Polizeibrutalität und dass ein Verhafteter die Vernehmung nicht, oder fast nicht überlebte.

Wer ist Wes Rooneys Mörder?

1994 sollte ich für Pastor Dubuk einen Gottesdienst im berüchtigten Hauptstadtgefängnis Bomana halten.

Francis hatte hier seine zwei Jahre abgesessen. Bomana verbreitete Angst in Port Moresby, weil viele Gangster dort ausbrachen und schnell untertauchten. Sichere Verwahrung konnte scheinbar nicht garantiert werden. Der Ruf nach Todesstrafe wurde lauter.

Um hineinzukommen, musste ich viele elektronisch und mechanisch gesicherte Türen passieren. Gefängniswärter checkten meine Identität. Wie trotzdem immer wieder Verbrecher, oft in Gruppen, ausbrechen können, ist mir unerklärlich.

Die Türen zum Gottesdienstraum öffneten sich. Sträflinge glitten auf ihre harten Holzbänke, wir wurden eingeschlossen. Bevor ich anfangen konnte, eilte ein Sträfling strahlend auf mich zu, umarmte und drückte mich. Die Wärter räusperten und erhoben sich. Mir wurde ungemütlich.

»Kalmbach, kennst du mich denn nicht mehr? An der Oberschule in Lorengau hast du mir Religionsunterricht erteilt! Wie freue ich mich, dich zu sehen.« Tränen standen in seinen Augen. »Die Unterrichtsstunden mit dir hab ich nie vergessen. Du bist mein Lehrer!« Er ließ mich los, wandte sich an Wärter und Mithäftlinge: »Ich will, dass ihr seine Worte achtet. Er sagt uns, wie wir alle von Herzen Jesus nachfolgen können.« Er setzte sich zu den andern und wir hatten unseren Gottesdienst.

Vage erinnerte ich mich an ihn und erkundigte mich nach unserem Gottesdienst bei ihm: »Warum bist du hier und nicht zu Hause in Manus?«

Er antwortete: »Hast du von dem Mord an Wes Rooney gehört?«

»Ja sicher!«

»Mir schoben sie den Mord in die Schuhe. Der wirkliche Täter läuft, von Politikern gedeckt, frei herum.« Dann erzählte er mir eine lange, lange Wes-Rooney-Geschichte von Leidenschaft, Neid, Untreue, Intrige und schließlich Mord. Die Aufseher hörten jedes Wort, schienen aber nicht interessiert. Mein Gefühl sagte mir: ›Da sitzt ein Unschuldiger im Knast und ich will tun, was in meiner Macht steht, um ihm herauszuhelfen.‹

Als ich jedoch draußen über den Vorfall sprach, versicherten mir alle, die etwas über den Fall wussten und ihn kannten, dass er es war, der damals in der Dunkelheit der Nacht zum Haus der Rooneys ging, klingelte und als Wes Rooney zur Tür kam, ihn durch die Tür hindurch niederschoss.

Aber er hatte doch so ehrlich geklungen! Ist es möglich, dass ein Mörder, der leugnet, so fromm von Jesusnachfolge reden kann? Wo bin ich? Was für ein Land! Ich war verwirrt. Scheinbar stimmten meine Fähigkeiten, Schlüsse zu ziehen und wahrzunehmen nicht mehr mit dieser Welt und ihrer anderen Wirklichkeit überein.

Wir haben viel davon gehört, was Menschen in Papua-Neuguinea an Kriminalität erleben. Ich selbst bin von Natur aus nicht ängstlich, bewegte mich in Port Moresby, der größten Stadt Neuguineas, immer im Bewusstsein, dass *jetzt* etwas passieren könnte. Normalerweise halte ich nichts davon, dass ein Missionar sich abschottet und mit scharfen Wachhunden umgibt. Denn die Botschaft an Hilfesuchende oder Besucher lautet doch dann immer: ›Komm mir nicht zu nahe, halte Distanz, du bist für mich eine Bedrohung‹. Doch hier freundete ich mich sehr schnell mit unserem Sicherheitszaun, der elektrischen Schließanlage und unsern zwei Dobermännern an. Ich war sehr dankbar, dass sich unsere Vorgänger diese verlässlichen Wachhunde zugelegt hatten.

In das Haus rechts von uns wie auch in das linke wurde eingebrochen und alles, was transportierbar war, verschwand. Einen Einbruch ins rechte Haus beobachtete ich. Ich rief die Polizei, beschrieb den Tatort und bat um schnelles Eingreifen. Der

Diensthabende wollte wissen, ob es Verletzte gäbe und ob der Eigentümer bedroht würde. Als ich erklärte, dass der Eigentümer nicht zu Hause sei, knurrte er: »Wieso belästigen Sie uns dann? Denken Sie, wir hätten sonst nichts zu tun? Wenn der Besitzer wiederkommt, sagen Sie ihm, dass er eine Liste mit den fehlenden Gegenständen macht und sie dann bei uns vorbeibringt!«

»Aber bitte kommen Sie doch, das sind mehrere Leute, die räumen das ganze Haus aus«, flehte ich. An meiner Stimme hatte er mich als Ausländer erkannt, deshalb bellte er: »Kümmern Sie sich um Ihren Kram, wir tun was wir können.« Keine Polizei erschien. Die Einbrecher räumten in mehreren Aktionen das Haus aus.

Hätte ich einschreiten sollen? War ich ein Feigling? Oft hatte man uns erklärt, dass diese Verbrecher vor einem Mord kaum zurückschrecken. Und auch ihr eigenes Leben sei ihnen nicht viel wert. Bis heute weiß ich nicht, ob ich mich richtig verhalten habe. Wo war meine Zivilcourage?

Zerstört Mission Kultur?

Seit wir in Europa moralische und ethische Selbstverstümmelung begehen, leiden wir an seelischer Verkrüppelung. Deshalb suchen wir die heile Welt jenseits unserer Horizonte. Es war die Technik, der Kommunismus, die Demokratie, das Nirwana, die Seelenwanderung, auf die wir hofften. Aber sie erfüllten unsere Hoffnungen nicht. Jetzt sind es die Esoterik, der Sozialstaat, perverse Sexualität, weite Reisen und viel Urlaub, die uns glücklich machen sollen. Aber auch das scheint es nicht zu bringen. Überall, wo wir hinkommen, ist Zerstörung, Korruption, Kriminalität und jene Leere, die uns mit einem faden Geschmack zurücklässt. Wir träumen von der heilen Welt. Irgendwo muss sie doch zu finden sein! Sicherlich lebten einst an sonnenüberfluteten Sandstränden unter wogenden Südseepalmen glückliche, bedürfnislose, braune *edle Wilde*. Wo sind sie geblieben? Ganz sicher, so wird argumentiert, hat der Missionar sie verdorben. Durch Gehirnwäsche hat er sie von allen lebenswerten, fröhlichen Gebräuchen entfremdet und sie in dunkle Kirchen getrieben, um ihnen die Zwangsjacke des sogenannten Fundamentalismus anzulegen.

Solche Kritiker christlicher Missionsarbeit würden in Papua-Neuguinea nur mitleidig belächelt werden, denn das Paradies, von dem jene schwärmen, gab es nie. Und die Idee, dass Insulaner zeitlos zufrieden für immer in winzigen Laubhütten hausen, ist menschenverachtend. Jeder Mensch sehnt sich nach Fortschritt und Verbesserung. Die meisten Melanesier sind zutiefst überzeugt, dass ihrem Land nichts Besseres als die Christianisierung hätte passieren können.

In einem haben die Kritiker aber recht: Wir Missionare waren oft miserable Vertreter des zeitlosen und überkulturellen Evangeliums. Recht haben sie auch, wenn sie uns vorwerfen, dass wir manchmal in unserer Vorgehensweise tollpatschig waren. Unsere Bemühungen, die Botschaft in das Weltbild der Einheimischen zu integrieren, ließen viel zu wünschen übrig. Durch sein eigenes Gepräge *versündigt* sich der Zeuge Jesu in der multikulturellen Situation. Und weil er sich oft erst nach vielen Jahren in der Gefühlswelt der so andersartigen Menschen zurechtfindet, verletzt er, ohne es zu wissen. Religiöse, familiäre und verpflichtende Zusammenhänge deutet er falsch. Dadurch wird er zum *Elefant im Porzellanladen*. Tröstend ist, dass er Vergebung erlebt und darüber hinaus entdeckt, dass Gott trotzdem zu den Menschen redet und sein Reich baut.

Mich fasziniert, dass sich nach 100 Jahren Missionsarbeit in Papua-Neuguinea 96 Prozent der Bevölkerung Christen nennen. Tausende und Abertausende von Menschen sind es, die um keinen Preis ihre lebendige Beziehung zu Jesus aufgeben würden. Bei jeder Gelegenheit reden sie offen über ihren Glauben.

Die Melanesier haben für jene Wissenschaftler, Anthropologen, Soziologen oder Theologen kein Verständnis, für die Gott sich in ein paar seichten Begriffen erschöpft und die den Menschen – hier wie dort – einreden wollen, dass der Missionar ihr wertvolles kulturelles Erbe zerstöre. Für die Melanesier zählt lebendige Gotteserfahrung.

Kritiker in Papua-Neuguinea würden die Kritiker in Deutschland fragen: »Woher wollt ihr wissen, was gut für uns ist? Hat nicht jeder Mensch, jeder Stamm, jedes Volk das Recht und die Freiheit, aus dem vorhandenen Angebot zu wählen? Als nicht praktizierende Christen wisst ihr gar nicht, von was ihr redet. Euer kluger Kopf hindert euch daran, etwas für euer Herz zu tun. Wieso habt ihr ein so großes Interesse, uns auf der vormissionarischen Stufe zu halten? Sucht ihr in unserer Vergangenheit das verlorene Paradies? Hat eure Welt nichts mehr zu bieten? Braucht ihr uns als Exoten, als Touristenattraktion? Dass euer Materialismus nicht das ›Gelbe vom Ei‹ ist, haben wir auch schon entdeckt. Und euer modernes, pluralistisches Christentum, bei dem ihr euch nur auf der Horizontalen bewegt, wollen wir nicht. Wisst ihr, dass das bibeltreue Christsein mit unserer traditionellen Kultur verwandt ist? Es weist über uns selbst hinaus und macht uns zu Gottes Kindern. Diesen lebendigen, ewigen Gott-Vater, der so viel Interesse an uns hat, den beten wir an. Missionare waren dabei Gottes Werkzeuge. Noch bevor die Weißen nach Papua-Neuguinea kamen, waren wir durch unsere Legenden längst auf das Evangelium vorbereitet.«

Viele Akademiker, Politiker, Geschäftsleute und Regierungsbeamte würden bekennen: »Es waren die Missionare, die mich in meinem Dorf förderten und mir Mut machten, in ihre Schule zu gehen.« Eines der markantesten Beispiele ist Sir Pita Lus. Als Kochjunge wurde er von Missionarin Lisbeth Schrader angestellt. Sie ermutigte ihn, die Missionsschule zu besuchen. Durch diese Schulbildung hatte er einen enormen Vorsprung und schaffte es später ins erste Parlament von Papua-Neuguinea, dem er seit 1972 angehört. Über die Jahre füllte er eine ganze Reihe von Ministerposten aus. Er bekam für seine Verdienste von der Königin von England den Adelstitel zugesprochen. Er baute eine große Handelsfirma auf. Aber er ist auch überzeugter Christ und stellt sein Haus für Bibel- und Gebetsstunden zur Verfügung. Wenn die Sprache auf Lisbeth Schrader kommt, stehen diesem großen Mann Tränen in den Augen. Sein Bekenntnis lautet: »Ohne Lisbeth Schrader wäre ich nichts weiter als ein Dörfler, der pflanzt, jagt und ein paar Kaffeebohnen erntet. Durch sie bin ich einer, der die Geschicke unseres Landes mitbestimmt. Wir sind ein freies, unabhängiges Land und haben nicht nur pro forma in unserer Verfassung verankert, dass wir ein christliches Land sein wollen!«

Detlef Krause berichtet

Missionseinsätze:
1981-1994: Missionar in Manus/Papua-Neuguinea
September 1995 - Juni 2003: Missionsdirektor der
Liebenzeller Mission
Seit Juni 2003: Direktor der Liebenzeller Mission

Die Berufung

Wir hatten uns in Los Angelos total verfranst. Eigentlich hatte ich meinen amerikanischen Mitstudenten mit zur Fahrt auf den Flughafen genommen, damit er mich sicher durch die Großstadt schleusen würde. Aber er hatte offensichtlich genauso viel Ahnung wie ich. Während wir uns langsam durch den Verkehr kämpften, kamen wir miteinander ins Gespräch. Ich fragte ihn nach seinem Zuhause, seinen Geschwistern und Eltern. Er verzog sein Gesicht und sagte nur: »Meinen Vater hasse ich.« Dann erzählte er mir davon, wie sein Vater seine Mutter schon sehr früh hatte allein sitzen lassen. Wie er, obwohl er ausreichend Geld besaß, ihr die monatliche Unterstützung immer wieder versagte und ihnen als Familie das Leben nur schwer gemacht hatte. Ich konnte ihn verstehen, denn ich erlebte als 17-Jähriger eine ähnliche Situation. Ich hasste meinen Vater für das, was er mir in meinen Augen angetan hatte und was er mir im Laufe meines Lebens nicht zukommen ließ. Meine Eltern hatten sich nach einer schweren Flucht – mein Vater aus Schlesien und meine Mutter aus Pommern – in Hannover kennengelernt und schnell geheiratet. Innerhalb der ersten vier Jahre wurden ihnen drei Söhne geboren. Ich war der Jüngste. Dort in Engelbostel, einem kleinen Dorf bei Hannover, wohnten meine Eltern mit uns dreien in einer sehr kleinen Wohnung. Welche Gründe letztlich zur Scheidung geführt hatten, kann ich im Einzelnen nicht sagen. Mütterlicherseits habe ich nur gehört, dass mein Vater wohl zum einen nicht mit Geld umgehen konnte, auf sehr großem Fuß lebte und die Familie so gut wie nicht versorgte. Das führte immer wieder zu Stress mit den Schwiegereltern, die ihm Vorwürfe für sein Verhalten machten. Ich war ein Jahr alt, als mein Vater eines Tages nicht mehr von der Arbeit zurückkam. Er hatte sich aus dem Staub gemacht. Jahrelang war er nicht ausfindig zu machen, sodass die Ehe geschieden wurde. Jahre später entdeckte man ihn in der Nähe von Nürnberg. Er war damals mit dem Fahrrad von Hannover nach Franken gefahren und dort bei seiner Mutter untergekommen. Unsere Mutter musste ohne Unterhaltszahlungen durchkommen. Zusammen mit ihr lebten wir drei Jungen auf sehr beengtem Raum. Wir hatten einen großen Raum, der gleichzeitig Küche, Stube und Kinderschlafzimmer war. Dazu gab es noch einen weiteren kleineren Raum und eine Abstellkammer. Überleben muss für meine Mutter die Hölle gewesen sein. Um uns über Wasser zu halten, arbeitete sie auf der Landwirtschaft mit. Wir Kinder und vor allen Dingen ich als Kleinster mussten jeweils mit aufs Feld. Im Haus selber gab es mit der älteren Vermieterin immer wieder gewaltige, manchmal sogar körperliche Auseinandersetzungen. Ich sehe mich heute noch als Kind danebenstehen, als sich meine Mutter und die Vermieterin schreiend und schlagend in den Haaren lagen. Als Jungen waren wir offensichtlich auch nicht immer ganz einfach zu kontrollieren. Ich erinnere mich noch daran, wie wir an einem Tag auf einer Weide die Rundhölzer aus dem Tor schoben und die Kühe auf die Straße jagten. Für meine Mutter wurde es mit der Zeit zu viel. Die schwierige Flucht aus Pommern, die schnelle Heirat, der Nervenkrieg, der mit einer Scheidung Hand in Hand geht, die anschließende Scheidung und dann als alleinerziehende Mutter zu einer Zeit, in der es wirtschaftlich in Deutschland sehr, sehr schlecht ging, wurden ihr zunehmend zu viel. Sie begann sich mit Selbstmord auseinanderzusetzen. An einem Punkt plante sie, dass sie zusammen mit uns sich das Leben nehmen würde. Ich kann heute noch das Bild wachrufen, wie wir dort neben dem Küchenherd standen. Sie saß auf dem Stuhl und hatte die Rasierklinge in der Hand und erklärte uns, wie man die Pulsschlagader aufschlitzt. In diesem Moment klopfte es an die Tür. Draußen stand ein Apfelsinenverkäufer. Er war wohl so unverschämt, dass er mit seinem ganzen Gewicht die Tür aufdrückte, um seine Ware an den Mann zu bringen. Damit war diese Szene unterbrochen und die Situation hatte sich wieder beruhigt. Einige Zeit danach wachten wir morgens auf und fanden auf dem Tisch kalten Carokaffee angerichtet. Unsere Mutter war bereits unterwegs, so meinten wir. Als wir die Wohnung verlassen wollten, stellten wir fest, dass die Tür von außen verschlossen war. Mein ältester Bruder knotete verschiedene Bettlaken zusammen, befestigte sie am Fensterkreuz und wir drei kletterten nach unten. Während wir noch so um das Haus herumstreunten, hielt ein grüner VW-Käfer – ein Polizeiauto – vor dem Haus an. Die Polizisten sammelten uns ein und verfrachteten uns ins Auto. Da saßen wir auf der Rückbank und fuhren von Engelbostel nach Hannover. Einer der Polizisten gab mir sein Vesperbrot, dick mit Leberwurst geschmiert. In Hannover kamen wir in das Kinderheim Eben-Ezer in der Plinkestraße. Später erfuhr ich, dass meine Mutter versucht hatte, sich im Dorfteich zu ertränken. Der Versuch war missglückt und man hatte sie nach Wunstorf in eine psychiatrische Klinik gebracht. Dort musste sie für die nächsten zehn Jahre bleiben. Das Kinderheim, in dem wir untergebracht waren, wurde christlich geführt. Die Leiterin war eine Schwester der Harzburger Schwesternschaft, Schw. Christel Wolff. Es war ein gemischtes Kinderheim mit Kindern im Alter von 3 bis 16 Jahren. Wir Jungen schliefen im oberen Stockwerk, die Mädchen und die kleinen Kinder im unteren. Das Heim wurde als ein geschlossenes Kinderheim geführt. D.h. wir durften zur Schule das Heim verlassen, mussten danach aber gleich wieder zurückkommen. Nach Erledigung der Hausaufgaben hatten wir einen Innenhof, in dem wir spielen konnten, soweit dafür Spielzeug vorhanden war. Im Kinderheim selbst ging es nach dem Motto »survival of the fittest« zu. Gleich am ersten Tag hatte ich eine Schlägerei und bezog eine ordentliche Tracht Prügel. Obwohl ich meistens für mein Alter der Kleinste war, gelang es mir trotzdem mich einigermaßen durchzubeißen. Seitens der Heimleitung versuchte man uns wirklich gut zu versorgen, musste allerdings Mitte der 50-er-Jahre mit sehr begrenzten Mitteln umgehen. Das Essen war sehr einfach. Jeden Morgen gab es eine Tasse heiße Milch zu trinken. Ich hasste sie. Vor allen Dingen die Haut, die oben auf der Milch schwamm und die mitgegessen werden musste. Die Erzieherinnen bestanden jeweils darauf, dass das was auf den Tisch kam, gefälligst auch aufgegessen wurde und notfalls mit Druck und Vor-dem-Teller-Sitzen, bis der letzte Löffel runter war. Nachts ging bei uns immer mal wieder die Post ab. Wir lieferten uns erbarmungslose Krampenschlachten. Je härter die Krampen aus Pappe waren, umso besser. Irgendwann gingen die Erzieherinnen dann dazwischen und wir mussten mit einhundert Kniebeugen erst einmal die notwendige Müdigkeit erzeugen, um zu schlafen. In der Schule verspotteten uns die Mitschüler als die Wassersuppenfresser. Im Vergleich zum Normalbürger ging es uns wirklich nicht sehr gut. Einer meiner Klassenkameraden wohnte in der Nähe. Eines Tages holte ich ihn morgens ab und sah ihn heulend vor einem leckeren Teller Müsli mit Kaba sitzen. Mir selber lief das Wasser im Mund zusammen. Er hatte größten Stress mit seinen Eltern, weil er es nicht mochte. Ich hätte ihm gern geholfen, aber der Anstand erlaubte es mir nicht, ihm dieses Angebot großzügig zu unterbreiten. Bei aller Begrenzung erlebten wir aber auch, wie uns manchmal seitens anderer Leute freundlich etwas zugewandt wurde. Einmal wurden wir von den amerikanischen Soldaten zur Weihnachtsfeier eingeladen. Die riesige Halle gefüllt mit Menschen, das reichliche Essen und dann anschließend noch eine überaus großzügige Bescherung, auch für uns, hat tiefe Eindrücke hinterlassen. Seitens der Heimleitung wurde immer wieder versucht, einzelne Kinder an Pflegefamilien oder an Adoptiveltern zu vermitteln. Das erste Mal kam ich zu einem schon etwas in die Jahre gekommenen Ehepaar, blieb dort ein Wochenende, aber das war es dann auch. Ich hörte nie wieder von ihnen und weiß auch nicht die Gründe, warum man mich dort nicht gelassen hatte. Die zweite Familie betrieb eine große Gastwirtschaft mit angegliedertem Kinobetrieb. Der Aufenthalt dort gefiel mir sehr. Ich durfte oben neben dem Filmapparat sitzen und durch das Loch den Film *Zorro* mit ansehen. Ich war bis spät nachts mit in der Gastwirtschaft und genoss diesen ganzen Umtrieb sehr. Offensichtlich teilte das Jugendamt oder die Heimleitung meine Freude nicht. Aus ihrer Sicht der Dinge war das Umfeld für mich wohl nicht passend. Dann tauchte ein drittes Ehepaar auf. Auf Anraten der Schwester nahmen sie zwei Jungen mit. Einer davon war ich. Sie selbst hatten bereits fünf Kinder. Wir beide genossen den Aufenthalt bei dieser Familie sehr. Es wurde uns viel menschliche Wärme entgegengebracht. Wir erlebten ein rundum schönes Wochenende. Als wir wieder zurück im Kinderheim waren, tagte der Familienrat und sie beschlossen einstimmig, mich mit in ihre Familie aufzunehmen. Im Juli 1962 kam ich deshalb aus dem Kinderheim zur Familie Löffler nach Völksen, einem kleinen Ort von ca. 3 000 Einwohnern. Sie hatten einen Textilladen und erst kurz vorher ein neues Fertighaus erstellt, in dem die Familie wohnte. Für mich waren vor allen Dingen die ersten Wochen traumhaft paradiesische Zustände. Ich hatte zum ersten Mal in meinem Leben meine eigene Ecke zum Schlafen. Das Essen war traumhaft gut. An einem normalen Wochentag nachmittags Kuchen oder Berliner zu essen, war jenseits dessen, was ich mir je hätte vorstellen können. Ich lernte Fahrrad fahren, etwas, was mir vorher im Kinderheim nie vergönnt war und ich konnte mich frei bewegen, mit meinen Freunden durch die Wälder streifen, spielen wo und wozu ich gerade Lust hatte. Jahre später hab ich meinen Vater einmal gefragt, warum sie mich eigentlich zusätzlich zu ihren fünf Kindern aufgenommen hatten. Er erzählte mir, dass er bei einer christlichen Veranstaltung saß, auf der ein Amerikaner davon erzählte, wie Gott ihm die Aufgabe im Leben gegeben hätte, elternlosen Kindern ein Zuhause zu bieten. Der Mann hatte einige Kinder adoptiert. Plötzlich sagte eine Stimme in meinem

Vater zu ihm: »Würdest *du* das auch für mich tun?« Er meinte, dass Gott mit ihm redete. Darum sagte er zu Gott: »Wenn du es meiner Frau sagst, mache ich es.« Mein Pflegevater war ein äußerst disziplinierter Mensch. Er erwähnte seiner Frau gegenüber nichts von diesem Erlebnis. Ungefähr ein Jahr später las seine Frau ein Buch, in dem es u. a. auch um die Adoption von Kindern ging. Während des Essens drehte sie sich zu ihrem Mann und sagte: »Was meinst du denn dazu, wenn wir noch ein Kind zu unseren Kindern dazunehmen würden?« Er schaute sie nur an und sagte: »Auf diese Frage warte ich bereits seit einem Jahr«. Sie besprachen diesen Gedanken mit ihren Kindern und so landete ich dann schließlich bei dieser Familie. Ich erlebte bei Familie Löffler sehr viel Liebe und Zuwendung. Meine neuen Eltern mussten sich erst einmal mit manchen Unarten, die sich bei mir durch meine Entwicklung eingeschlichen hatten, auseinandersetzen. Sie taten das in großer Geduld mit einer freundlichen Art, aber auch mit Bestimmtheit. Familienleben wurde bei ihnen ganz großgeschrieben. Es gab keinen Fernseher im Haus. Vordergründig dafür war sicherlich nicht die Frage der Kommunikation, sondern eher, dass mein Vater aus religiösen Ansichten damals davon überzeugt war, dass der Fernseher nichts Gutes ist. Als Kinder waren wir hauptsächlich aufs Lesen angewiesen. Ich habe im Alter von 11-16/17 Jahren deshalb viele Bücher gelesen. Kein Karl May-Band wurde ausgelassen und meine Eltern sorgten für Nachschub von vielen anderen spannenden Büchern. Obwohl meine Eltern durch das Textilgeschäft sehr beschäftigt waren, nahmen sie sich immer wieder viel Zeit für uns. Mahlzeiten wurden vor allen Dingen abends immer im Kreise der Familie eingenommen. Das war Pflichtkür. Da durfte keiner fehlen. Auch an Sonntagen war Familienzeit. Ausflüge waren angesagt, miteinander spielen, sich unterhalten und das Miteinander pflegen. Täglich musste ich nachmittags bei meinem Vater erscheinen und ihm meine Hausaufgaben präsentieren. Er war pingelig und unnachgiebig, hatte es aber in allen Fächern gut drauf – damals zu meinem Leidwesen. Hin und wieder gab er mir Extraaufgaben, wie zum Beispiel die Leitgeschichte aus dem Englischbuch auswendig zu lernen und fehlerlos aufzuschreiben. Die Dankbarkeit für diese Übung stellte sich erst viele Jahre später ein. Ich erlebte eine rundum gute Familie mit ungezwungener Fröhlichkeit und viel zwischenmenschlicher Wärme. Was mich störte, war die enge pietistische Frömmigkeit. Im Haus war die landeskirchliche Gemeinschaft beheimatet. Mein Pflegevater hatte den Kellerraum extra dafür ausgebaut, dass dort Kinderstunden, Jungschar, Jugendbund und Bibelstunden stattfinden konnten. Als Kinder waren wir selbstverständlich verpflichtet, an allen Veranstaltungen teilzunehmen. Ich musste unzählige Evangelisationen und Predigten über mich ergehen lassen. Persönlich hatte ich daran wenig Interesse. Bedingt durch die Enge im Kinderheim hatte ich einen ungeheuren Freiheitsdrang. Die Art von Frömmigkeit, die ich erlebte, wirkte auf mich wie eine Zwangsjacke. Zum einen bewunderte ich meinen Pflegevater, wie ehrlich er seinen Betrieb führte und wie großzügig er z.B. Geld für kirchliche Aktivitäten oder für die Mission gab. Wenn ich sah, welche Scheine er in den Opferbeutel warf, kamen bei mir echte Zweifel auf, ob das wirklich angemessen im Vergleich zu meinem kargen Taschengeld war. Ich bewunderte meine Eltern für die Konsequenz, wie sie ihren christlichen Glauben lebten und wie sie in Großzügigkeit und Freundlichkeit sich um viele Menschen kümmerten. Gleichzeitig stieß mich die enge pietistische Frömmigkeit ab. So gern hätte ich im Fußballverein mitgespielt, aber als Christ war das nicht zulässig. Es reizte mich im örtlichen Schützenverein mitzuschießen. Mit einem meiner Freunde ging ich immer wieder dorthin, um zu schießen, soweit es mir erlaubt war. Mein Vater untersagte mir eine Mitgliedschaft. Dann kamen die Discos auf. Ich war von Anfang an ein großer Fan der Beatles, Rolling Stones und was immer es auf dem damaligen Popmarkt gab. In diesem Sinne war ich das schwarze Schaf in der Familie. Alle meine anderen Geschwister hörten hauptsächlich Klassik – Mozart, Bach, Beethoven usw. Mir waren andere Namen wichtiger. Mich reizten die Discos. Ich wollte tanzen gehen. Das passte wieder nicht in das christliche Weltbild hinein. Mehr und mehr verdichtete sich für mich, dass christlicher Glaube etwas mit Lebensverneinung zu tun hat. Und ich wollte unbedingt aus diesem Korsett entfliehen. Als ich meine Mittlere Reife abgeschlossen hatte, schlug mir mein Vater vor, weiterzumachen zum Abitur. Ich hatte allerdings zu diesem Zeitpunkt keine Lust mehr, zur Schule zu gehen und entschloss mich, einen anderen Beruf zu lernen. Nach einer Berufsberatung kamen wir schließlich auf Gartenbauingenieur und Landschaftsgestaltung. Als Erstes musste ich eine Gärtnerlehre absolvieren. Diese fand 25 Kilometer von meinem Heimatort entfernt in Hameln statt. Da das Hin- und Herfahren zu kompliziert war, beschloss mein Vater, dass ich dort in einem Lehrlingsheim unterkommen sollte. Mein ältester Bruder hatte einen ordentlichen Streit mit ihm über diese Entscheidung, weil er meinte, das sei der falsche Schritt, mich ganz mir selbst so zu überlassen. Mein Vater hatte allerdings gemerkt, dass er mich selber nicht mehr auf dieser engen christlichen Linie halten konnte und sah es wohl für klüger an, mich erst einmal gehen zu lassen. Im Nachhinein muss ich sagen, dass das die richtige Entscheidung war. Von dem Tag an, als ich in das Lehrlingsheim einzog, streifte ich alles Christliche von mir ab. Die meisten Bewohner dieses Lehrlingsheims kamen aus Heimen für Schwererziehbare und Jugendgefängnissen. Es war ein raues Klientel. Wir wohnten zum Teil in Drei- oder Vierbettzimmern. An dem Tag, an dem ich dort ankam, wurde gerade per Mehrheitsbeschluss der Bewohner das Tischgebet abgeschafft. In den nächsten Jahren betrat ich keine Kirche mehr, las weder in der Bibel, hatte ich eine Diskussion über den christlichen Glauben. Wann immer ich fromme Menschen sah, ging ich ihnen aus dem Weg. Ich lebte mein eigenes Leben nach meinen Vorstellungen. Ich hatte bald Freunde außerhalb des Lehrlingsheims, hatte ein anderes Umfeld und Netzwerk aufgebaut. Dass ich dabei allerdings nicht unter die Räder kam, ist für mich bis heute eine Freundlichkeit Gottes. Politisch war ich links, das war damals einfach *in* und *chic*, das gehörte sich. Ich bewegte mich in Kifferkreisen und in einem Gepräge, das weit weg war von einer pietistischen Frömmigkeit.

Nach ca. 1 ½ Jahren kam ich zum ersten Mal wieder nach Hause. Ich hatte inzwischen schulterlange Haare, rauchte und war total ausgeflippt angezogen. Als ich durch die Haustür trat, stellte ich fest, dass gerade Bibelwoche war. Dort saßen die Frommen beieinander und sangen Reichslieder und ich trat in meinem etwas verfilzten Zustand durch die Tür. Das war das erste Mal, dass ich meinen Pflegevater geschockt sah. Aber er machte mir keine Vorwürfe. Er kritisierte weder die Länge meiner Haare, noch dass ich rauchte. Er hinterfragte nicht meinen Lebensstil, sondern sagte einfach: »Du weißt ja, dass das hier dein Zuhause ist. Du bist immer herzlich willkommen.« Das hat mir damals die Tür geöffnet, dass ich hin und wieder nach Hause kam. Nachdem ich die Gärtnerlehre erfolgreich abgeschlossen hatte, besuchte ich die Fachoberschule, um die Fachhochschulreife zu erreichen. Während dieser Zeit kam der Einberufungsbescheid zur Bundeswehr. Ich hatte keinerlei Interesse, Soldat zu werden. Nicht dass ich etwas gegen Sport, Schießen oder militärische Übungen gehabt hätte, sondern weil Soldaten bei mir ein sehr schwieriges Image hatten. Wenn immer ich ihnen begegnete, waren sie angetrunken und wirkten nicht gerade sehr intelligent. Eine Szene in der Bahn, in der einer der Soldaten leicht angetrunken grölte: »Ich bin kein Mensch, ich bin kein Tier, ich bin bloß Panzergrenadier«, war wohl dann schließlich der letzte Entschluss, auf keinen Fall zur Bundeswehr zu gehen. Mit Freunden aus der Gewerkschaft lernten wir bei Rollenspielen bereits wie wir auf Fragen bei der Verteidigung antworten müssten. Eines Abends hörte ich in einem Popsender, dass es die Möglichkeit gäbe, ohne Verfahren um den Bund herumzukommen, wenn man sich für zwei Jahre für den Entwicklungsdienst verpflichten würde. Umgehend bewarb ich mich in Bonn und wurde zu einem 2 ½-tägigen psychologischen Test eingeladen. Wir waren fünfzehn Kandidaten und ich rechnete mir nur wenige Chancen aus. Drei von uns wurden genommen und zu meiner Überraschung war ich einer von ihnen. Das war etwas, womit ich nicht gerechnet hatte. Im ersten Vertrag war vorgesehen, dass ich mit dem deutschen Entwicklungsdienst

(DED) nach Indien gehen würde, nachdem ich mein Studium als Gartenbauingenieur abgeschlossen hatte. Vom Bund wurde dieser Vorvertrag allerdings nicht anerkannt, sodass ich die Wahl hatte, entweder zum Bundesgrenzschutz nach Helmstedt zu gehen oder nach Südamerika nach Peru. Die Entscheidung hatte ich schnell getroffen und beschloss, den Vorschlag des DEDs anzunehmen und nach Peru zu gehen. Nach einem berufspädagogischen Seminar und einem vierwöchigen Crashkurs Spanisch in Barcelona im September 1973 durchliefen wir dann eine Vorbereitungszeit auf Schloss Wächtersbach bei Frankfurt. Es waren echt turbulente Wochen und Monate, die wir etwa 40 Entwicklungshelfer dort durchlebten. Es wirkte wie ein Spiel ohne Grenzen. Stundenlang, nächtelang diskutierten wir über Sinn und Unsinn von Entwicklungshilfe, über die Komplexität von Armut, und wie Menschen richtig geholfen werden könnte. Wir hinterfragten unser eigenes Engagement als Entwicklungshelfer. Die kulturellen Fehler, die oft gemacht wurden, dass eigene Probleme und Sichtweisen in andere Kulturen hineingetragen wurden. Es waren endlose Diskussionen, die einem zum Teil jeglichen Idealismus nahmen. In dieser Zeit traf ich einen Kollegen, der mich sehr faszinierte. Er selber hatte sich in seiner Weltanschauung im Zenbuddhismus und der Esoterik verortet. Als Person faszinierte er mich und ich begann, mich mit denselben Themen zu beschäftigen. Als ich in einer Situation erlebte, dass unsichtbare Mächte nicht nur Humbug sind, sondern Realität, tauchte in mir die Frage auf: »Wenn es Mächte dieser Art gibt, wie ist es dann mit Gott?« Ein Gedanke, der mich weiter begleitete. Im Januar 1974 reisten wir nach Peru aus. Der DED war so großzügig, uns die ersten vier Wochen zur freien Gestaltung, d.h. zum Kennenlernen des Landes zu geben. Jeder von uns durfte auf eigene Faust das Land bereisen und sich kundig machen. Viele meiner Kollegen nutzten die Flugzeuge, um verschiedene Orte anzufliegen. Ich selber hatte mich entschieden, mit den billigsten Verkehrsmitteln unterwegs zu sein. Ich wollte die Menschen kennenlernen und mit ihnen in Kontakt treten. Stundenlang saß ich in den Greyhounds (Überlandbusse), die über die Panamericana und andere Straßen donnerten. Meine rudimentären Spanischkenntnisse waren nach einer kurzen Unterhaltung meistens er-schöpft. Dadurch hatte ich viel Zeit zum Nachdenken. Meine Gedanken kreisten wieder um verschiedene Fragen: »Wie kann Menschen wirklich geholfen werden?« Für mich war klar, dass nicht nur die Umstände zuständig sind für das Elend des Menschen, sondern dass der Mensch selbst die Umstände mitgestaltet und beeinflusst, dass man nicht alles und jedes und jegliche Verantwortung auf die Umstände schieben kann. Die Frage, die mich vor allen Dingen bewegte, war: »Wie kann ein Mensch von innen her verändert werden, um so eine bessere Gesellschaft zu erreichen?« Meine Gedanken kamen wieder auf den christlichen Glauben, auf das, was ich gehört hatte und endeten schließlich bei der Frage: »Was ist, wenn es stimmt, was die Christen behaupten, dass Jesus Christus von den Toten auferstanden ist?« Immer wieder ging mir diese Frage durch den Kopf. »Was, wenn ein Gott Menschen von innen verändern könnte. Wenn er der Dreh- und Angelpunkt wäre für eine bessere Gesellschaft.« Am Ende meiner Reise saß ich allein in Lima in meinem Hotelzimmer. Meine Gedanken kreisten wieder um diese Fragen. Ich hatte mit keinem meiner Kollegen über diese inneren Vorgänge gesprochen. In meine Überlegungen hinein kam mir der Gedanke: Wenn es Gott wirklich gibt, wenn Christus wirklich auferstanden ist, dann weiß er auch um meine Fragen und er weiß, warum ich kein Christ bin und könnte mir helfen. Ich fing an, mit Gott zu sprechen. Es war ein ehrliches, offenes Reden mit Gott. Ich sagte ihm, dass ich nicht wüsste, ob er überhaupt existiere, ob ich letztlich nicht gegen die Wand redete. Ich sagte ihm, dass so, wie ich den christlichen Glauben kennengelernt hatte, ich mir nicht vorstellen könne, als Christ zu leben. Ich gestand ihm, dass ich mich schämen würde vor meinen Kollegen zu stehen und zu behaupten, ich sei Christ. Ich hatte Angst vor ihrem Spott. Ich drückte meine ganze Hilflosigkeit aus. Nach dem Amen passierte nichts. Der nächste Tag war ein Tag wie jeder andere auch. Aber in den darauffolgenden Wochen erlebte ich, wie Gott plötzlich durch verschiedene Umstände auf meine Gebete antwortete. Eine Antwort war ein Kollege, der ebenfalls dort in Puno am Titicacasee als Entwicklungshelfer arbeitete. Er war Christ. Später erzählte er mir, dass seine Eltern dafür gebetet hatten, dass er einen Christen in seinem Umfeld treffen würde. In den ersten Tagen in Puno wollte ich meinem Pflegevater davon schreiben, was in mir gerade vorging. Ich saß vor meinem Blatt Papier und wusste nicht, was ich schreiben sollte. In meiner Hilflosigkeit betete ich. Wenn Jesus lebt, so sagte ich mir, dann kann er mir auch bei solchen Sachen helfen. Ich betete so ungefähr: Ich will meinem Vater gern schreiben, aber ich finde die Worte nicht. Hilf mir, dass ich meine Gedanken sortieren kann. Ich hatte kaum Amen gesagt, da hörte ich meinen Freund von draußen reinkommen. Er ging auf sein Zimmer, nahm sich seine Gitarre und sang ein Lied. Ich war sprachlos. Die Verse drückten genau das aus, was ich innerlich erlebt hatte. Ich ging in sein Zimmer und bat ihn, mir den Text des Liedes zu geben. Ich schrieb ihn ab und schickte diesen Brief meinem Vater zu. Er erzählte mir später, dass er mich inzwischen fast aufgegeben hatte. Als ich nach Südamerika abreiste, hatte er keine Hoffnung, mich noch einmal wiederzusehen. Aber er betete weiter für mich. Als mein erster Brief kam, war er der Meinung, dass ich ihn auf den Arm nehmen wollte. Erst in der späteren Korrespondenz merkte er, wie ernst es mir mit dem Glauben war. Mein Freund und ich versuchten, als Christen nach bestem Wissen und Gewissen zu leben. Unter unseren Kollegen waren wir verschrien als »die beiden Heiligen vom Titicacasee«. In Puno gab es keine evangelische Kirche, deshalb besuchte ich unterschiedliche Kirchen. Ich lernte einen Jesuitenprediger kennen, Adventisten, charismatische Gemeinden, auch ging ich in die katholische Kirche, die die nächstliegende war. Ich versuchte jede Gemeindeform zu respektieren, auch wenn mich manches verärgerte oder verwunderte.

Der Glaube an Jesus Christus bedeutete für mein Leben eine Revolution. Bis zu diesem Zeitpunkt hatte ich gefragt, was mir Spaß macht, worauf ich Lust hatte und was ich gerne einmal im Leben erreichen würde. Das Leben mit Gott hieß für mich, dass etwas ganz Neues anfängt. Ich wollte ein sichtbares Zeichen setzen. Deshalb ging ich zum Frisör und ließ mir eine Glatze schneiden. In diesen ersten Wochen fing ich an zu fragen: »Was will Gott von mir in meinem Leben? Was soll ich machen? Wie wird es beruflich weitergehen?« Diese Frage hatte sich mir vorher auch schon gestellt, weil ich entdeckt hatte, dass ich ein großes Interesse an Psychologie und an Sozialpädagogik hatte. Einige meiner Freunde waren Sozialpädagogen gewesen und ich hatte mich bereits gefragt, ob ich nicht vielleicht nach dem Entwicklungsdienst in diesen Bereich einsteigen würde. Mein Pflegevater hatte mir in mein Gepäck ein Andachtsbuch geschmuggelt. Nachdem ich angefangen hatte zu beten, las ich jeden Tag in diesem Andachtsbuch. Eines Tages stand dort der Vers aus Psalm 118,17: »Ich werde nicht sterben, sondern leben und des Herrn Werke verkündigen.« Ich weiß nicht warum, aber dieser Vers sprach mich so persönlich an, dass ich dachte, Gott möchte von mir, dass ich in eine hauptamtliche Arbeit einsteige. Von diesem Tag an beschloss ich, nach dem Entwicklungsdienst eine theologische Ausbildung zu machen. Den Vers »Ich werde nicht sterben, sondern leben und des Herrn Werke verkündigen« schrieb ich mir in meinem Zimmer an die Wand. Durchreisenden Touristen, die bei uns kostenlos übernachteten, antwortete ich auf ihre Frage, was der Vers an der Wand bedeute, dass ich nach Abschluss meiner Arbeit als Entwicklungshelfer in eine hauptamtliche geistliche Tätigkeit einsteigen wolle.

Im Laufe der folgenden Monate modifizierte ich meine Meinung. Nach wie vor fühlte ich mich »berufen«, aber ich hatte doch Zeit. Nichts drängte mich. Als ich hörte, dass der DED Entwicklungshelfern zugestand, dass sie nach Vertragsabschluss für weitere sechs Monate kranken- und sozialversichert waren und auf eigene Kosten Länder bereisen konnten, stand mein Entschluss fest. Ich wollte andere südamerikanische Länder bereisen, Mittelamerika kennenlernen und von den USA aus zurück nach Deutschland fliegen. In den zwei Jahren meines Vertrages nahm ich mir vor, Peru gründlich zu bereisen. Gezielt besuchte ich die verschiedensten historischen Stätten in Trujillo, Nasca und an anderen Plätzen. Ein Ort, der mich besonders faszinierte, war Machu Picchu. Durchreisende Touristen erzählten uns vom Camino Inca, dem Inkatrail. Normalerweise fuhren Touristen mit dem Zug direkt von Cuzco nach Machu Picchu. Daneben gab es einen Trampelpfad, der durch die Berge zu den alten Ruinen führte. Immer wieder schwärmten Leute von der Schönheit dieses Weges. Diese Erfahrung wollte ich mir nicht entgehen lassen. Ich nahm mir fest vor, diesen Weg zu laufen. Ein peruanischer Freund wollte die Strecke mit mir gehen. Einen Tag vorher sagte er mir ab. Ich beschloss, den Camino Inca allein zu bewältigen. Ausgerüstet mit einer handgezeichneten Karte eines Norwegers, die ich mir fotokopiert hatte, einem Höhenmesser, Rucksack, Zelt und einigen Keksen und Dosenfisch machte ich mich auf den Weg. Die erste Strecke ging an einem Fluss entlang auf ca. 2500 Meter Höhe. Am nächsten Tag stieg ich bis auf 4200 Meter auf. Da es dunkel wurde, übernachtete ich neben einem kleinen Bach. Am nächsten Morgen bestieg ich den Gipfel. Es war ein beeindruckendes Gefühl, über den Wolken zu stehen. Dann ging es wieder runter in tiefer gelegene Gegenden. Es war ein mühsames Vorankommen. Hin und wieder verschwand der Weg und ich musste lange suchen, bis ich den Anschlusstrampelpfad wiederfand. Meine Lederstiefel waren denkbar ungünstig für einen solchen Marsch. An diesem zweiten Tag lief ich fast ohne Pause zehn Stunden lang, schaffte den nächsten Gipfel auf 3800 Meter Höhe. Als es dunkel wurde, baute ich mein Zelt mitten auf dem Weg auf. Am nächsten Morgen lief ich sehr früh weiter. Von 3800 Meter konnte ich von Weitem die Ruinen sehen. Mein Interesse an den Ruinen war in der Zwischenzeit allerdings sehr gering. Meine Füße waren voller Blasen. Jeder Schritt abwärts, wenn ich in die Stiefel hineinrutschte, tat höllisch weh. Ich war kalt, durchgefroren, hungrig und sehnte mich nach einer heißen Tasse *café con leche* (Milchkaffee) und einer warmen Dusche. Mühsam quälte ich mich den Berg herunter. Plötzlich war der Trampelpfad wieder einmal zu Ende. Verzweifelt suchte ich den weiteren Verlauf des Weges an verschiedenen Stellen, konnte aber nichts finden. Schließlich kletterte ich auf den Gipfel des Berges. Unten waren Häuser zu sehen. Ich dachte bei mir, wenn ich einigermaßen schräg den Berg runterklettere, werde ich unten schon irgendwo rauskommen. Das Anfangsstück war allerdings so steil, dass ich beim Runterrutschen mit den Hacken bremsen musste. Dabei flogen mir beide Hacken von den Stiefeln weg, meine Wasserflasche blieb irgendwo hängen, mein Höhenmesser ebenfalls. Ich geriet in eine der Wasserrinnen hinein. Immer wieder tauchten Felsplatten von 2-5 Meter Länge auf, die ich runterrutschen oder über die ich springen musste. Schließlich kam ich an eine Stelle, an der die Felswand 100 Meter senkrecht abfiel. Das war das Ende. Außer Atem, erschöpft und durstig blickte ich nach unten und überlegte, was ich machen sollte. In der Ferne sah ich einen Zug durch die Landschaft fahren. Ich schaute mir das trockene Gras an und beschloss, das Gras anzustecken, um durch ein Feuer ein Signal zu geben. Ich packte meine Lebensmittel aus, legte sie zur Seite und warf den Rucksack den Hang hinunter, weil ich ihn nicht mehr länger halten konnte. Dann entzündete ich das Gras. Das Gras brannte lichterloh den Hang hinauf. Womit ich nicht gerechnet hatte, war, dass das Feuer eine kleine Steinlawine auslösen würde. Das Gras brannte unter den Steinen weg und so geriet das Geröll ins Rutschen. Ich war damit beschäftigt, den Steinen auszuweichen und merkte nicht, dass die Gerölllawine alle meine Lebensmittel mit sich riss. Als das Feuer aufhörte zu brennen und keine Steine mehr rollten, lagen nur noch eine kleine Zitrone und eine Plastiktüte vor mir. Das war alles, was ich hatte. Ich nahm die Zitrone und die Plastiktüte mit und krabbelte etwas höher, wo ich sitzen konnte. Wenig später wurde es dunkel. Ich saß dort durstig wie noch nie zuvor in meinem Leben und hatte kein Wasser. Ich wusste, dass meine Freunde frühestens in fünf Tagen nach mir fragen würden. Das hieß, ich musste damit rechnen, dass ich vielleicht hier sterben würde. Wenn man den Tod konkret vor Augen hat, denkt man noch einmal anders über das

Leben, den Sinn des Lebens und auch über die Gottesfrage nach. Der Tod macht ehrlich. Ich habe damals mit Gott sehr offen über mein Leben und über meine Beziehung zu ihm gesprochen. Am Schluss gab ich ihm ein Versprechen. Ich versprach, im Fall einer Rettung meinen Vertrag sofort zu kündigen und nach Deutschland zurückzugehen, um Missionar zu werden. Es war vielleicht 1-2 Stunden später, dass mir wieder der Bibelvers einfiel, der seit einem Jahr an meiner Wand stand: »Ich werde nicht sterben, sondern leben und des Herrn Werke verkündigen.« Sollte das eine Zusage sein, dass Gott mich aus dieser lebensgefährlichen Lage herausholen würde? Ich hoffte darauf. Am nächsten Morgen war zum Glück kein Nebel, sondern klarer Himmel. Ich sagte mir, dass ich nicht auf ein Wunder warten könnte und beschloss deshalb, den Berg wieder hochzuklettern. Mehrere Stunden mühte ich mich bis zum Gipfel und kam schließlich an einer steilen Felswand von ca. 4-5 Meter an. So sehr ich auch versuchte hochzukommen, ich hatte keine Chance. Erschöpft drehte ich mich um und sah zu meinem Erstaunen, dass mitten am Berg ein Weg zu sehen war, der sich bis zum Fluss runterschlängelte. Der Weg war aus rotbrauner Erde. Ich war völlig überrascht. Den Weg hätte ich am Vortag eigentlich sehen müssen. Hatte ich Halluzinationen? Ich drehte mich weg und schaute eine ganze Weile gezielt in eine andere Richtung. Dann drehte ich mich um. Es gab keinen Zweifel, der Weg war da. Ich visierte genau die Stelle an und kletterte auf diesen Punkt zu. Als ich dort ankam, wo der Weg hätte sein müssen, war kein Weg da. Erschöpft und zitternd kletterte ich die letzten Meter runter bis zur Felswand. Als ich dort ins Freie trat, sah ich unten am Berg Männer im Kreis stehen. Einer stand etwas abseits und rief: »Da ist der Gringo«. Wenig später wurde ich mit einem Seil aus meiner Lage befreit und von den Männern ins Tal begleitet. Die Häuser, die ich gesehen hatte, waren Teil eines Wasserkraftwerkes. Dort wurde ich erst einmal medizinisch an meinen Füßen versorgt und in einem Zimmer untergebracht. Ich hatte eine warme Dusche, ein Bett und ein ordentliches Essen. Zwei Tage später lud mich der leitende Ingenieur des Kraftwerkes zu einem Abendessen ein. Er bat mich darum, ihm meine Geschichte der Rettung zu erzählen. Etwas ungläubig schüttelte er den Kopf und erzählte dann, wie er das Ganze erlebt hatte. Sie hatten an diesem Abend das Feuer auf dem Berg gesehen, aber keiner traute sich hochzugehen, weil gerade vier Wochen vorher dort jemand tödlich verunglückt war. Der Ingenieur konnte die ganze Nacht nicht schlafen. Morgens, als es hell wurde, weckte er seine Männer und schickte sie auf die Suche. Sie fanden meinen Rucksack am Fuß des Berges und wussten deshalb, dass jemand da oben war. Sie konnten mich aber nicht sehen, weil ich am Berg zum Teil durch das Gestrüpp krabbelte. Um das Funkgerät herumstehend sprachen sie mit dem Ingenieur, der schließlich sagte: »Kommt zurück, der wird tot sein«. Genau in diesem Moment erschien ich auf der Bildfläche, weil ich einen Weg gesehen hatte, den es nicht gibt. Wäre ich zwei Minuten später gekommen, wären die Männer nicht mehr da gewesen. Gott hatte mein Leben durch ein außerordentliches Wunder gerettet. Für mich war klar, dass ich zu meinem Versprechen stehen musste. Ich kündigte meinen Vertrag, auch wenn das bedeutete, dass ich meine gesamte Rückgliederungsbeihilfe verlor. Von Peru aus bewarb ich mich bei verschiedenen Ausbildungsstätten, u. a. bei der Liebenzeller Mission. Nach einem Vorstellungsgespräch bei Ernst Vatter wurde ich von der Liebenzeller Mission in die Ausbildung 1975 im September aufgenommen. Die ersten Wochen und Monate waren für mich die Hölle, nicht in erster Linie, weil ich mich in ein sehr enges starres System integrieren musste. Zwar war ich vorher mein eigener Chef gewesen, hatte mein eigenes Dienstauto und Dienstmotorrad, hatte mir privat ein Pferd gekauft, bestimmte meinen Alltag selber. Außerdem war man in Liebenzell eingebunden in eine Lebensgemeinschaft, zu zweit auf einem Zimmer, ein klar strukturierter vorgegebener Tag ohne viel Entscheidungsspielraum für persönliche Interessen. Das landschaftliche Gepräge war ebenfalls ein echter Kontrast. Am Titicacasee konnte ich zum Teil 300 Kilometer weit die Schneeberge von Bolivien sehen. In Liebenzell war der Blick meistens 500 Meter weit am nächsten Berg festgenagelt.

Dennoch waren es nicht diese Umstände, die mir am meisten zu schaffen machten, sondern vielmehr die inneren Zweifel. Wollte Gott wirklich, dass ich diesen Weg gehen soll? Auf der einen Seite hatte ich ein sehr krasses Erlebnis gehabt, von dem her man sagen könnte, klarer geht doch eine Berufung fast nicht mehr. Gleichzeitig waren in mir Stimmen, die mir sagten: »Gott will nicht, dass du hier bist. Du tust letztlich etwas, was Gott mit dir im Leben nicht vorhat. Du machst das aus Eigeninteresse.« Es waren tausend Stimmen, die so auf mich niederprasselten, dass sie mich psychisch und fast auch körperlich angriffen. Eines Tages merkte ich, dass ich damit nicht mehr allein fertigwerden konnte, ohne zugrunde zu gehen. Ich wandte mich an einen unserer Dozenten, meinen damaligen theologischen Lehrer, Dr. Helmuth Egelkraut. Sehr offen erzählte ich ihm von dem, was mich innerlich umtrieb und fertigmachte. Er hörte mir schweigend zu und sagte nicht viel. Dann legte er mir die Hand auf und betete für mich. In dem Moment, als er die Hand auf meinen Kopf legte und für mich betete, war es als ob jemand mehrere Tonnen von mir hinwegbewegte. Von einer Sekunde auf die andere war ich innerlich plötzlich befreit und ruhig. In den darauffolgenden Jahren im Laufe meines Studiums habe ich immer wieder gemerkt, dass ein besonderes Erleben des Eingreifens Gottes zwar immer wieder bedenkenswert und bedankenswert ist, aber dass es nicht ausreicht, sich in anderen Situationen darauf zu berufen. Wir sind immer wieder darauf angewiesen, dass Gott gnädig seine Hand über uns hält und uns in den verschiedenen Lebenssituationen und Anfechtungen neu begegnet und wir seine Gegenwart wieder erleben. In den ersten Monaten war ich verzweifelt über mich selber und die Entdeckung, wie viel Potenzial zum Schlechten in mir steckt. Immer wieder war es Gott, der mir durch Freunde und durch sein Wort wieder auf die Füße half. Als ich über mich selbst verzweifelt war, war es im Kirchengeschichtsunterricht ein Zitat aus Römer 8,29-30 »Denn die er ausersehen hat, die hat er auch vorherbestimmt, dass sie gleich sein sollten dem Bild seines Sohnes, damit dieser der Erstgeborene sei unter vielen Brüdern. Die er aber vorherbestimmt hat, die hat er auch berufen; die er aber berufen hat, die hat er auch gerecht gemacht; die er aber gerecht gemacht hat, die hat er auch verherrlicht.«, das wie eine Bombe bei mir einschlug und mir wieder Frieden gab. In meiner theologischen Ausbildung kam ich sogar an einen Punkt, an dem ich fast nicht mehr an Gott glauben konnte. Ich war mit Gott im Streit über seine Gerechtigkeit und Liebe. In den tiefen Zweifeln war es Luthers Auslegung zum Römerbrief und seine Schrift über den freien und unfreien Willen, die mir eine entscheidende Hilfe waren. Es waren Freunde, die nicht lange mit mir über die Richtigkeit oder Falschheit meiner Argumente und Gedanken diskutiert haben, sondern die für mich ganz einfach beteten. Am Ende der fünfjährigen Ausbildung tauchte die Frage auf, wo ich einmal eingesetzt werden sollte. Wie in Liebenzell üblich, hat man mir diese Frage ebenfalls gestellt. Ich habe damals dem Vorstand gesagt: »Ich weiß es nicht. Ich habe weder einen klaren Ruf in irgendein Land, noch habe ich eine gewisse Präferenz. Ich hätte nur eine Bitte, dass man mich irgendwo hinstellt, wo noch nicht alles fertig ist.« Ansonsten überließ ich die Entscheidung dem Komitee der Liebenzeller Mission. Als man dort dann beschlossen hatte, dass es nach Papua-Neuguinea gehen sollte, haben mich zwischendurch immer wieder Zweifel gepackt. »Ist Papua-Neuguinea der richtige Ort, an dem Gott mich haben will?« In dieser Situation habe ich mich zum einen mit Freunden beraten. Ich hatte ganz gezielt für den Vorstand gebetet, dass sie in ihrer Entscheidung von Gott gelenkt werden und war bereit gewesen, das Ergebnis aus Gottes Hand zu nehmen. Im Rückblick sehe ich, dass Papua-Neuguinea der richtige Platz für uns gewesen ist. Meine Frau und ich haben Papua-Neuguinea als unsre Heimat erlebt, haben dort gute Freunde gewonnen, die Kultur und das Umfeld bei allen Schwierigkeiten, Auseinandersetzungen und allem Unangenehmen sehr geschätzt. Neuguinea wurde uns zur Heimat. Als wir von der Liebenzeller Mission 1993 zurückgerufen wurden, um in Liebenzell die Aufgabe der Leitung der Äußeren Mission von Ernst Vatter zu übernehmen, ist uns dieser Schritt nicht leichtgefallen.

»Schmecket und sehet wie freundlich der Herr ist!« Gott hat es gut mit mir gemeint. Ich habe entdeckt, dass er mein guter Vater ist, der ein Herz und ein offenes Ohr für mich hat. Es war befreiend zu erleben, dass er für Leben, gute Lebensgestaltung, Genuss und Freude zu haben ist. Es ist ermutigend, sein eigenes Leben bei ihm gut aufgehoben zu sehen. Gott hat mir Menschen ins Leben gestellt, die mir geholfen haben, an ihn zu glauben und mit ihm zu leben. Er hat mir eine wunderbare Frau und vier tolle Jungen gegeben. Mein Pflegevater war ein bewundernswerter Mensch. Er hat mich in meiner Ausbildung in Liebenzell nicht nur finanziell unterstützt, sondern auch geistlich begleitet. Er war bis ins hohe Alter von 89 Jahren für mich immer wieder ein guter Ratgeber und treuer Beter. Er war ein weiser, vorausschauender Mann. Einmal sagte er zu mir: »Vielleicht hast du dich gefragt, warum wir dich nicht adoptiert haben, sodass du unseren Namen angenommen hast. Du bist und bleibst ein Krause. Vielleicht öffnet Gott dir noch einmal eine Tür zu deiner Verwandtschaft.« Ich kannte meine väterliche Verwandtschaft gar nicht. Mein leiblicher Vater hatte bis zu seinem Tode in Nürnberg gelebt. Der Kontakt zu ihm war schwierig. So sehr ich auch versuchte, eine Beziehung zu ihm aufzubauen, es gelang einfach nicht. Von seiner eigenen Verwandtschaft und seinen Geschwistern erzählte er nichts. Mein leiblicher Vater und mein Pflegevater waren bereits gestorben, als ich 2005 als Gastredner zur Absolvierungsfeier nach Tabor eingeladen war. Nach der Predigt kam ein älterer Herr auf mich zu, schaute mich an und sagte: »Ich bin dein Onkel.« Er sah meinen etwas ungläubigen Blick und fuhr fort: »Ich bin der leibliche Bruder deines Vaters.« Ich war sprachlos. Der Sohn meines Cousins hatte in Tabor die Ausbildung durchlaufen und an diesem Tag graduiert. Da saß mein Cousin, meine Cousine und andere Verwandte väterlicherseits. Die Worte meines Pflegevaters fielen mir wieder ein: »Vielleicht öffnet Gott dir noch einmal eine Tür zu deiner eigenen Verwandtschaft.« Zu meiner Cousine hatte ich von Anfang an ein herzliches Verhältnis. Zwei Jahre nach dieser Begegnung feierte sie ihren 60. Geburtstag. Sie hatte einen Wunsch. Sie wollte, dass ich ihr an ihrem Geburtstag eine Predigt halte.

»Schmecket und sehet, wie freundlich der Herr ist, wohl dem der auf ihn traut!« Das ist die gute Nachricht, die ich gern anderen Menschen weitersage – in Deutschland, Afrika, Japan oder wo immer auf der ganzen Welt.

Aller Anfang ist schwer

»Hier haben wir gedacht, könntest du euer Haus hinstellen!« – unser Teamleiter deutete auf eine kleine Anhöhe neben der Straße. Vierzig Minuten waren wir mit seinem Zweitakter Suzuki über den *Highway* mehr gehoppelt, als gefahren. Mit einem *Highway* hatte die Straße wenig zu tun. Aber, für neuguineische Verhältnisse war es eine gut befahrbare Strecke, also ein *Highway*. In diesem Ort sollten wir also wohnen und mit dem Aufbau des sogenannten *Highwaybezirkes* beginnen. Wir schritten das Gelände ab und überlegten, wo das Haus am besten platziert wäre. Ein kühler Wind versprach angenehme Wohnverhältnisse im tropischen Klima. Der Ausblick war traumhaft. Über Kokosnusspalmen und tiefgrüne Waldflächen sah man am Horizont auf das Meer hinaus. Ich freute mich darauf, endlich anfangen zu können.

Wenige Tage nach diesem Besuch fand eine Sitzung der einheimischen Kirche auf dem *Highway* statt. Zusammen mit dem Teamleiter saß ich im Kreis der Männer und verfolgte die Diskussion. Meine Sprachkenntnisse waren so weit gediehen, dass

Familie Krause

ich zumindest der Spur nach dem Gesprächsverlauf folgen konnte. Es war ermüdend, den manchmal lang gezogenen Beiträgen zu folgen. Aber plötzlich war ich hellwach. Einer der Manuesen sprach meinen Einsatz auf dem Highway an. Ich war gespannt, was kommen würde. Ich rechnete mit ermutigenden Worten für den Anfang, ein Dankeschön fürs Kommen und Ähnliches. Der Einheimische räusperte sich noch einmal und sagte dann: »Warum hat die Mission den Mann geschickt? Uns wäre mehr geholfen, wenn man uns das Geld was er kostet gegeben hätte. Kann man da noch was ändern?« Hatte ich richtig verstanden, oder waren meine Sprachkenntnisse einfach zu lückenhaft, sodass ich seine Aussage missverstanden hatte? In der nächsten Pause zog ich unseren Teamleiter beiseite und fragte: »Habe ich das gerade richtig verstanden? Hat der wirklich gerade gesagt, ich hätte zu Hause bleiben können? Die Mission hätte besser das Geld schicken sollen?« Mein Kollege war genauso betroffen wie ich, versuchte mich aber gleichzeitig zu beschwichtigen: »Nimm das, was der gesagt hat, nicht persönlich und schon gar nicht als Meinung des gesamten Kirchenausschusses. Du bist angefragt und erwünscht.« Seine Worte halfen etwas, aber konnten die innere Empörung nicht ganz beseitigen. Ich hatte in Deutschland alles zurückgelassen und mich für fünf Jahre verpflichtet, um in dieser Kirche zu arbeiten. Sie hatten mich offiziell angefragt, mir eine Aufgabenbeschreibung zugeschickt. Was sollte das? Auch wenn der Kirchenausschuss an diesem Tag seinen Beschluss noch einmal bekräftigte, in mir blieb ein bitterer Beigeschmack hängen.

In den nächsten Wochen steigerte sich meine Frustration. Nach den ersten vierzehn Tagen auf einer kleinen sauberen Station direkt am Meer siedelte ich nach Lugos, der Hauptstation, um. Auf den Bildern, die mir ein älterer Missionar kurz vor der Ausreise gezeigt hatte, war ein schönes, gepflegtes Anwesen zu sehen gewesen. Ein Platz, auf den man sich freuen konnte. Als wir zum ersten Mal nach Lugos kamen, stellte ich fest, dass von der Schönheit nicht viel übrig geblieben war. Das Gelände war zu weiten Teilen zugewachsen. Das Haus, das ich für die ersten

Monate vor der Ankunft meiner Verlobten richten sollte, war hinter dem hohen Gras und Gebüsch fast nicht zu sehen. Viele der Gebäude befanden sich in einem desolaten Zustand. Auf der Station zigeunerte der Restbestand einer einstmals großen Ziegenherde herum. »Papa Mem« und seine beiden Frauen. Niemand hielt sie davon ab, die Blumen abzufressen und ihren Dreck auf unseren Terrassen zu verteilen. Seit der Begegnung mit Papa Mem weiß ich, wie schwerwiegend es ist, wenn man sagt, dass jemand wie ein Ziegenbock stinkt. Der Knabe konnte es locker mit Windstärke 10 Gegenwind aufnehmen. Die Veranda vor dem Haus, in dem ich in den ersten Wochen übernachtete, hatte er als seinen Lieblingsplatz erkoren. Wenn er es sich dort nachts plötzlich bequem machte, bedauerte ich, im Vollbesitz meines Geruchssinnes zu sein.

Schlimmer als der Ziegenbock und die äußeren Umstände war das, was in der Kirche lief oder nicht lief. Jeden Sonntag trafen sich alle eingeteilten »Prediger« am Kirchenbüro, um von einem LKW an die verschiedenen Orte gebracht zu werden. Oft waren über die Hälfte derer, die hätten gehen sollen, nicht da. Die Gemeinden mussten ihre Gottesdienste spontan selbst gestalten. Der Sonntagabendgottesdienst auf unserer Hauptstation war zum Abgewöhnen. Wenn nicht einer der Missionare die Glocke läutete, fiel der Gottesdienst ganz aus. Niemanden schien es zu stören, wenn kein Gottesdienst stattfand. Nach einigen Wochen konnte ich diese Haltung nachvollziehen. Die Gottesdienste waren langweilig ohne Ende. Man fing spät an, sang unendlich viele alte Lieder, musste eine Predigt über sich ergehen lassen, die weder intellektuell erarbeitet noch spontan geistgewirkt war. Ich hatte die Nase voll.

Was sollte ich hier? Warum hatte man mich hierhergeschickt? Ich war wütend – auf die Leute, ihre geistliche Gleichgültigkeit und Bequemlichkeit in fast allen Bereichen und auf die Mission, die mich hierhergeschickt hatte. In einem Brief an einen meiner Freunde ließ ich meinen ganzen Frust raus. Nach fünf Wochen erhielt ich seine Antwort, die mich erst einmal richtig ärgerte. Er bedauerte mich nicht, sondern schrieb: »Na ja, es gibt anscheinend viel zu tun. Wenn alles in Ordnung wäre, würde man dich dort nicht brauchen.« Das war schwäbisch-pietistische Seelsorge vom Feinsten. Kein mitleidiges, bedauerndes Wort, nur diese kurze Beurteilung der Lage. Auf meine Beschwerde, dass Leute zu bequem und geistlich zu desinteressiert seien, zur Kirche zu kommen, erhielt ich die kurze Bemerkung: »Und warum gehst du nicht zu ihnen?« Nachdem ich seine Ratschläge etwas auf mich wirken gelassen hatte, musste ich ihm recht geben. Es war besser, Missstände als positive Herausforderung zu sehen, als sich an ihnen aufzureiben und es war hilfreicher, den Menschen nachzugehen, als auf sie zu warten. Dieser Perspektivenwechsel half mir, mich in meiner Aufgabe neu und positiv auszurichten.

Ich stand in den Startlöchern, um mit dem Bau des Hauses zu beginnen. Es fehlte noch ein letzter Beschluss der Kirche. Es war an einem Freitagvormittag. Der Kirchenausschuss hatte sich in Lugos zu einer Sitzung getroffen. Unter anderem sollte es um das neue Projekt, den *Highwaybezirk* gehen. Ich war gespannt, was es Neues geben würde. Einer der Einheimischen aus Ndranou, Ananias, hatte einen Antrag gestellt. Während er sein Anliegen vortrug, stieg in mir nach und nach die Wut hoch. Er beantragte die Verlegung unseres zukünftigen Wohnortes. Tingou, der bisher vorgesehene Ort, sei denkbar ungünstig für den neuen Bezirk. Ndranou, sein Dorf, läge weitaus besser und würde eine umfassendere Unterstützung des Missionars gewährleisten. Die Diskussion ging hin und her. Ich saß hilflos da, weil ich mich sprachlich noch nicht dazu äußern konnte und es auch nicht sollte. Ich war sauer. Zu offensichtlich waren die Interessen des Dorfes. Sie wollten den Missionar bei sich haben. Er wäre ein Prestigegewinn. Sie würden jemanden mit einem Geländewagen im Dorf haben und es würden sich sicherlich noch andere materielle Vorteile ergeben. Ich kochte, musste aber mitanhören, wie es ihm gelang, die anderen zu überzeugen. Der Beschluss war einstimmig: Der neue Missionar soll seine Arbeit von Ndranou aus beginnen.

Wütend verließ ich die Sitzung. Warum hatte niemand diesen Mann gestoppt? Warum war es ihm gelungen, mit seinen Motiven durchzukommen? Wenn ich die Sprache nur schon besser gekonnt hätte. In meine aufgewühlten Gedanken tauchte plötzlich der Vers auf, den ich morgens in meiner Zeit mit Gott gelesen hatte. »Ihr gedachtet es böse mit mir zu machen, aber Gott gedachte es gut zu machen, um zu tun, was jetzt am Tage ist!« (1. Mose 50,20), gesprochen von Joseph, dem seine Brüder übel mitgespielt hatten. Gott hatte ihren Neid, ihren Hass und ihre falschen Motive benutzt, um Joseph dorthinzubringen, wo er sich befand. Gott gleiten die Umstände nicht aus der Hand. Was wir hin und wieder als unglückliche Wendung der Dinge sehen, ist auch Gottes Handeln, der mit uns auf dem Wege ist. Wir sind vielleicht betroffen, verärgert und verstehen nicht, warum es gerade uns getroffen hat. Im Rückblick verstehen wir die Zusammenhänge manchmal besser, weil es dann »am Tage ist« was wir heute nicht sehen. Dieser Vers gab mir Frieden, auch wenn ich immer noch aufgeregt über den Beschluss war.

Jahre später war ich Gott dankbar dafür, dass wir nicht nach Tingou, sondern nach Ndranou gezogen waren. Der Anfang war nicht leicht, aber die Dorfbewohner waren nicht so egoistisch, wie ich vermutet hatte. Im Gegenteil, wir wurden von ihnen herzlich aufgenommen. Wir erlebten viel Aufmerksamkeit, Hilfsbereitschaft und Freundlichkeit. Bei einer großen Beerdigung, zu der Hunderte von Leuten für mehrere Tage kamen, umstellten sie schützend unser Haus, damit niemand etwas stehlen würde. Ananias wurde unser guter Freund und Opa für unsere Kinder. Bedingt durch die guten Beziehungen hatten wir einen viel leichteren Start mit unserer Arbeit. Gott gedenkt es immer mit uns gut zu machen, auch dann, wenn alles gerade anders aussieht.

Adoptiert

Im Männerhaus

Es war meine erste Nacht in einem neuguineischen Männerhaus. In dem Ort, in dem wir zukünftig wohnen sollten, wurde das neue Kirchengebäude eingeweiht. Das sollte ganz groß gefeiert werden, darum reisten wir bereits am Freitag an, um bei den Feierlichkeiten dabei zu sein. Es war ganz am Anfang meiner Missionarszeit auf Manus. Meine Verlobte befand sich noch in England, um Englisch zu lernen. Ich hatte Zeit, erste Kontakte zu knüpfen, Gehversuche in Pidgin zu machen und kulturelle Gegebenheiten kennenzulernen. Mein Pidgin war in diesen ersten Wochen noch sehr eingeschränkt. Im Wesentlichen verstand ich, was mir die Leute sagten und konnte Unterhaltungen mehr oder weniger folgen. Die Einheimischen hatten alles aufgefahren, was die lokale Küche hergab. Schweine waren geschlachtet worden. Es gab Seeschildkröten, Bananen, Sago, Reis, Gemüse, Obst. Alles kam frisch auf den Tisch. Man schob mir die leckersten Bissen zu. Zum ersten Mal Schildkröte – ein ordentlicher Brocken landete auf meinem Teller. Dazu Baumbär, die durch das Abbrennen des Felles braune Außenhaut des Baumbären wirkte nicht sehr appetitanregend. Ich griff zu, hauptsächlich erst einmal aus Höflichkeit. Dann merkte ich allerdings, dass es wirklich schmeckte. Mit der manuesischen Küche konnte man leben, auch mit der Gastfreundschaft der Leute. Da saßen wir die ganze Nacht auf unseren Betten und unterhielten uns. Wenn einer müde war, legte er sich einfach auf sein Bett und schlief. Die anderen sprachen weiter miteinander. So ging es fast die ganze Nacht. Zwischendurch wachte wieder jemand auf und klinkte sich in die Unterhaltung ein. Der Kopf des Clans, John Yohang, sagte plötzlich unvermittelt zu mir: »Du gehörst jetzt in dieses Haus, wir haben dich adoptiert.« Alle lachten und nickten und ich nahm es als eine freundlich gemeinte, aber nicht wirklich ernst zu nehmende Geste dem weißen Gast gegenüber. Als wir später als Familie ins Dorf zogen, erlebten wir ein außerordentlich gutes Miteinander mit den Einheimischen. Es war ein Geben und Nehmen. Wir wurden von ihnen freundlich aufgenommen und als Teil des Dorfes akzeptiert. Wir waren nicht nur die ausländischen Exoten, sondern waren Teil der Dorfgemeinschaft. Über die Jahre hinweg entwickelten sich gute Freundschaften. Gleichzeitig war uns bewusst, dass es eine Grenze des Miteinanders gab. Neuguineer sind gruppenorientierte Menschen, d.h. die Zugehörigkeit zum Clan wird in erster Linie durch Blutsverwandtschaft definiert. Ein Mitglied der Gruppe wird immer von der Gruppe geschützt, egal was die Person vielleicht angestellt hat. Wenn jemand nicht zur Gruppe gehört, wird er in kritischen Situationen nicht die Hilfe bekommen, die er evtl. nötig hätte, selbst wenn er mit den Leuten im guten Sinne befreundet gewesen ist. Jahre später zeigte sich, dass unser Verhältnis zur Dorfgemeinschaft und insbesondere zum Clan von John Yohang mehr war als nur Freundschaft. Eines Tages landete ein Brief auf meinem Schreibtisch. Er trug den offiziellen Stempel der neuguineischen Bundesregierung.

Der Brief war überschrieben mit dem Satz »Seeking order to deport you« (Ersuchen um Ihre Ausweisung). Ein im nationalen Parlament hoch angesiedelter Politiker, der ebenfalls aus dem Dorf stammte, in dem wir gelebt hatten, versuchte unsere Ausweisung aus dem Land zu erwirken. Anstoß war der Kirchenbau in Ndranou. Die neue Kirche war auf einem Gelände errichtet worden, das vor vielen Jahren einmal als Friedhof genutzt worden war. Die Entscheidung, dieses Stück Land zu nehmen, wurde allerdings von der Dorfgemeinschaft und nicht von mir gefällt. In dem Schreiben wurde dieser Vorfall nun mir angelastet und ich als kultureller Ignorant und als Rassist bezeichnet. Der Brief ging an elf verschiedene öffentliche Institutionen und Ämter. Die Lage war kritisch. Ich wusste, dass ich in diesem Moment dem Mann gegenüber letztlich schutzlos ausgeliefert war. Er kam aus Ndranou, d. h. er war ein Gruppenmitglied dieses Ortes. Es war völlig klar, dass sich der Ort, egal ob Kaspou im Recht oder Unrecht war, auf seine Seite stellen musste mir gegenüber als dem Außenseiter. Was sollte ich machen? Umso überraschter war ich, als sich die Dorfgemeinschaft traf, den Fall diskutierte und sich dann ganz auf meine Seite stellte. Der Bürgermeister des Ortes schrieb einen Brief an den Politiker, der mit dem Satz endete: »Die Zeit, die Sie Herrn Krause gegeben haben, ist Ihnen zugemessen, sich dieser Dorfgemeinschaft zu erklären.« Es war ein sehr ungewöhnlicher Vorfall, dass eine Dorfgemeinschaft sich auf meine Seite, die Seite des Ausländers, gegen ihre eigenen Leute stellte. Als ich dann eines Tages einen der Einheimischen fragte, warum sie sich so auf meine Seite gestellt hatten, sagte er zu mir: »Wir haben dich doch damals in unser Haus adoptiert. Du bist einer von uns und deshalb stehen wir auf deiner Seite.« In diesem Augenblick begriff ich, dass die Aussage einer Adoption in den Clan damals nicht nur eine nette Geste gegenüber einem Ausländer gewesen, sondern ernst gemeint war. Als Missionare haben wir erlebt, was Jesus einmal seinen Jüngern zugesprochen hat: »Wahrlich, ich sage euch: Da ist niemand, der Haus oder Brüder oder Schwestern oder Mutter oder Vater oder Kinder oder Äcker verlassen hat um meinetwillen und um des Evangeliums willen, der nicht hundertfach empfängt, jetzt in dieser Zeit Häuser und Brüder und Schwestern und Mütter und Kinder und Äcker unter Verfolgungen – und in dem kommenden Zeitalter ewiges Leben.« (Markus 10,29-30)

Wir haben in der Zeit in Neuguinea viele gute Freunde gewonnen. Unsere Kinder bekamen Opas und Omas, Onkel und Tanten und wir ein Netzwerk von guten Freunden.

Ein Mann, ein Wort

»Knaip i katim mi« – das Messer hat mich geschnitten. Was für eine komische Ausdrucksweise, dachte ich beim Pidginlernen. Was kann ein Messer dazu, dass ich so blöd bin und mir in den Finger schneide? Wenig später entdeckte ich, dass hinter diesem kurzen Satz eine ganze Weltanschauung schlummerte. Neuguineer fragen nicht in erster Linie, was hat mich krank gemacht, sondern wer hat mich krank gemacht. Für sie ist völlig klar, dass niemand grundsätzlich plant oder vorhat, sich selbst zu verletzen. Sich zu schneiden, ist immer ein Unfall, der letztlich nicht nur auf Ungeschicklichkeit zurückzuführen ist, sondern deutlich macht, dass andere Mächte im Spiel waren. In der traditionellen neuguineischen Weltanschauung besteht die real existierende Gesellschaft nicht nur aus den sichtbar lebenden Menschen, sondern genauso auch aus denen, die gestorben sind. Wenn ein Mensch stirbt, lebt er als Geist weiter. In der Regel verwandelt sich der Vater immer zu einem Schutzgeist der eigenen zurückgebliebenen Familie. Er kann zur Hilfe gerufen werden, wenn immer es nötig erscheint. Er wacht darüber, dass niemand seinen Angehörigen schadet. Dadurch wird er automatisch zum bösen Geist für andere, die nicht zur Familie gehören. Krankheit, Unfälle, Unglücke und was sonst schiefläuft im Leben wird deshalb immer zurückgeführt auf das Eingreifen eines Geistes. Wenn also z. B. eine Krankheit geheilt werden soll, geht es in erster Linie darum, herauszufinden, wodurch diese Krankheit verursacht wurde. Hat sich die erkrankte Person oder eines seiner Familienmitglieder durch Diebstahl, Ehebruch oder irgendetwas anderes an einem anderen Menschen vergangen und dadurch den Racheakt eines Geistes auf sich gezogen? Sobald man fündig geworden ist, gilt es, das Vergehen zu bekennen und Kompensation zu leisten. Wenn dieses geschehen ist, wird erwartet, dass die erkrankte Person wieder gesund wird. Wer mit der traditionellen neuguineischen Weltanschauung etwas vertraut ist, weiß, mit wie viel Ängsten Menschen, die diesem Weltbild verhaftet sind, täglich leben. Immer müssen sie damit rechnen, von irgendwelchen unsichtbaren Mächten geschädigt zu werden. Selbst manche Christen können sich aus dieser Denkweise nicht herausziehen. Wenn Krankheit oder Unglück eintrifft, besteht immer wieder die Gefahr, dass Menschen auf traditionelle Wege zurückgreifen, um Heilung zu erreichen. Wenn ein Gebet nicht die gewünschte Wirkung erzielt, sind Christen immer wieder versucht, sich ihrer alten Mittel zu bedienen.

Es war auf einer unserer Jugendfreizeiten. Die Kirche war gepackt voll mit ca. 1 000 jungen Menschen. An diesem Abend hatten sich verschiedene Gruppen mit Anspielen und besonderen Liedern vorbereitet. Neuguineer können hervorragend schauspielern. Es ging spannend, aber auch sehr lustig zu. Dann kam die Gruppe aus Sierra dran. Ihr Leiter war ein Schulinspektor, der nur für dieses Youthcamp im Urlaub nach Manus zurückgekommen war. Er arbeitete im Sepikgebiet in verschiedenen Schulen und war als überzeugter Christ und aktives Kirchenmitglied bekannt. In seinem Urlaub nahm er sich Zeit für die Jugendgruppe seines Heimatortes. Sie hatten ein längeres Anspiel vorbereitet. Darin ging es um einen Mann, der schwer erkrankte und dem die Ärzte keine Hoffnung mehr gaben. Er rief den Pastor zu sich, der für ihn betete. Aber auch das Gebet des Pastors änderte nichts. Dann rieten ihm die Verwandten, er solle doch unbedingt den Zauberer holen und sich der traditionellen Hilfsmittel bedienen. Zum Abschluss des Anspiels, das sehr überzeugend und humoristisch vorgeführt worden war, stand Pomeh Kampo vor den jungen Leuten und sprach über den Umgang mit Krankheiten und schweren Situationen. Er riet ihnen, Gott auch dann zu vertrauen, wenn keine Gesundung eintreten würde, sich mit dem eigenen Leben ihm ganz zu überlassen und nicht nach den alten Mitteln zu greifen. Es war eine beeindruckende Botschaft. An diesem Sonntagabend endete das Youthcamp und jeder ging nach Hause. Pomeh Kampo wohnte in der Nähe unserer Station. Am Montag erreichte uns die Nachricht, dass seine Frau plötzlich schwer erkrankt sei. Als Notfall kam sie in die Klinik und rang mehrere Tage lang um ihr Leben. Niemand wusste so richtig, was ihr fehlte. Der Gemeindepastor kam und betete für sie, aber nichts änderte sich. Nach ein paar Tagen kamen die Verwandten zu Pomeh Kampo und sagten ihm, er solle doch den Zauberer holen und auf traditionellem Wege erreichen, dass seine Frau wieder gesund werden würde. Alle waren gespannt, wie Pomeh reagieren würde. Er lehnte die Hilfe der Zauberer ab. Für ihn war klar, er wollte sich und das Leben seiner Frau ganz in Gottes Händen lassen. Er betete weiter für Gesundung und wartete. Das Unerwartete geschah. Nach weiteren Tagen besserte sich der Zustand seiner Frau und nach einer weiteren Woche konnte sie aus dem Krankenhaus entlassen werden. Kaum war sie zu Hause, erkrankte sein Sohn so ernsthaft, dass die Ärzte nicht wussten, ob er am nächsten Tag noch leben würde. Wieder ging dasselbe Spiel wie vorher los. Der Sohn rang um sein Leben, die Gemeinde betete, aber nichts änderte sich. Wieder kamen die Verwandten zu Pomeh Kampo und boten ihm die Hilfe des Zauberers an. Aber Pomeh lehnte ab. Er wollte sich und das Leben seines Sohnes in Gottes Hand lassen und sich nicht der traditionellen Mittel bedienen. Es dauerte wieder einige Tage, bis sich der Zustand seines Sohnes verbesserte und er schließlich dann gesund aus dem Krankenhaus entlassen werden konnte. Für alle war es beeindruckend, dass Pomeh Kampo durch sein Anspiel und seine Ansprache nicht nur gute Ratschläge verteilt hatte, sondern dass er das lebte, was er sagte.

Wem unser Leben gehört

Als junger Mann musste er ein Energiebündel gewesen sein. Im Dorf erzählte man sich, dass er große Wildschweine mit bloßer Hand erlegt hatte. Jetzt war er alt geworden. Was ihm besonders zu schaffen machte, war sein Asthma. Immer wieder hatte er schwere asthmatische Anfälle. Damit war er kein Einzelfall. Einer seiner Verwandten teilte mit ihm dasselbe Schicksal. Immer häufiger wurden die asthmatischen Anfälle und immer öfter mussten die beiden ins Krankenhaus gebracht werden. Eines Tages lagen beide gleichzeitig im Krankenhaus und wurden auf ihr Asthma hin behandelt. Beide litten unter diesem Zustand und wünschten sich, von dieser Krankheit befreit zu werden. Maleachi war ein überzeugter Christ, Towe dagegen kam hin und wieder zur Kirche, blieb aber ansonsten dem christlichen Glauben gegenüber auf Distanz. Eines Tages hatte Towe sich einen Zauberer bestellt, der ihn von seiner Krankheit befreien sollte. Der Zauberer kam ins Krankenhaus und führte seine Rituale durch. Als er fertig war, sagte Towe zu ihm: »Da drüben liegt einer meiner Freunde. Er hat dieselbe Krankheit wie ich. Bei ihm sieht es genauso aussichtslos aus wie bei mir. Biete ihm doch deine Hilfe an.« Der Zauberer ging zu Maleachis Bett und bot ihm an, dass er ihn heilen würde, dass er die nötigen Kräfte hätte, ihn von der Krankheit zu befreien. Maleachi hörte ihm ruhig zu und als er mit seiner Rede zu Ende war, sagte Maleachi ganz kurz: »Gott hat mir mein Leben gegeben, Gott wird mein Leben wieder zu sich nehmen. Was meinst du, was du mit meinem Leben machen könntest?« Mit diesen Worten schickte er den Zauberer weg. Was für ein Glaube eines einfachen Mannes. Es dauerte nicht lange und Maleachi starb nach einem schweren Asthmaanfall. Er schloss die Augen mit der Hoffnung auf ein ewiges Leben bei Gott.

Wenn Gott Türen aufstößt

Gabriel und Sara waren bei der neuen Versetzungsrunde in Pere stationiert worden. Dort sollte er die kleine christliche Gemeinde geistlich versorgen. Pere, an der Südküste von Manus, war eine Hochburg der Makasol, d.h. der Cargo-Kult-Bewegung (ein Güterkult). Es gab nur einige wenige Christen. Am ersten Abend saß Gabriel, als es bereits dunkel geworden war, allein im Haus und las in einem Buch. Plötzlich hatte er den Eindruck, als ob irgendjemand in den Raum getreten wäre. Er konnte keinen Menschen sehen, fühlte aber einen zunehmenden Druck. Er weckte seine Frau, erzählte ihr davon und die beiden baten Gott um seine Hilfe und seinen Schutz. Dann legten sie sich schlafen. In der Nacht hatte Gabriel einen Traum. Im Traum stand er an der Tür seines Hauses und eine dunkle Gestalt wollte sich von außen in das Haus drängen. Mühsam versuchte er die Tür zuzuhalten, aber die dunkle Gestalt war stärker als er und schob ihn Zentimeter für Zentimeter die Tür öffnend nach innen. Panik und große Ängste packten ihn. Plötzlich erschien von hinten eine Lichtgestalt, griff die dunkle Gestalt und riss sie weg. Er hörte eine Stimme im Traum, die sagte: »Hab keine Angst, ich habe ihn besiegt.« Als Gabriel morgens aufwachte, erzählte er seiner Frau von dem Traum, aber wusste nicht, wie er ihn einordnen sollte. Im Laufe des Vormittags verließ er Pere mit dem Boot, um in die Stadt zu fahren. An der Anlegestelle bei Loniu saß er am Straßenrand und wartete auf einen Bus. Dort saß bereits ein Mann, mit dem er ins Gespräch kam. Der Mann fragte ihn, wo er denn her sei. Gabriel erzählte ihm, dass er der neue Pastor von Pere sei. Nachdem sie sich einige Minuten unterhalten hatten, erklärte der Mann, dass er ebenfalls von Pere sei und dass er Gabriel erlaube, in allen seinen Häusern Besuche zu machen. Gabriel bedankte sich und fuhr in die Stadt, um dort Einkäufe zu erledigen. Als er abends wieder in Pere war, unterhielt er sich mit dem dortigen Ältesten. Er erzählte von dem Mann, den er an der Anlegestelle getroffen hatte und was er zu ihm gesagt hatte. Der Älteste erkundigte sich nach dem Namen. Als Gabriel den Namen nannte, machte der Älteste einen Satz: »Das ist unmöglich! Der Mann ist der Kopf der Makasol-Bewegung. Wenn er dir die Erlaubnis gegeben hat, in alle Häuser zu gehen, hat er dir damit die Türen für den ganzen Ort geöffnet.« Für Gabriel war anschließend klar, dass dieser Traum in der vorhergehenden Nacht nicht nur ein schlechter Traum gewesen war, sondern dass Gott ihm sagen wollte: Ich habe dir in diesem Ort die Türen geöffnet.

Ehe sie anrufen, werde ich antworten

Die ganze Stadt war geschockt. Wes Rooney, ein australischer Hotelbesitzer, verheiratet mit der ehemaligen Justizministerin von Papua-Neuguinea, war von jemandem durch die Tür erschossen worden. Es war ein brutaler Mord. An diesem Morgen wusste man weder, wer diese Tat begangen hatte, noch was die Motive gewesen waren. Zu dieser Zeit befand ich mich selbst gerade an einem entfernten Teil der Insel. Meine Frau war mit unseren Kindern allein. Auf der Station und in der Stadt überall wurde gerätselt und diskutiert, was es mit dem Mord auf sich generell habe. Unter anderem tauchte die Frage auf, ob dieser Mord sich gegen Weiße richtete. Unsere Kinder bekamen diese Gespräche ebenfalls mit. Es war Abend und meine Frau saß mit den Kindern bei verschlossenen Türen in der Stube zusammen. Plötzlich wandte sich unser Ältester an sie und frage: »Mama, was ist, wenn die jetzt uns auch erschießen?« Meine Frau überlegte fieberhaft, was sie jetzt antworten sollte. In die Stille hinein klingelte das Telefon. Als sie den Hörer abnahm, war eine unserer Freundinnen am anderen Ende. Sie rief aus Deutschland an. Sie sagte zu meiner Frau: »Du, ich wollte dich nur einmal anrufen, um dir zu sagen, dass wir jeden Tag für euch beten.« Das war ein Wort für meine Frau und auch für unsere Kinder. Als ich später unsere Freundin fragte, warum sie denn angerufen habe, sagte sie, dass plötzlich eine innere Stimme ihr gesagt habe, sie solle doch gerade jetzt einmal anrufen. Gott antwortet manchmal, ehe wir unsere Bitten ausgesprochen haben.

Mir wird nichts fehlen

Ich hatte mich ordentlich verkalkuliert. An diesem Abend lag ich schwitzend im Bett, nicht nur der tropischen Wärme wegen, sondern weil ich mich bei den Ausgaben ordentlich verrechnet und unser Konto damit überzogen hatte. Das Haus unseres Schulleiters war in halb fertigem Zustand gewesen. Was ihm noch besonders fehlte, war eine Toilette, eine Dusche und ein Waschraum. Da in der Kirche dafür keine Mittel vorhanden waren, beschlossen meine Frau und ich, mit möglichst viel Eigenleistung in den Weihnachtsferien diesen Sanitärkomplex zu bauen und zu finanzieren. Es war ein mühsamer Job, aber er gelang und wir waren fast fertig. Ich hatte gespart und günstige Konstruktionen erdacht und freute mich bereits über das Ergebnis. Der Mann hatte jetzt eine Dusche, eine Toilette, einen Wassertank und einen Platz, um die Wäsche zu waschen und ich hatte kein Geld mehr auf dem Konto. Da lag ich und überlegte, woher ich die 600 Kina, die uns fehlten, nehmen sollte.

Am nächsten Tag brachte einer unserer Missionare die Post vorbei. Ein Brief kam von unserer Heimatgemeinde in Norddeutschland. In dem Brief steckte ein Scheck genau in der Höhe von umgerechnet 600 Kina. Dabei lag ein kurzer Brief. »Wir haben gedacht, dass du es gebrauchen könntest.« Da der Brief zwei Wochen unterwegs war, muss ich davon ausgehen, dass Gott wohl schon vorher wusste, dass ich mich verrechnen würde. In seiner Freundlichkeit hat er uns mit dem versorgt, was wir brauchten. Wie gesagt, es wird mir nichts fehlen.

Into the deep blue see

»Das Kanu ist da!« Begeistert rannten die Kinder den unebenen Grasweg zum Strand hinunter. Jeder wollte der Erste sein, der das neue Boot besteigen würde. Im knietiefen Wasser hatte Michael der deutsche Bootsbauer seine neueste Konstruktion verankert, um seine Passagiere aufzunehmen. Es hatte einige Wochen gedauert, bis es ihm gelungen war, ein neuguineisches Hochseekanu aus druckimprägnierten Sperrholzplatten nachzubauen. Einen Tag vor diesem traumhaft schönen Ostersamstag war es fertig geworden. Da lag es, marineblau und weiß gestrichen, malerisch in der kleinen Bucht Mpuasai vor Lugos. Die Sonne brannte bereits jetzt am frühen Morgen heiß vom blauen Himmel. Ein leichter Südwind machte die Hitze etwas erträglich. Das Meer war spiegelglatt. Die Kinder sprangen im Wasser um das Boot herum, während die Erwachsenen Stück für Stück die Picknickutensilien verstauten: Kühlboxen mit Getränken, Würsten und Grillfleisch, Brot, Feuerholz, Schwimmflossen und was noch dazugehörte.

»Hast du unsere Schwimmwesten mit?«, unterbrach mich meine Frau beim Packen. »Mist, die habe ich doch glatt vergessen«, antwortete ich. Jetzt noch einmal aussteigen, den ganzen Weg vom Strand zum Haus laufen, die Westen suchen und dann anlegen – das war mir zu viel. Mit einem Blick auf das spiegelglatte Meer und den strahlend blauen Himmel sagte ich: »Ach lass, die brauchen wir heute sowieso nicht.« In der Zwischenzeit war alles im Boot verstaut. Langsam zog Michael den Anker hoch, verstaute das Seil im unteren Teil des Kanus und legte den Anker oben auf. Einer der Neuguineer manövrierte das voll beladene Boot mit einer langen Holzstange langsam aus dem seichten Wasser der Bucht über die leichte Brandung aufs offene Meer. Im tiefen Wasser angelangt wurde der Außenbordmotor heruntergelassen und gestartet. Blubbernd sprang er beim zweiten Mal an, hinterließ eine weiße Qualmwolke und bewegte dann das Kanu langsam in Richtung der kleinen Außeninseln. Die Stimmung auf dem Kanu war gigantisch. Die Frauen hatten es sich im mittleren Teil bequem gemacht, die Mütter mit den Kindern auf dem Schoß. Die Kinder liefen herum, hielten Hände in das vorbeiströmende Wasser und bespritzten sich gegenseitig. Einer der Männer krabbelte langsam auf den Verbindungsstangen des Auslegers entlang und setzte sich schließlich auf den Ausleger, um von dort aus die Fahrt zu genießen.

»Darf ich meine Schleppleine auswerfen?«, wandte sich einer der Jungen fragend an den Bootsführer. »Kein Problem!«, antwortete der breit grinsend. »Hoffentlich fängst du was für den Grill!« Nach einigem Suchen in seiner Tasche hielt der Junge seine auf ein Rundholz aufgerollte Angelschnur in der Hand. Am Ende war ein großer Haken und ein Plastikköder befestigt. In weitem Bogen warf er den Köder hinaus. Leise zischend fuhr die Schnur ins Wasser. Als er ungefähr 50 Meter abgelassen hatte, hielt er die Schnur fest. Mit leichten Handbewegungen zog er den Haken vor und ließ dann wieder ab. Dieses Vorwärtsziehen und Nachlassen der Leine ließ den Tintenfischköder so vor- und zurückstoßen, dass es wie die Schwimmbewegungen eines Tintenfisches wirkte. Gespannt schauten alle auf die Schnur. Aber, außer der leichten

Gischt in 50 Meter Entfernung, wenn der Haken kurz aus dem Wasser auftauchte, passierte nichts. Nach und nach wandten sich die Einzelnen anderen Dingen zu. Einige unterhielten sich, manche legten sich schlafen, andere schauten auf die Weite des Meeres. Plötzlich ein Schrei. Die Angelschnur peitschte kurz auf, dann lief die Schnur von der Rolle ins Meer. »Ich hab einen!!!«, schrie Sam und bemühte sich, die Schnur langsam reinzuziehen. Innerhalb von Sekunden wurde die Szene vom Fischfang dominiert. Langsam zog Sam die Leine ein. Gespannt verfolgten alle seine Bemühungen. Nur 20 Meter vom Kanu entfernt sprang der Fisch zum ersten Mal aus dem Wasser. Alle waren wie elektrisiert. Was war es? Begeisterte, anfeuernde Rufe, lautes Gejohle und Gelächter begleitete die ganze Aktion. Der Fisch kam näher. Jeder wollte zuerst sehen, wie groß er war. Darum gingen viele auf die Seite, auf der Sam mit der Angel hantierte. Niemand ahnte, was diese »Massenbewegung« auslösen würde. Plötzlich begann sich der Ausleger zu heben, obwohl einer der Männer auf ihm saß. Im Zeitlupentempo begann das Kanu sich zu drehen, dann ging alles ganz schnell. Innerhalb von Sekunden drehte es sich um die eigene Achse und begrub alle Passagiere unter sich.

Ich hatte hinten beim Bootsführer gesessen und tauchte deshalb nach relativ kurzer Zeit wieder auf. Meine Frau, die mit unserem dritten Kind schwanger war, hatte Martin, unseren Zweitältesten, auf dem Schoß gehabt. Durch die Drehbewegung hatte sich ein Schiffsseil um ihre Beine gelegt, sodass sie gefesselt war. Um sich selbst zu befreien, musste sie unseren Martin unter Wasser loslassen. Ihre Brille war irgendwo verschwunden. Sie konnte kaum etwas sehen. Verzweifelt ruderte sie im Wasser herum. Als sie sich endlich befreit hatte, packte sie die nackte Verzweiflung. Wo war Martin!? Währenddessen schwamm ich im Wasser – unter Schock. Überall tauchten prustend Erwachsene auf, Kinder schrien. Das Kanu schwamm mit dem unteren Teil nach oben auf dem Wasser. Nach und nach sammelten wir die Kinder auf und setzten sie auf das Boot. Dann zählten wir durch – es fehlten unsere Kinder! Ich war wie gelähmt. Sollten wir an diesem Ostersamstag unsere beiden Kinder verlieren? Eine junge Schweizerin tauchte nach unten ab und entdeckte nach kurzer Zeit unseren Zweitältesten. Bewegungslos trieb er in der Nähe des Meeresbodens. Sie packte ihn und transportierte ihn an die Oberfläche. Er war benommen und reagierte nur wenig. Doch wo war unser Ältester?! Panik ergriff mich erneut. Inzwischen waren wieder einige Minuten vergangen. In das schweigende Warten hörte jemand eine leise Stimme. Sie kam aus dem Kanu unter uns. Einer der Männer sprang ins Wasser und tauchte unter das Kanu. In einer Luftblase saß unser Jens. Er hatte sich an eine Verstrebung geklammert und hing dort schreiend, bis zum Hals im Wasser zwischen der Wasseroberfläche und der Plane des Kanus

Gerettet!

über seinem Kopf. Kurze Zeit später saß er ebenfalls auf dem Boot. In der Zwischenzeit waren Einheimische von der Insel Hawai zu uns gelangt und nahmen Kinder und Frauen in ihre Kanus auf und brachten sie zum Strand. Währenddessen machten wir uns daran, das Kanu wieder umzudrehen. Nach mehreren mühsamen Versuchen gelang es uns und wir begannen, es leer zu schöpfen.

Dann kam endlich das Schnellboot, mit dem wir zum Krankenhaus fahren konnten. Unserem Martin ging es immer noch nicht gut. Er war benommen, sein Bauch hart wie ein fest aufgeblasener Fußball. So schnell wir konnten, fuhren wir in Richtung Küste. Auf der Hälfte der Strecke würgte er und ein dicker Schwall Seewasser ergoss sich ins Boot. Er fing an zu jammern, aber er wirkte »lebendiger«. Eine halbe Stunde später saßen wir beim australischen Arzt, der ihn gründlich untersuchte und mit dem Kopf schüttelte. »Der hat nichts! Wahrscheinlich hat er noch den Kleinkindreflex verinnerlicht und das Wasser ist nur in den Bauch, aber nicht in die Lunge gelaufen«, sagte er.

Als ich abends im Bett lag, kam immer wieder ein Bild hoch. Ich sah meinen Kollegen auf dem Ausleger sitzen, wie er durch die Luft schwebte und wir dann alle im Wasser landeten. Mit diesen Bildern schlief ich irgendwann ein.

Am nächsten Morgen musste ich zum Predigen auf die Insel, vor der der Unfall passiert war. Wir hatten ursprünglich geplant, als Familie zu gehen. Nach dem Frühstück sagten wir den Kindern, dass wir nach Hawai fahren. Helles Entsetzen in ihren Augen. Wieder in ein Boot? Das war undenkbar! Meine Frau und ich überlegten, was wir tun sollten. Lieber die Fahrt abblasen? Gleichzeitig war mir klar, dass unsere Kinder ihre Angst vor einem Boot und dem Meer überwinden lernen mussten. Ich wollte nicht, dass sich falsche Ängste festfressen würden. Wir beschlossen, die Kinder mitzunehmen. Wir legten ihnen Schwimmwesten an und unter lautem Protest und Tränen trugen wir sie ins Boot. Wir hielten sie die ganze Zeit auf unserem Schoß umarmt. Nach einer Weile hörten sie auf zu weinen. Auf der Rückfahrt saß jeder für sich allein.

Gott hatte uns und unsere Kinder auf besondere Art und Weise bewahrt, das Leben noch einmal geschenkt. Selbst die Brille meiner Frau wurde wiedergefunden. Sie war auf der Plane des Kanus gelandet. »Gnädig und barmherzig ist der Herr, geduldig und von großer Güte.«

Ich bin der Herr, dein Arzt

Die Gäste und wir waren begeistert. Echte Laugenbrezeln auf einer pazifischen Insel bei 35 Grad im Schatten, Palmen und Meeresbrandung im Hintergrund waren schon etwas Besonderes. Wir ließen es uns schmecken und freuten uns. Als zusätzliches Bonmot hatten wir einen Filmabend für alle Familien geplant. Ich hatte Fernseher, Videorekorder und Leinwand aufgebaut, die Stühle gestellt und Kissen für die Kinder ausgelegt. Es konnte losgehen. Jens kam von draußen ins Haus, verschwitzt mit hochrotem Kopf. Er hatte im Busch mit seinen Freunden herumgetobt und war entsetzlich durstig. Er riss den Kühlschrank auf. Was er jetzt brauchte, war jede Menge kaltes Wasser. Vor ihm stand ein Glas, zugeschraubt, ohne Aufschrift. Die Flüssigkeit sah aus wie Wasser. Hastig schraubte er den Deckel auf und setzte das Glas an die Lippen. Innerhalb von Sekunden realisierte er, dass etwas nicht stimmte. Das Zeug schmeckte ja widerlich. Außerdem brannte es entsetzlich auf den Lippen und im Hals. Er setzte das Glas ab, aber er hatte bereits einiges runtergeschluckt. Das Brennen wurde schmerzhaft. Er fing an zu schreien, gleichzeitig musste er sich übergeben. Was war passiert? Meine Frau hatte die restliche Lauge vom Brezelbacken in ein Glas gefüllt, um die Flüssigkeit für die nächsten Tage aufzuheben. Unser Ältester hatte das falsche Glas erwischt. Wir gaben ihm Milch zu trinken, aber er übergab sich sofort. Verzweifelt rief ich im örtlichen Krankenhaus an. Erst nach mehreren Versuchen nahm jemand ab. Die Auskunft war niederschmetternd – der diensthabende Arzt war Fischen gegangen. Nach einigem Suchen fanden wir die Telefonnummer eines amerikanischen Arztes in West-Neubritannien, einer mehrere Hundert Kilometer entfernten Insel. Ich bat ihn um Rat. Die Erklärung war ernüchternd, erschreckend und wenig hoffnungsvoll. In der Regel führten Verbrennungen durch Lauge zu schweren Schädigungen. Schnelles Handeln war notwendig. Aber, was sollten wir tun? Der Arzt im Krankenhaus war weg. Die Insel verlassen konnten wir nicht. Nur jeden dritten Tag ging ein Flugzeug. Was sollten wir tun? Wir beteten um Gottes Hilfe und Bewahrung in dieser aussichtslosen Situation. Gleichzeitig zwangen wir Jens, Milch zu trinken, egal, wie oft er sich übergeben musste. Nach ungefähr einer halben Stunde und einigem an Milch blieb das, was er getrunken hatte, im Magen. So saß er da und schaute mit den anderen Kindern die Filme, die wir rausgesucht hatten. Jedes weitere Glas Milch blieb im Magen. In dieser Nacht schlief er gut und auch am nächsten Morgen klagte er nicht. Was immer es bewirkt hat, wir wissen es nicht, aber offensichtlich hat ihm die Lauge keine permanenten Schäden zugefügt. Wir sahen es als ein freundliches medizinisches Eingreifen Gottes in einer aussichtslosen Situation.

Not macht erfinderisch

Die Diagnose war eindeutig – Gehirnmalaria. Unser Ältester hatte hohes Fieber und es wurde nicht besser. Was sollten wir tun? Der Arzt hatte ihm Chinintabletten verordnet und sie uns gleich mitgegeben. Die Tabletten waren nicht »versiegelt«, sodass man den vollen bitteren Geschmack zu spüren bekam. Wie gewohnt zerdrückten wir die Tablette, vermischten das Pulver mit Kaba und Honig und gaben es ihm. Kaum hatte er die Medizin halbwegs geschluckt, musste er sich übergeben. Mehrere Male versuchten wir es, aber immer mit dem Ergebnis, dass sein gesamter Mageninhalt auf dem Küchenboden landete. Was sollten wir tun? Er musste die Tabletten nehmen. Wir konnten nicht zu lange warten. Wir wussten zu genau um die fatalen Folgen einer Gehirnmalaria. Innerlich bettelte ich Gott an, uns zu helfen, dass die Medizin im Magen blieb. In der Küche stehend wanderte mein Blick am Küchenschrank entlang und blieb bei einem Päckchen hängen. Eine Freundin hatte uns erst wenige Tage vorher Blattgelatine geschickt. Mir kam eine Idee. Ich schnitt ein Stück Gelatine ab, tauchte es in kaltes Wasser und wickelte die Tablette in die weich gewordene Gelatine. Anschließend rollte ich den Klumpen in Zucker. Mit diesem Leckerli ging ich zu unserem Sohn. Erst war er skeptisch, als er aber den Zucker schmeckte, schluckte er freiwillig. Gespannt warteten wir. Die Medizin blieb drin. Nach einer Stunde war ich erleichtert und um eine Idee reicher. Nach einigen Tagen war unser Sohn kuriert. Gott tut nicht nur außerordentliche Wunder, sondern gibt uns auch Ideen, wie wir mit schwierigen Situationen umgehen können.

Bekehren verboten

»Sie gehen da doch nicht etwa hin, um Leute zu bekehren?« – vorwurfsvoll drehte sich die Angestellte des Rathauses zu mir um. Ich war gerade dabei, mich nach fünf Jahren Neuguineaaufenthalt in unserem Wohnort wieder in Deutschland anzumelden. Sie tippte die Daten ein und fragte mich nach den Details. »Beruf?« – »Missionar«, antwortete ich kurz. »Wollen Sie da wieder hingehen?« – »Wenn es gesundheitlich geht, schon!«, war meine Reaktion. Daraufhin kam ihre vorwurfsvolle Frage. Ich schaute sie an und sagte dann provokativ: »Natürlich will ich die Leute bekehren!« Entsetzt schaute sie mich an. »Das darf man doch nicht! Die Leute sind doch so glücklich ohne uns.«

Dann entwickelte sich ein interessantes und aus meiner Perspektive gutes Gespräch. Schon bald stellten wir fest, dass wir uns in vielen Dingen einig waren. Unter Bekehrung verstand sie – Indoktrination, Manipulation und Zwangsbekehrung. Ihr schwebten Bilder aus den Zeiten des Kolonialismus vor Augen, als Menschen manchmal mit Gewalt zum Religionsübertritt gebracht worden waren. Ich erklärte ihr, dass aus meiner Sicht echter Glaube nie erzwungen oder manipulativ erzeugt werden kann. Die Gottesbeziehung eines Menschen ist ein Geheimnis. Glaube entsteht dort, wo Gott einen Menschen anspricht und dieser Mensch Gott persönlich antwortet. Was wir tun können, ist diesen Gott bezeugen, auf ihn hinweisen und zu ihm einladen. »Wir bitten an Christi statt: Lasst euch versöhnen mit Gott«, schreibt Paulus an die Korinther (2. Kor. 5,20). Wir laden Menschen ein – mehr nicht. Bekehrung ist freiwillige Hinwendung eines Menschen zu Gott.

Wir machen Werbung für diesen Gott, der sich in seiner Freundlichkeit, Barmherzigkeit, Liebe und Größe in Jesus Christus gezeigt hat. Wir erfahren ihn als den, der uns das Wort der Vergebung zuspricht. Er ist unser Vater, der ein offenes Ohr für uns hat. Wir können ihn mit den Kleinigkeiten unseres Alltags belästigen. Er hat uns bedingungslos angenommen und er gibt uns Hoffnung auf ein ewiges Leben mit ihm. Das sagen wir gern weiter – jedem Menschen auf dieser Welt und wir hoffen, dass sich Menschen zu ihm kehren und ihre Hoffnung auf ihn setzen. In diesem Sinn will ich gern Menschen bekehren.

Wenn Männer weinen

»Verräter!« Voller Hass wurden mir quer durch den Raum diese Worte an den Kopf geschleudert. Ich verstand die Welt nicht mehr. Was hatte ich falsch gemacht? Vor einigen Monaten war ein amerikanischer Missionar einer streng fundamentalistischen baptistischen Gemeinde auf unsere Insel gekommen. Er versuchte Kontakt mit den Menschen zu bekommen und setzte dabei viele Attraktionen ein. Fernsehen, Videos, Motorrad, Computer – damit hatte er die jungen Leute schnell. Ich nahm ihn anfangs gar nicht ernst. Er wirkte irgendwie belustigend, wenn er in schwarzer Bügelfaltenhose und weißem Hemd bei 35 Grad im Schatten über den Marktplatz lief. Dagegen wirkte ich eher wie ein touristischer Freak in kurzen Hosen, T-Shirt und Sandalen. Es war mir unverständlich, dass man bei diesen Temperaturen und über 90 Prozent Luftfeuchtigkeit in einer langen Hose rumlaufen konnte. Nun ja, jedem das Seine. Nach einigen Wochen zeigte seine Präsenz aber Wirkung. Er begann, Leiter unserer Kirche zu kritisieren. Er geißelte ihr Betelnusskauen und Rauchen als Sünde. Er hörte Christen unserer Gemeinde öffentlich laut fluchen und erlebte manchen Christen, der im Alltag wenig Kenntnis von christlicher Ethik zeigte. Zunehmend wurde sein Einfluss belastend. Jemand meinte, dass die Lösung darin liege, den Mann mit seiner Kritik zu konfrontieren. Man suchte den offenen Schlagabtausch. Ich war persönlich dagegen, weil ich mir bei dem Mann kaum eine Sinnesänderung versprach. Natürlich hatte er in manchen seiner Beobachtungen recht. Gleichzeitig war sein christlicher Glaube aber derart von verrückten Vorschriften und Regelungen geprägt, dass ich mich auf so etwas nicht einlassen wollte. Sein Verständnis von Meinungsaustausch war – »du kommst mit deiner Meinung und gehst mit meiner«. Im Kirchenausschuss hatte man einen Termin vereinbart, sich mit ihm zu treffen, und ich musste teilnehmen. Lust hatte ich keine, aber die Pflicht rief, also ging ich. Der Saal war voll, die Stimmung gespannt. Nach einer Einleitung wurde dem baptistischen Missionar das Wort erteilt. Er begann einen langen Sermon. Manche seiner Beobachtungen waren korrekt, anderes überzogen, theologisch verdreht und gesetzlich bis zum Anschlag. Meine einheimischen Mitchristen und Kollegen waren aufgebracht. Mit heftigen Verbalattacken gingen sie auf ihn los. Mit hochroten Köpfen und schreiend versuchten sie ihn niederzumachen. Er konterte geschickt. Ich saß schweigend da und beobachtete die Szene. Plötzlich wandte sich einer der Kirchenleiter an mich und sagte: »Wie denkst du über die Vorwürfe? Was ist deine Meinung?« Genau das hätte ich gern vermieden. Ich stand wieder einmal wie schon so oft im Leben zwischen den Fronten. Gern hätte ich die Aussage verweigert, aber es wurde still im Raum und alle schauten mich gespannt an. Was sollte ich sagen? Ich überlegte eine Weile und entschloss mich, sachlich korrekt zu bleiben. Als Erstes wandte ich mich gegen den Missionar, seine Gesetzlichkeit, seine manipulativen Taktiken und Verdrehungen. Meine einheimischen Kollegen waren zufrieden. Dann sprach ich die Dinge an, die der Missionar bei uns zu Recht angeprangert hatte und erinnerte daran, dass wir als Christen mit unserem Leben das bestätigen müssen, was wir anderen gegenüber mit Worten zum Ausdruck bringen. Ich kritisierte die verbalen Entgleisungen einzelner Vorredner und bemühte mich um Objektivität. »Verräter!«, war die Antwort eines Kirchenleiters. Die Sitzung geriet außer Kontrolle und musste schließlich beendet werden. Mit dem, was an diesem Abend gelaufen war, hatte sich die Kirche nicht mit Ruhm bekleckert. In dieser Krise hatte sich deutlich gezeigt, wie niedrig der geistliche Grundwasserspiegel bei uns war.

Am nächsten Morgen hatten wir eine gemeinsame Andacht. Ein Mitarbeiter hielt eine Andacht über den Gelähmten, den seine Freunde zu Jesus brachten. Unser neu gewählter Kirchenpräsident John Pokanau saß in der ersten Reihe und hörte aufmerksam zu. Ihn bewegte wie uns alle der zurückliegende Abend. Nach der Andacht wurde zu einer Gebetsgemeinschaft eingeladen.

John betete als einer der Ersten. Sein Gebet werde ich nie vergessen. John war von seiner Grundveranlagung her kein emotionaler, sondern eher ein rationaler Mensch. Aber schon nach den ersten Worten begann er zu weinen und betete so ungefähr: »Herr Jesus, unsere Kirche ist wie dieser lahme Mann. Du siehst, was uns hier alles lähmt und beeinträchtigt. Ich bringe dir unsere Kirche wie damals diese Männer ihren Freund und bitte dich, lass uns wieder laufen.«

John Pokanau (vorne rechts)

Es hat mich berührt, dass ein Mann weint; nicht weil er emotional weicher gelagert war, sondern weil er unter den bestehenden Umständen litt. Er schleuderte seine Kritik den Leuten nicht an den Kopf, sondern brachte die Kirche zu Jesus, der letztlich in jedem Menschen die Veränderungen bewirken kann, die nötig sind.

Weiße haben keine Tränen

Er war zu jung, um zu sterben. Warum musste das gerade ihm passieren? Natürlich – irgendwo waren sie auch selbst schuld gewesen. Warum hatten sie an diesem Abend trinken müssen?

Warum mussten sie dann angetrunken Auto fahren? Aber, er war doch nicht selbst gefahren. Er hatte hinten auf der Ladefläche gesessen, als der Wagen aus der Kurve geraten war. Mit einem entsetzlichen Krach landeten sie an einer Kokospalme. Ihn hatte es besonders schwer erwischt. Einer der Halswirbel war gebrochen, sodass er vom Hals abwärts gelähmt war. Da lag er bei vollem Bewusstsein im Krankenbett und konnte nicht einmal den kleinen Finger bewegen. Was für ein Kontrast zu dem, was er vorher darstellte. Er war ein Muskelprotz im wahrsten Sinne des Wortes gewesen, der Arnold Schwarzenegger von Manus. Wenn er mit seinem strahlenden Blick über den Dorfplatz lief, dann brauchte er Platz und konnte sich der Aufmerksamkeit sicher sein. Jetzt lag er im Bett und sein Körper zerfiel innerhalb von wenigen Tagen. Es war bewegend mit anzusehen, in welch kurzer Zeit sein muskulöser Körper zerfiel. Eltern und Verwandte kümmerten sich rührend um ihn. Wir beteten und hofften, dass Gott ein Wunder an ihm tun würde. Das Wunder, das geschah, war, dass er sein Leben mit Gott in Ordnung brachte. Aber sein gesundheitlicher Zustand verschlechterte sich von Tag zu Tag. Eines Tages lag er tot im Bett.

Laut weinend und schreiend saßen die Verwandten um sein Bett. Das Wehklagen war weithin zu hören. Neuguineer zeigen ihre Betroffenheit und Trauer laut und offen. Sie halten mit Gefühlen nicht zurück. Europäer und besonders Deutsche sind anders gestrickt. Nach dem Motto »Der Indianer kennt keinen Schmerz« haben viele gelernt, ihre Gefühle zu verbergen. Das laute Klagegeschrei und Weinen der Neuguineer hat mich jedes Mal tief berührt. Gleichzeitig habe ich gemerkt, wie anders wir Trauer und Betroffenheit verarbeiten.

Meine Frau, die einmal zu einem Todesfall dazugekommen war, war mit den Trauernden in Tränen ausgebrochen und hatte mit ihnen geweint. Später sagte ihr eine der Einheimischen:

»Ich dachte immer, Weiße haben keine Tränen.«

Es ist selten, dass man Weiße weinen sieht. Ob wir von Neuguineern etwas lernen können? Immerhin schreibt Paulus: »Weint mit den Weinenden.« (Römer 12,15)

Wer mag schon ›Eidechse‹?

Manuesen haben Angst, zum Beispiel vor Schlangen. Manuesen ekeln sich, zum Beispiel vor großen Eidechsen wie dem Pazifikwaran, dem Wadi, wie sie ihn nennen. Eines Tages kam ich dazu, wie mehrere Einheimische einen Wadi gemeinsam zur Strecke brachten. Unter lautem Gejohle hatten sie das ca. einen Meter lange Tier erlegt und wollten es gerade in den Busch werfen. Ich stoppte sie und fragte, ob sie mir das Tier überlassen würden. Ich war an der Haut interessiert. Mit der Hilfe eines manuesischen Freundes begann ich die Haut abzuziehen. Das Fleisch der Echse war rot wie frisches Hühnerfleisch. »Sieht gut aus«, wandte ich mich an meinen Helfer. »Esst ihr das Fleisch?« Angewidert antwortete er: »Igitt, wie kann man so was essen?« Nach einiger Zeit schaute er mich an und sagte: »Ich kenne jemanden, der Wadi isst! Die Frau eures Pastors in Ndranou mag die Eidechsen. Vielleicht hat sie Interesse!« Nachdem wir die Haut abgezogen, auf ein Brett gespannt und mit Branntkalk eingerieben hatten, packte ich die ausgenommene und gehäutete Echse in eine Plastiktüte und deponierte sie im Eisfach. Einige Tage später, als die Frau unseres Pastors von einer Reise zurückkehrte, fragte ich sie, ob es wahr sei, dass sie Wadi esse. Mit einem strahlenden Blick bejahte sie es. Ich erzählte ihr von unserer Beute und bot ihr das Fleisch mit der Bitte an, mir ein Stück zum Probieren zu geben. »Ich bring dir ein Stück!«, sagte sie, als ich die Plastiktüte bei ihr ablieferte. Es wurde Mittag, aber niemand kam. Schließlich aßen wir, was meine Frau schnell zubereitet hatte. Wir waren gerade fertig, als es an der Tür klopfte. Vor mir stand ein kleines Mädchen mit einer abgedeckten Schüssel in der Hand. »Wadi blong yu!« (dein Wadi), sagte sie und streckte mir die Schüssel hin. Vor mir schwamm in einer Soße der hintere Teil der Echse mit den beiden Hinterbeinen. Ich löste etwas von dem Fleisch und probierte es. Ich war überrascht. Es schmeckte wie Geflügel, richtig lecker. Leider war ich schon satt. Was sollte ich machen?

Ich bedankte mich bei dem Mädchen. Als sie das Haus verlassen hatte, sagte ich zu meiner Frau: »Heute lege ich jemanden rein! Aber wen?« Plötzlich stand mein alter Freund Aaron vor meinen Augen. Ihn wollte ich besonders beglücken. Schnell machte ich eine Mehlschwitze und aus der Brühe eine leckere Soße. Ich löste das Fleisch von den Knochen und legte es in die Soße. Die Knochen, die Geflügelknochen ähnelten, warf ich ebenfalls dazu, kochte das Ganze auf und brachte es in einem geschlossenen Topf ins Männerhaus von Aaron. In der Nähe des Hauses räusperte ich mich laut, aber niemand reagierte. Vorsichtig schaute ich durch die Tür. Niemand war da. Aaron war zum Fluss gegangen, um sich zu waschen, hörte ich später. Ich stellte den Topf auf den Tisch und ging zurück zu unserem Haus. Ich saß in meiner »Bürohütte« und bereitete mich auf den Abendgottesdienst vor, als Aarons Sohn die Straße herunterkam. Er hatte den leeren Topf mit dem Deckel zur Seite in der Hand. Als er den Raum betrat, fragte ich ihn: »Na, hat's geschmeckt?«

»Echt klasse! Hast du eine Ente geschlachtet?«

Ich grinste und fragte: »Hat dein Vater auch etwas gegessen?«

»Fast alles, ich hab nur wenig abgekriegt!«, sagte er. Die Antwort reichte. Langsam ging ich zu Aarons Männerhaus. Er saß in der Mitte und war gerade dabei Tabioka zu schälen. »Hallo Aaron!«, grüßte ich ihn freundlich. »Wie hat dir mein Essen geschmeckt?«

»Das war richtig lecker, große Klasse«, antwortete er. Lächelnd schaute ich ihn an und fragte scheinheilig:

»Wirklich?«

»Das war richtig gut!«, kam es von Aaron. Ich schaute ihn an und sagte: »Ich weiß auch nicht, Aaron, jeder sagt mir, dass Wadi nicht schmeckt und du sagst, es sei richtig lecker.« Aaron starrte mich mit weit aufgerissenen Augen an. »Ich esse keinen Wadi!«, beteuerte er.

»Was heißt, du isst keinen Wadi? Heute hast du deinen ersten Wadi verspeist!« Dann erzählte ich ihm, wie wir den Wadi zubereitet hatten. Aaron saß vor seinem Topf und schüttelte den

Kopf, leise vor sich hinmurmelnd: »Ich esse keinen Wadi. Ich esse keinen Wadi.«

Die Geschichte hat uns für alle Zeit eng miteinander verbunden. Scherze dieser Art können sich nur Cross Cousins oder dicke Freunde leisten. In der Männerrunde musste er seitdem immer wieder Spott aushalten. Wenn er in einer Diskussion zu weit ging, dann sagten die Männer: »Du hältst den Mund. Du frisst Wadi!«

Jona

Er war eine beeindruckende Persönlichkeit, auch wenn er einem zwischendrin richtig auf die Nerven gehen konnte. Als junger Mann hatte er mit dem ersten Missionar Friedrich Doepke zusammengearbeitet. Als die Japaner die Missionare auf das Kriegsschiff brachten, um sie hinzurichten, hatte Doepke ihm die Station Lugos anvertraut. Über viele Jahre war er treu gewesen, bis er eines Tages versuchte, sich seinen Wunsch nach einem Sohn nach einem manuesischen Brauch zu erfüllen. Er nahm sich eine zweite Frau. Der Tod seines Bruders erlaubte es ihm kulturell, die zurückgebliebene Frau zu heiraten. Sein Wunsch wurde ihm erfüllt, aber er musste dafür einen hohen Preis zahlen. Seine zweite Frau brachte einen Sohn zur Welt, aber Jona wurde aus der Verantwortung als Gemeindeleiter und Prediger ausgeschlossen. Er

Jona

zeigte allerdings keine Einsicht. So sehr die Missionare und die Kirchenleitung versuchten, ihm das Predigen zu untersagen, er machte einfach weiter.

Als wir auf den Highway zogen, war mir seine Vergangenheit im Detail erst nicht bekannt. Zwischen uns entwickelte sich trotz des sehr großen Altersunterschiedes eine Freundschaft. Die Gemeindearbeit war seine große Passion. Er war schon über 80, ging aber noch jeden Sonntag in die verschiedenen Dörfer zum Predigen. Es waren meistens zehn und mehr Kilometer, die er durch die heiße Sonne laufen musste. Auf ihn war Verlass. Er sammelte Geld, um die Gemeindearbeit zu finanzieren. Zu jeder Sitzung des Bezirksleitungskreises war er pünktlich da und nahm aktiv teil. Er konnte sehr emotional werden und gelegentlich richtig lospoltern und schreien, wenn er es für notwendig hielt. Jona hatte seine Schwächen. Eine war seine persönliche Ehre. Er redete gern von sich selbst, seinen großen Leistungen und Errungenschaften. Er verkraftete es, wenn ich ihn diesbezüglich auf den Arm nahm, wenn es mir zu viel wurde. Jonas' andere Schwäche war der ständige Wunsch von Missionaren mit Geschenken bedacht zu werden. Er hielt mit seinen Wünschen nicht zurück, sondern sagte uns genau, was wir ihm mitbringen könnten. Meistens war es eine Mundharmonika oder sogar ein »liklik ros ka«, ein kleines verrostetes Auto. Wir trugen es mit Humor und witzelten mit ihm über seine Bitten.

Ich war allein zu Hause, als mich eines Tages einer der jungen Pastoren besuchte. Hermann hatte von mir die Arbeit des Highwaybezirkes übernommen. Während wir miteinander einen Kaffee schlürften und uns über die Arbeit unterhielten sagte er: »Übrigens, ich habe unsern alten Freund am Markt sitzen sehen. Er verkauft dort Kämme. Er hat mir Grüße aufgetragen und mich gebeten, dich an die Mundharmonika zu erinnern.«

»Ach so, ist in Ordnung!« erwiderte ich, dabei blieb mein Blick an einer Gurke haften, die auf dem Küchentisch lag. Wenn Jona etwas nicht mochte, dann waren es Gurken. In mir kam ein Gedanke hoch. »Ich glaub, ich habe etwas für unsern Alten«, sagte ich zu Herrmann und holte die Gurke vom Tisch. Aus dem Schrank kramte ich Zeitungspapier, Plastiktüten und Tesafilm und begann die Gurke einzuwickeln. Jede Schicht verklebte ich gründlich mit Tesafilm. Nach mehreren Schichten steckte ich das Ganze in einen gefütterten Briefumschlag, den wir aus Deutschland erhalten hatten. »Gib das Jona und sag ihm nur: Das ist von deinem Freund.« Herrmann steckte das Paket ein und verschwand.

Auf dem Markt traf er Jona und überreichte ihm das Paket: »Hier, von deinem Freund aus Lugos.« Hastig griff Jona nach dem Päckchen, schaute sich um, ob ihn niemand beobachtet hatte und ließ es schnell in seiner Tasche verschwinden. Als es dunkel wurde, packte er seine Sachen zusammen und fuhr mit dem nächsten Truck zurück auf den Highway. Es war bereits stockdunkel, als er dort schließlich ankam. Sofort verschwand er im Haus und zündete seine kleine Petroleumlampe an. Im trüben Schein des Lichtes fing er an, das Paket vorsichtig zu öffnen. Von draußen rief seine Frau: »Jona, das Essen ist fertig. Wir wollen anfangen.«

»Fangt ohne mich an. Ich habe hier noch was zu tun!«, kam es von innen. Seine Frau ging ins Nebengebäude und Jona arbeitete konzentriert an dem Paket. Es musste etwas Zerbrechliches sein, vermutete er und hantierte deshalb sehr vorsichtig und langsam. Er entfernte eine Schicht nach der anderen. Immer wenn er dachte das Geschenk käme zum Vorschein, war eine weitere Schicht zu entfernen. Endlich, das schien die letzte Schicht zu sein. Mit dem Messer durchtrennte er vorsichtig das Klebeband und öffnete das Papier. Fast eine Stunde hatte er bis dahin gebraucht. Entsetzt schaute er auf das, was da auf seiner Hand lag – eine Gurke. Das war zu viel für ihn. Seine freudige Erwartung auf ein begehrtes Geschenk zerplatzte wie eine Seifenblase. Ein Schrei entfuhr ihm, der das ganze Dorf aufhorchen ließ. Es blieb nicht bei einem Schrei. »Der hat mich reingelegt! Der hat mich an der Nase rumgeführt! So eine Sauerei!« In seiner Wut zerschmetterte er die Gurke auf dem Boden. Sie zerbrach in tausend Stücke. Jona wollte sich nicht beruhigen. Seine Frau und andere Verwandte liefen zu seinem Haus, um zu sehen, was passiert war. »Er hat mich reingelegt! Eine

Gurke hat er eingepackt, dieser Masta!« Jona war außer sich. Nach einigen Minuten wurde er ruhiger. Jetzt meldete sich sein Magen. Den ganzen Nachmittag hatte er nichts gegessen. »Bring mir mal was zum Essen!«, wandte er sich an seine Frau. »Ich habe einen Bärenhunger!« Entsetzt schaute seine Frau ihn an und sagte: »Es tut mir leid, aber wir haben alles aufgegessen!«

An diesem Abend ging Jona hungrig ins Bett.

Wenige Tage nach diesem Vorfall gab ich einem einheimischen Freund einen 20-kg-Sack Reis und sagte ihm: »Gib den Sack Jona und grüße ihn herzlich von mir. Er weiß schon, worum es geht!«

Als wir uns später trafen, mussten wir beide herzlich über das Gurkengeschenk lachen. Sein Zorn war inzwischen verflogen und die Geschichte verband uns auf besondere Weise. Noch Jahre danach wurde er von seinen Freunden aufgezogen: »Na Jona, hättest du auch gern eine Gurke?«

Wie viel kann man ertragen?

Mit Malaria hatte ich in den ersten Jahren in Neuguinea wenig zu tun. Um mich herum erlebte ich viele tragische Schicksale bis hin zu Todesfällen, aber irgendwie ging diese Erkrankung an mir vorbei. Aber dann kam es gleich knüppeldick. Es fing Ende April 1990 mit dem ersten Malariaanfall an. Diagnostiziert wurde der Anfall nicht, aber die Symptome waren eindeutig. Es fing mit einem stechenden Schmerz zwischen den Schulterblättern an. Dann begann meine ganze Haut zu brennen wie nach einem Sonnenbrand. Kurz danach kam der Fieberschub, die Gelenk- und Muskelschmerzen. Ich schluckte die vorgeschriebene Dosis Chlorochin und hoffte, dass damit das Übel beseitigt war. Zwei Wochen später hatte ich den nächsten Anfall. Wie gewohnt nahm ich meine Medikamente. Ansonsten ging ich meiner Arbeit und meinen Gewohnheiten nach. Drei Mal in der Woche machte ich morgens um 6.00 Uhr meinen Sport, d. h. ich lief acht Kilometer.

Tagsüber ging ich meinen Aufgaben in der Bibelschule und in der Kirche nach. Abends war ich oft mit Sitzungen und Gesprächen beschäftigt. Die Malariaanfälle rissen nicht ab. Alle zwei bis drei Wochen nach einer Behandlung hatte ich den nächsten Anfall. Anfang September wollte die burmesische Ärztin mich gründlich kurieren und verschrieb mir ein starkes Antibiotikum (Chloramphenicol), um einer eventuellen Meningitis vorzubeugen. Außerdem musste ich vor ihren Augen ein Radikalmittel namens Primachin und dazu Chinin schlucken. In den nächsten fünf Tagen musste mein Stoffwechsel mit 65 Tabletten fertigwerden. Mein Onkel, der Arzt war, sagte mir anschließend, dass ich mich im Leben nie wieder auf so etwas einlassen sollte. Ich war ganz seiner Meinung. Für zwei Wochen war ich fit und konnte sogar eine deutsche Reisegruppe auf Manus begleiten. Einen Tag nach ihrer Abreise hatte ich den nächsten Anfall. Wieder musste ich Tabletten schlucken und hoffte, dass diese endlich helfen würden. Wenige Tage später musste ich nach Lae zur Jahreskonferenz der Evangelischen Allianz. Gleich am ersten Morgen erlebte ich eine sehr beeindruckende Bibelarbeit. Die Tageslosung war: »Wenn auch unser äußerer Mensch verfällt, so wird doch der innere von Tag zu Tag erneuert.« (2. Kor. 4,16). Die Bibelarbeit war klasse und hatte mich echt ermutigt. Wir saßen im Freien in einer kleinen Gruppe, um uns auszutauschen. Während der Diskussion merkte ich, wie sich ein weiterer Malariaanfall ankündigte. So eindrücklich wie es zur guten Bibelarbeit und zur Tageslosung passte, mir gefiel es überhaupt nicht. Ich telefonierte mit einem örtlichen Arzt, den mir ein Kollege empfohlen hatte. Ich bat ihn, sich auf eine bestimmte Vorgehensweise einzulassen. Ich würde sofort zu ihm kommen und mir nur Blut abnehmen lassen. Nachts würde ich keine Medikamente einnehmen, morgens zu ihm kommen, um einen weiteren Bluttest zu machen. Der Arzt ließ sich darauf ein. Am nächsten Vormittag zeigten sich beide Blutproben positiv. Ich hatte eine resistente Form der Malaria, die man nur durch eine spezielle Radikalkur loswurde. Der Arzt verschrieb mir die doppelte Dosis von dem, was man in Deutschland verschrieb. Das war heftig, aber zwei Wochen später schien es, dass ich die Malaria los war. Eines Morgens hatte ich starke Schmerzen im rechten Oberschenkel. Es fühlte sich an wie ein Muskelriss. Irgendwie unerklärlich, da ich mich nicht an irgendein extremes Erlebnis erinnern konnte. In diesen Tagen stand eine Dienstreise nach West-Neubritannien an. Ich nutzte die Gelegenheit, um dort mit einem amerikanischen Arzt zu sprechen. Er meinte, dass ich wohl eine Muskelzerrung hätte und verschrieb mir ein starkes schmerzstillendes und entzündungshemmendes Mittel. Als ich später las, welche Nebenwirkungen das Medikament haben könnte, verzichtete ich auf die Einnahme. Wieder zu Hause, war ich körperlich am Ende. Ich hatte in den zurückliegenden Monaten trotz der Erkrankungen immer weiter gearbeitet, auch wenn es mich sehr viel kostete. An diesem Freitag ging ich trotz allem zur Kirchensitzung, entschuldigte mich nur kurz, weil ich im Krankenhaus noch einmal nach meinem Bein schauen lassen wollte. Der einheimische Arzt hörte mir ruhig zu, dann setzte er mit seinem Zeigefinger an der Stelle an, die schmerzte. Zentimeterweise drückte er auf mein Bein bis zum Fuß. Wo immer er drückte, tat es richtig weh. Er schaute mich an und sagte dann: »Ihre Hauptvene ist entzündet. Ich gebe Ihnen ein starkes Antibiotikum und Sie legen sofort das Bein still.« Das war nicht, was ich hören wollte, aber es klang ernst. Ich ging zurück in die Sitzung und beschloss, mich am Wochenende auszukurieren. Die nächsten zwei Tage schluckte ich meine Tabletten und legte brav das Bein hoch. Am Montag ging ich morgens zur Andacht ins Kirchenbüro, wo sich alle Angestellten trafen. Als ich nach der Andacht die Treppe herunterkam, stand der einheimische Superintendent am Ende der Treppe. Er schien auf mich zu warten. Seine Miene verhieß nichts Gutes. Als ich vor ihm stand, fing er an zu schreien. »Du machst die Kirche hier kaputt. Du triffst Entscheidungen, die alles durcheinanderbringen!« Ich wusste nicht, wie mir geschah. Was war passiert? Der Kirchenausschuss hatte beschlossen, eine begabte Lehrerin und ihren Mann zu versetzen, sodass er sie als Mitarbeiter in der eigenen Schule verlieren würde. Über diese Entscheidung war er außer sich und suchte einen Blitzableiter. Der war ich. Schreiend stand er vor mir. Vor seinem Mund bildete sich Schaum. In mir entstand innerhalb von Sekunden eine unerklärlich große Ruhe und Gelassenheit. Ich hatte keine Angst und war auch nicht aufgeregt. Ganz ruhig sprach ich mit ihm, erklärte ihm, wie die Entscheidung zustande gekommen war und versuchte ihn zu beruhigen. Später hörte ich, dass er an verschiedenen Stellen junge Männer postiert hatte, die eingreifen sollten, wenn es zu einer Schlägerei käme. Da er sich nicht beruhigen ließ, drehte ich mich einfach um und ließ ihn stehen. Auf dem Weg zum Haus holte es mich ein. Seit Monaten hatte ich mit Malaria zu kämpfen, jetzt kam die Venenentzündung dazu, vor wenigen Tagen hatte ich einen Brief erhalten, in dem ein hoher Politiker versuchte, mich des Landes zu verweisen und jetzt diese Verbalattacke. Ich war körperlich ausgelaugt und psychisch am Ende. Was noch? Wie viel kann ich ertragen? Ich hatte keine Antwort darauf, war mir aber trotzdem sicher, dass Gott auch in diesen schwierigen Situationen seine Absicht damit hatte.

In den nächsten Wochen und Monaten lösten sich die Probleme. Der Kirchenvorstand einigte sich mit dem Superintendenten. Der Politiker, der mir ans Leder wollte, wurde von der Dorfgemeinschaft zurückgepfiffen. Das Dorf stellte sich auf meine Seite. Und meine Gesundheit? Über Wochen hatte ich Schmerzen in der Lebergegend. Zwischendrin färbte sich mein Stuhl aschfahl. Es ging mir nicht gut. Ich musste mich zu jeder Arbeit zwingen. Es war an einem Mittwoch in Port Moresby. Wir hatten Area-Council-Sitzung und besprachen verschiedene Belange der Arbeit. An diesem Tag passierte etwas mit meinem Körper. Es kam einfach so. Plötzlich war die Müdigkeit weg und die Schmerzen tauchten nicht mehr auf. Als ich einige Wochen später in Tübingen im Tropenzentrum gründlich untersucht wurde, war keine Erkrankung festzustellen.

Warum das alles Teil meines Lebens war, kann ich letztlich nicht erklären. Im Nachhinein habe ich festgestellt, dass diese Zeit mir geholfen hat, mehr Mitgefühl für kranke Mitarbeiter zu haben. In meiner späteren Aufgabe als Missionsdirektor war es mir eine Hilfe nachvollziehen zu können, wie es jemandem geht, der krank ist oder durch Zeiten der Kritik und Erfolglosigkeit geht. Ob das die Lektionen waren, die ich lernen sollte? Ich weiß es letztlich nicht, bin aber dankbar dafür, dass Gott mich nicht im Loch sitzen ließ.

Wenn Gott redet

Die Sitzung an diesem Tag dauerte wieder einmal deutlich länger, als wir veranschlagt hatten. Immer wieder gab es zusätzliche Redebeiträge nach dem Motto: *Es ist zwar schon alles gesagt, aber noch nicht von jedem.* Langsam wurde ich nervös, weil ich mich auf den Hauskreis, den wir an diesem Abend in einem entfernt liegenden Dorf eingeplant hatten, noch nicht vorbereitet hatte. Was ich zwischendrin befürchtet hatte, traf ein. Die Sitzung ging so lange, dass mir keine Zeit mehr für eine zusätzliche Vorbereitung blieb. Zusammen mit dem Einheimischen, der diese Region im Gremium vertrat, fuhr ich durch den nächtlichen Urwald Richtung Sirrah. In meinen Gedanken überlegte ich fieberhaft, was ich bei der Andacht sagen würde. Irgendwie blieb ich bei dem Text hängen, den ich morgens in meiner Stillen Zeit gelesen hatte: 1. Samuel 1, die Geschichte von Hanna und Pennina. Ein Mann, zwei Frauen – ein Szenario, das in Papua-Neuguinea öfter vorkam. Die damit verbundenen Spannungen und Fragen waren für manche ein relevantes Thema. Also entschloss ich mich, diesen Text zu nehmen und ging während der Fahrt noch einmal den Text entlang und bereitete mich im Stillen auf die Andacht vor. Die letzten 50 Meter mussten wir zu Fuß gehen und kamen schließlich in der großen Hütte an. Der Raum war eng mit Menschen besetzt, Frauen, Kinder, Jugendliche, Männer. Wir hatten einen netten Abend miteinander, gute Unterhaltung, Lachen, zwischendurch Liedersingen. Ich sprach über Hanna und Pennina, über ihr Verhältnis zueinander, die Problematik, die Hanna mit ihrer Kinderlosigkeit hatte usw. Der Abend ging zu Ende und der Älteste und ich verließen die Hütte und gingen zu unserem Auto. Auf halbem Wege blieb er stehen, schaute mich an und fragte: »Warst du wirklich zum ersten Mal hier?«

»Natürlich«, sagte ich, »ich bin noch nie vorher hier gewesen.«

Irgendetwas ließ ihn nicht in Ruhe. Er fragte weiter: »Du wusstest nicht, dass der Mann in diesem Haus zwei Frauen hat?«

Etwas überrascht schaute ich ihn an und sagte: »Natürlich nicht.«

»Du wusstest auch nicht, dass eine der Frauen Kinder hat und die andere nicht?«

Ich verneinte.

»Du wusstest auch nicht, dass die eine Frau, die Kinder hat, auf die andere Frau, die keine Kinder hat, runterschaut und sie lächerlich macht?«

Unterwegs zum Predigtdienst

Natürlich wusste ich das nicht, denn wenn ich das alles gewusst hätte, hätte ich alle Bibeltexte gewählt, nur nicht diesen. Im Nachhinein war es mir fast peinlich, dass ich ausgerechnet in dieser Situation diesen Text aus dem Alten Testament rausgesucht hatte. Gleichzeitig sagte ich mir, es war vielleicht gerade Gottes Wille, dass an diesem Tag dieses Wort für diese Familie und diese Frauen dran war und dass ich unwissentlich sehr heikle Themen in der Andacht angesprochen habe. Gott spricht und manchmal gebraucht er uns auf eine Art und Weise, wie wir es gar nicht erwarten.

Wenn einem die Worte fehlen

Die Nachricht schockierte uns alle. Popau, einer unserer wichtigsten ehrenamtlichen Mitarbeiter, lag mit schwersten Verbrennungen im Krankenhaus. Er hatte eine gute Anstellung als Schreiner und Zimmermann in einer staatlichen Behörde. Am Wochenende war er zusammen mit seiner Frau und den fünf Kindern an seinen Heimatort nach Pere gefahren, um dort beim Bau der kleinen Kirche mitzuhelfen. Am Abend vor der Rückfahrt wollte er alles für den kommenden Vormittag richten. Unter der Petroleumfunzel schüttete er das Benzin von einem Container in den Benzintank. Die aufsteigenden Gase entzündeten sich und es kam zu einer Explosion. In Bruchteilen von Sekunden brannte die ganze Hütte. Popau sprang aus der Hütte, um sich zu retten. Draußen stehend bemerkte er, dass seine Frau und seine Kinder den Weg aus der Hütte nicht gefunden hatten. Er sprang durch die Flammen zurück in die Hütte und holte ein Kind nach dem anderen aus der brennenden Hütte. Bei dieser Rettungsaktion verbrannte er sich selbst großflächig am ganzen Körper. Er lag im Krankenhaus und rang mit dem Tod. Die ganze Gemeinde betete für ihn und hoffte, dass ihm das Leben erhalten werden würde, aber das Schreckliche geschah. Der Vater von fünf Kindern lag eines Morgens tot im

Krankenhausbett. Es herrschte eine große Betroffenheit unter den einheimischen Pastoren und den Gemeindemitgliedern. Warum musste er auf diese grausame Art und Weise sterben? Er hatte sich doch ehrenamtlich so außerordentlich für das Reich Gottes eingesetzt. Er war hinsichtlich seiner freundlichen umgänglichen Art überall beliebt, als Mitarbeiter fast unersetzlich. In seinem Heimatort gehörten die meisten Leute immer noch der Cargo-Kult-Bewegung an. Wie würden sie das einordnen, dass hier einer, der an der Kirche mitbaut, auf so grausame Art und Weise zu Tode kommt? War das nicht auch als eine Strafe Gottes anzusehen oder der Geister? In der Gemeinde wurde beschlossen, Popau in seinem Heimatort zu beerdigen. Jetzt ging es darum, wer die Beerdigung halten würde. Ein Pastor nach dem anderen machte den Rückzieher, angefangen vom Superintendent, dem leitenden Pastor der Stadtgemeinde und anderen. Schließlich kamen sie zu mir und fragten mich, ob ich nicht diese Beerdigung halten könnte. Ich war wie alle anderen auch zutiefst von seinem Tod betroffen. Wie viele andere fragte ich mich ebenfalls: Warum gerade er? Warum ein Familienvater? Da niemand sonst die Aufgabe übernehmen wollte, sagte ich schließlich zu. Am Vorabend bereitete ich mich gründlich auf die Predigt vor und hatte sie wortwörtlich niedergeschrieben. Am nächsten Morgen fuhren wir die 75 Kilometer bis zu seinem Heimatort. Dort angekommen gingen wir als Erstes zum Haus, in dem er aufgebahrt lag, die weinende Frau, die schreienden Angehörigen, das Klagegeheul weit schallend durchs Dorf hindurch. Da stand ich am Sarg und wusste selbst nicht mehr, was ich sagen sollte. Die Mutter und die weinenden fünf Kinder zu sehen verschlug mir die Sprache. Schweigend stand ich dort und betete im Stillen für die Betroffenen und auch für mich selber. Plötzlich wurde mir klar – die Predigt, die ich mühsam vorbereitet hatte, konnte ich nicht halten. Alles, was ich dort formuliert hatte, war theologisch und dogmatisch aus meiner Sicht sachlich korrekt, aber die Predigt würde nicht die Herzen der Menschen treffen, das, was sie wirklich bewegte. Das hieß, ich hatte keine Predigt. Was sollte ich sagen? Im Trauerzug trugen wir den Sarg auf das Kanu und stocherten am Ufer entlang. Da stand ich mitten auf dem Kanu, um mich herum die laut klagenden Angehörigen und überlegte fieberhaft: Wenn ich die vorbereitete Predigt nicht halten kann, was kann ich dann sagen? Ich war verzweifelt. In die Unruhe meiner Gedanken tauchte plötzlich ein Bibelvers auf: »Wer an mich glaubt, wie die Schrift sagt, von dessen Leib werden Ströme lebendigen Wassers fließen.« (Joh. 7,38) Immer wieder kam dieser Vers in meinen Gedanken hoch. Fieberhaft überlegte ich, was ein richtiger Einstieg sein könnte, wo es möglich wäre anzuknüpfen, was zu sagen sei? Aber ich kam auf nichts. Schließlich kamen wir an der Beerdigungsstelle an und trugen den Sarg zum ausgeschaufelten Grab. Noch immer wusste ich nicht, was ich sagen würde. Nach den einleitenden Worten des örtlichen Pastors kam das letzte Lied vor der Predigt. Ich wusste immer noch nicht, was ich sagen sollte. In meinem Kopf war eine große Leere, außer dem Bibelvers, der immer wieder auftauchte: »Wer an mich glaubt, wie die Schrift sagt, von dessen Leib werden Ströme lebendigen Wassers fließen.« Als wir den letzten Vers des Liedes sangen, wurde ich plötzlich innerlich ganz ruhig. Innerhalb von Sekunden sammelten sich meine Gedanken und plötzlich wusste ich, was ich zu sagen hatte. Ich griff genau die Fragen auf, die sich fast jeder bei einem schweren Unglück stellt. Warum lässt Gott ein solches Unglück zu? Warum gerade ein Familienvater? Straft Gott mit dem Unglück diesen Menschen oder seine Familie ab? Ich griff die abwertenden Bemerkungen von Dorfbewohnern auf, die fragten: »Wo ist denn Euer Gott, wenn einem seiner Leute so etwas passiert?« Es war keine ausgefeilte Predigt. Aber es passte. Hinterher kamen viele Leute zu mir und bedankten sich für das, was gesagt worden war und ich war um eine Erfahrung reicher, auch wenn sie keine einfache war. Gott kann manchmal unsere Predigten korrigieren und uns helfen wirklich das zu sagen, was zu den Herzen der Menschen spricht.

Gott lässt sich nicht auf den Arm nehmen

In unserem Nachbarort Bowat gelang es mir trotz vieler Versuche nicht, eine Jugendarbeit aufzubauen. Was ich auch versuchte, ich bekam dort einfach keinen Fuß auf den Boden. Eines Sonntags kam ich dort zum Predigen in die Kirche und sah außen an der Kirche einen Zettel aushängen, unterschrieben von einem Mann namens Pahalou. Er lud alle jungen Leute ein zur kontroversen Diskussion über Gott und den christlichen Glauben. Auf meine Rückfrage hin erzählten mir junge Leute, dass er dies regelmäßig tue und dass er sehr clever gegen den christlichen Glauben argumentiere. Paholou war die Bremse in der Jugendarbeit. Als ich ihn wenige Tage später traf, kam es zu einer kurzen Unterhaltung. Er hatte nur spöttische Bemerkungen hinsichtlich der Missionare und des christlichen Glaubens übrig. Tragisch war dabei vor allen Dingen, dass er in jüngeren Jahren zur Kirche gehört hatte, sogar einer der Ältesten in der Gemeinde gewesen war. Dann hatte er sich plötzlich entschieden, eine zweite Frau zu nehmen. Das führte zum Bruch mit der Kirche und dass er sich schließlich ganz vom christlichen Glauben löste. Aus dieser Entwicklung heraus war er zum Gegner der Kirche und auch der Jugendarbeit vor Ort geworden. Interessanterweise war einer seiner Söhne – Job – zum persönlichen Glauben gekommen und hatte sich angeboten, mit mir in der Jugendarbeit zusammenzuarbeiten. An einem Freitagabend saß ich zusammen mit Job und sprach über die Jugendarbeit im Ort, was wir machen und wie wir im Einzelnen vorgehen könnten. Unser Gespräch ging bis spät am Abend. Da es dunkel war und leicht nieselte, bot ich ihm an, ihn nach Hause zu fahren. Wir fuhren die wenigen Kilometer bis Bowat und kamen gerade auf der Anhöhe der ersten Gebäude an, als plötzlich eine Gestalt aus dem Dunkeln trat. Es war einer seiner Brüder. Ich hörte nur, wie er in der Stammessprache sagte: »Dede ginmad« – Vater ist tot. Job war wie elektrisiert. Wir nahmen seinen Bruder mit ins Auto und fuhren die letzten 500 Meter bis zu einer Stelle, an der Häuser beleuchtet waren und lautes Wehgeschrei aus einer der Hütten klang. Ich ging zu dem Haus durch die aufgeregte Menge, die draußen wild diskutierend stand, Männer mit Schrotflinten bewaffnet. Im Haus lag Pahalou tot. Um ihn herum seine Frauen, Kinder, Verwandte, Freunde laut wehklagend. Was war passiert? Pahalou hatte am Tag vorher zusammen mit anderen Einheimischen an einem Platz, den man Hollywood nannte, den Abend mit Biertrinken zugebracht. Alkoholisiert machte er sich wieder über den christlichen Glauben lustig, einmal breitete er die Hände aus und schrie: »Guckt an, ich bin Christus. Ich sterbe für eure Sünden hier.« So ging es den ganzen Abend bis in den frühen Morgen hinein. Morgens lief er die zehn Kilometer von Hollywood bis nach Bowat. Als er dort bei den ersten Häusern ankam, sah er Paul, einen der Ältesten, vor seinem Haus sitzen. Er fing an, ihn anzupöbeln und schrie: »Paul, was ist denn das für ein Name? Ein christlicher Name. Was heißt das schon?« Paul ließ sich deshalb nicht aus der Ruhe bringen. Aber Pahalou hatte vor, ihn zu provozieren. Er fing an, über Pauls Frau herzuziehen, anzügliche Bemerkungen zu machen. Paul stand auf und es entstand ein heftiger verbaler Streit. Plötzlich holte Pahalou aus und wollte Paul niederschlagen. Dieser wich seinem Schlag aus, holte aber gleichzeitig mit der Faust aus und traf seinen Kontrahenten genau an der Schläfe. Offensichtlich gab es ein Blutgerinnsel im Gehirn und Pahalou stürzte sofort tot zu Boden. Da lag er nun von seinen Freunden und Verwandten beklagt. Ich ging raus zu den Männern, die heftig diskutierten und sich auf die Jagd nach Paul machen wollten. Blutrache war ihr Thema. Ich versuchte die Männer zu beruhigen und sie davon abzuhalten, Blutrache auszuüben. Ich bat sie darum, sich hier als Christen zu beweisen und nicht nach dem Gesetz *Auge um Auge, Zahn um Zahn* zu handeln. Wir standen im Kreis miteinander und beteten für die ganze Situation. Anschließend bat mich einer der Einheimischen, ob ich bereit wäre, Pahalou zu seiner Hütte zu fahren, da sie kein anderes Transportmittel zur Verfügung hatten. In meinem Toyota Shortwheel klappte ich die Beifahrerrückenlehne nach vorne weg und sie schoben den Leichnam in den Wagen. Zwei der Männer setzten sich hinten mit hinein, mit einer Petroleumleuchte bestückt. Durch das Dunkel der Nacht fuhr ich langsam über die holprige Straße. Neben meinem linken Bein lag der Kopf von Pahalou. Er hatte ein tragisches Ende genommen. Paul wurde wegen Totschlags zu zwei Jahren Gefängnis verurteilt. Im Dorf wurde aber anerkannt, dass er nicht absichtlich sondern in Notwehr gehandelt hatte. Darum gab es auch später keine Verfolgung seiner Tat und er wurde ins Dorfganze wieder integriert. Was die Jugendarbeit anbetrifft, erlebten wir einen erstaunlichen Wandel. Innerhalb kürzester Zeit traf sich in der Kirche eine große Gruppe von jungen Leuten. Es steht uns nicht zu, letzte Urteile über dem Leben eines Menschen zu sprechen. Wir sind nicht die Ratgeber Gottes, warum dieses oder jenes im Leben eines Menschen passiert, aber fast niemand konnte sich im Ort gegen den Gedanken wehren, dass das, was Pahalou zugestoßen war, wie ein Gottesurteil aussah.

Gerhard Stamm berichtet

Missionseinsatz: seit 1988 in Papua-Neuguinea[7]

Es wird ernst

Wer will schon gerne Missionar werden? Da kommt zu viel Unberechenbares ins Leben. Geht das überhaupt? Bei mir auf keinen Fall. Stellt das nicht alles auf den Kopf? Was wird aus meinen Plänen? Nein, das kann ich nicht, bin völlig unbegabt (Gott sei Dank für diese Ausrede). Oder will ich es gar nicht? Eigentlich will ich nicht. Zu viel Unordnung, zu viel Unbekanntes, zu groß das Risiko und anstrengend ist es obendrein. Gefährlich ist es auch, also nur für Abenteurer, die Siegfriede, also die Helden des Glaubens. Nein, ich will das nicht! »Gott, du hast gehört, danke, dass du verstehst und – danke, dass du andere sendest!«

Dass andere Missionar werden – das ist faszinierend. Das sind eben Männer und Frauen des Glaubens. Komisch, ganz anders als bei den Kriegshelden, wo es immer mehr Männer waren, hier überwiegen die Frauen. Irgendetwas ist anders, seltsam?!

Von Kindheit an hatte ich immer von Missionaren erfahren, z. B. von Samuel Hebich. Er war »so dumm«, dass er Englisch nicht richtig lernen konnte und seine Grammatik dieser alten Sprache (war es Griechisch oder Hebräisch) im Rhein versenkte. Jedenfalls hatte ich es so in der Erinnerung. Das konnte ich nachvollziehen. Den Mann konnte ich verstehen. Sprachen waren schon immer mein Problem. Aber es bedurfte ja mehr, den außergewöhnlichen Ruf, das Erlebnis »vor Damaskus« so wie Missionar Paulus es hatte.

---

[7] Zum Zeitpunkt der Arbeit an diesem Buch (Mai 2011) ist Gerhard Stamm noch in Papua-Neuguinea als Missionar tätig.

Schon früh lernte ich, und zwar ganz selbstverständlich, für Missionsarbeit zu geben. So, dass man sich noch nicht einmal was darauf einbilden konnte. Die Eltern taten es, obwohl sie extrem wenig Geld hatten. Davon merkte ich nichts. Was sie hatten, teilten sie ein und ein Teil gehörte selbstverständlich Gottes Sache. So lernte ich von dem, was ich hatte, zu geben. Taschengeld gab es selbstverständlich nicht. Da musste man sich schon anderweitig nützlich machen und manchmal bekam man etwas Geld. Und davon konnte man ja geben. Ob mich das ärgerte? Überhaupt nicht, wir Kinder hatten sogar unseren Spaß daran. Geben macht froh! Ehrlich!

Und die Jahre vergingen und schienen nur meine Einstellung zu bestätigen. Mission – nichts für dich. Etwas für Supermänner, große Sportskanonen, Amerikaner, die können so und so alles. Was kann ein kleiner Deutscher aus dem Hinterland, nahe an der einstigen Zonengrenze? So war man unbewusst erzogen worden und das färbte auch auf das »geistliche Leben« ab.

Wenn einem Gott begegnet

Doch dann geschah etwas, das ich nicht einplante. Auf einmal redete Gott so direkt, so deutlich, so persönlich zu mir. Es war auf der ersten Jugendgroßveranstaltung, die ich je besuchte, die legendäre Pfingsttagung des CVJM in Bobengrün, damals dicht am deutsch-deutschen Sicherheitszaun. Thema: »Ihr sollt die Herrlichkeit Gottes sehen!« Dass sie andere gesehen hatten, davon hatte ich oft gehört. Aber ich?! Wer interessiert sich für mich? Doch sicher auch Gott nicht so sehr. Ich bin doch nichts, bin nicht einmal gut, obwohl ich das wollte – so falsch kann man denken und sich Türen verschlossen halten. Aber Gott tat von innen die Tür auf und sprach mich an. »Gerhard, bist du so, wie du sein sollst?« Ich brauchte nicht lange zu überlegen. Ich gefiel mir selbst nicht, wie sollte ich Gott gefallen können. Dass er Gefallen an mir hatte, das wusste ich damals, trotz christlicher, gut gemeinter Erziehung, noch nicht.

Und er zeigte mir meine Verlorenheit. Alle frommen Betriebstunden werden nicht angerechnet. Vor Gott zählt nur die Tatsache: sündig, verloren, von ihm getrennt! Wo das enden würde, wusste ich, eben dort, wo Gott nicht war, in der Hölle. Die spürte ich, als ich damals im Freien unter einer großen Fichte saß. Um mich war es dunkel. Nur vor mir, damals noch schwach beleuchtet, das Rednerpult. Darunter das Thema: »Ihr sollt die Herrlichkeit Gottes sehen.« Ich sah die Hölle. Selbst der Redner war verschwommen. Ich hatte existenziellere Sorgen, als einen Mann zu betrachten. Aber seine Worte hörte ich. Jetzt sprach er von Jesus, der aus der größten Herrlichkeit herabstieg, in den menschlichen Morast, sich Hände und Füße einsaute, der reine Gottessohn, weil er suchte. Er suchte die verlorene Perle im Schlamm, in der Jauchegrube der Menschheit, um es realistischer auszudrücken. Warum?! »Weil du teuer bist in meinen Augen und wertvoll bist und ich dich lieb habe!« (Jes. 43,4) Ich dachte an meine Verlorenheit, an all den Schmutz, den es schon im Leben eines Jungen wie mich gab. Ich war damals knapp sechzehn und da hatte sich schon einiges angesammelt. Er hat mich lieb! Er sucht mich!

»Willst du dich finden lassen, du, der du die Herrlichkeit, die Gott dir zugedacht hatte verloren hattest?« – »Denke an den Schmutz, den du nicht wegbringst, der dich aber vernichten wird.«

Und dann begann ein langer Kampf, wie lange genau weiß ich nicht mehr. »Du brauchst das nicht, so schlecht bist du nicht.« Äußerlich war alles in Ordnung. Nein, ich war nicht in Ordnung, ich wusste es schon lange. In meine Gedanken hinein hörte ich immer wieder: »Heute, wenn du Gottes Stimme hörst, dann verschließ dein Herz nicht!« Hatte ich nicht schon zwei Mal annähernd Gottes Rufen im vergangenen Jahr gehört? »Solches tut Gott zwei oder dreimal, dass er einen Menschen vom Verderben zurückruft!« Jetzt war es das dritte Mal. Höre! Doch ich wollte nicht! »Komm jetzt zu Jesus!« Ich wagte es nicht. Was denken die andern? Was denkt dein Bruder, dein Zwillingsbruder, der im selben Moment neben dir sitzt? »Du wirst dein Leben beerdigen können. Aller Spaß kommt zu einem Ende, mach's nicht!« Die Stimme kam aus meinem eigenen Herzen. Außerdem saß mir die Angst im Nacken. Was passiert mit dir, wenn du dich jetzt Gott anvertraust? O was für ein unseliger Kampf. Fast hätte ich ihn verloren, bis Jesus mich zog. Ich sah ihn, ohne ihn wirklich zu sehen. Er war da. Ich spürte es, seine Liebe, sein Werben. »Ja, ich will! Ich will jetzt zu Jesus kommen!« Nur ein Schritt, ein kleiner Schritt des Willens und es wurde der Schritt vom geistlichen Tod ins geistliche Leben. Kannst du das verstehen? Man muss es selbst erlebt haben.

Nun war mir mein Bruder gleichgültig, ich meine, seine Meinung zu meiner Entscheidung. Ich stand auf. Mir zitterten die Knie. Gott war gegenwärtig. »Am besten sag ich's gleich meinem Bruder, er wird der Erste sein, der es erfährt. Ich komme zu Jesus, denn er kam zu mir.« Da steht auch er auf, schaut mich an und sagt: »Du Gerhard, ich gebe jetzt mein Leben Jesus!« Fast selbstverständlich nahm ich es hin, kein Wunder, wir sind doch Zwillinge. »Du, ich hab auch diese Entscheidung getroffen!« An diesem Sonntagabend, an Pfingsten, es war der 10. Juni 1973, begann etwas Neues, als ich mich Jesus hingab. Klein, aber dafür lebendig – ich wurde zum Kind Gottes!

Zum zweiten Mal wurden wir Zwillinge. Damals verstand ich es noch nicht recht. Es war die neue Geburt, von einem geistlich (für Gott und seine Sache) Toten zum geistlich Lebendigen. In mir war etwas entstanden, was ich vorher nicht kannte, ein neues Verständnis, aber auch eine neue Kraft, eine neue Freude und eine neue Ausrichtung für mein Leben. Ich bin Kind Gottes, ich gehöre ihm, ich werde ihn einmal sehen und für immer bei ihm sein. Meine Schuld ist durch Jesus weggenommen, die Hölle ist nicht mehr mein endgültiger Platz. Ich war zum Bürger des Himmels geworden. Ein kleiner Schritt, dem ein schwerer Kampf voranging, aber der gewaltige Folgen hatte.

Warum schreibe ich darüber so ausführlich? Weil dies die Grundlage ist, dass man überhaupt Gottes Gedanken verstehen kann, dass Mission relevant wird, dass man die Last der Not anderer Menschen aufs Herz gelegt bekommt. Gott hat sie genauso lieb wie mich. Auch sie will er retten, zu Söhnen und Töchtern Gottes machen. Auch sie werden kämpfen, werden die Stimme in ihrem Inneren hören: »Du brauchst das nicht!« Und doch ahnen sie noch nicht, was ihnen angeboten ist.

Wer nicht selbst zu seinem Retter Jesus gekommen ist, der wird nicht verstehen, wieso andere kommen sollen. Auch wird ihm früher oder später die Luft und die Lust zu dieser Aufgabe ausgehen. Es braucht mehr. Gott muss bei mir und dir persönlich am Werk sein.

Sehr bald war mir klar, dass diese Botschaft der wirklichen Hoffnung die meisten Leute nicht (leider auch nicht viele liebe Kirchenchristen) kennen und dass sie diese unbedingt klar hören sollten. Deshalb wurden wir mit unserem Bibelkreis aktiv. Wir waren überall, auf der Straße, in Kneipen und den damals aufkommenden Diskotheken, in Krankenhäusern, Altersheimen, bei christlichen Veranstaltungen und sogar in Gefängnissen, wo die richtig schweren Jungs saßen.

Überall erzählten wir, oft recht stümperhaft, aber aus einem bewegten Herzen, welche Veränderung Jesus für uns brachte. Es war eine schöne Zeit miteinander die Bibel zu lesen, zu beten und in Lied und Wort von dem zu reden, was das Herz erfüllte. Leicht war es nicht immer, manchmal kam es einem sauer an, doch das Herz wurde dabei so froh und frei wie nie zuvor. Es war die Wahrheit, die wir anderen weitersagen durften und das fiel immer wieder auf uns selbst zurück.

Wenn Gott weiter ruft

Und so dachte ich: »Das war's, du hast mehr erreicht als du dir vorstellen konntest. Mitarbeit in der Gemeinde, Jungschararbeit mit allen Kräften. Gewissheit über die Sündenvergebung, den

Himmel als Zukunft, das ewige Leben schon jetzt. Was willst du noch tun? Was kann man von dir noch erwarten?«

Aber Gott hat noch ganz andere Gedanken, »dass die, die leben, nicht mehr für sich selbst leben, sondern für den, der sie erkauft hat«. Was gab es sonst noch zu bedenken oder gar zu tun? »Trachtet zuerst nach Gottes Reich!« Was ist das?

Ich begann Bücher über Kirchengeschichte zu lesen. Da waren die Hugenotten und Salzburger Protestanten, die um ihres Glaubens willen ihre Heimat verlassen mussten. Damals kamen mehr und mehr Berichte auf, wie Christen in der kommunistischen Welt zu leiden hatten. Warum ließen sie sich das gefallen? War das nötig für den Bau des Reiches Gottes?

Ich las andere Bücher, Lebensbilder von Missionaren. Sie lebten nicht mehr für sich selbst, sondern für die Sache dessen, der sie aus der Verlorenheit erkauft hatte. Die Geschichte der Ermordung von fünf Missionaren bei den Aukas in Ecuador und wie im Sengtal West Papuas (einst Irian Jaya, Indonesien) zwei Australier mit unzähligen Pfeilen der Steinzeitmenschen ihr Leben verloren, das bewegte mich tief. Wäre ich bereit, wenn es sein sollte, alles für meinen Herrn und seine Sache herzugeben? Waren sie es wert, die paar hundert Wilden (wenn es so viel waren), dass sieben »bessere« Menschen als sie geopfert wurden? Was hätten sie noch tun können? Welch ein schönes Leben hätte zu Hause auf sie gewartet? Was wurde aus ihren Familien? Ja, man weiß es heute. Die Wilden kamen zu Jesus, aber nicht nur sie. Unzähligen jungen Menschen weltweit war ihr Tod Anstoß geworden, das ganze Leben von Gott umkrempeln zu lassen.

Ich kam ins Wanken. Ich war Beamter, mein Stuhl schien nicht zu wanken. Aber der, der auf ihm saß, wankte. Ich hatte keinen Frieden mehr. Was tust du hier? Jeder andere kann es tun, ja besser tun als du. Mein Nachkriegs- und Wirtschaftswunderdeutscher regte sich. Eine gute Stellung gibt man nicht auf. Andere wären froh darüber. Aber Gott ließ nicht nach.

Es war wieder auf der Bobengrüner Pfingsttagung, sieben Jahre später. Diesmal musste Gott mit mir über etwas anderes reden.

Danach war ich bereit, loszulassen, seinem Ruf zu folgen: »Du aber gehe hin und verkündige das Evangelium!«

Als ich innerlich bereit war (und das dauerte eine ganze Zeit), ging es dann schnell: Bewerbung und Annahme bei der Liebenzeller Mission (die ich bis dahin noch nicht gekannt hatte), Kündigung beim Staat, Abschied von Oberfranken, zusätzlich fünfjähriger schwäbischer Kultur- und Sprachkurs und natürlich die erforderliche Bibelschulausbildung.

Dies war der Anfang, schnell geschrieben, noch schneller gelesen, aber sehr schwer gelebt, besser durchgekämpft. Gott sei Dank, dass er damals nicht lockerließ und mich diesen Weg führte. Bereut hab ich es nie, nicht einen Tag, auch wenn es manchmal hart und schwierig war. Aber ich wusste immer: Das ist der richtige Weg! Dafür lohnt es sich zu leben! Dieses Leben ist keine Zeit- und Kraftverschwendung!

Eine Ahnengeschichte

Ich war im südlichen Hochland, weit abseits der belebten Straßen. Nur über eine Lianenbrücke kam man ins Dorf. Eindrucksvoll konstruiert, aber mir war nicht geheuer. Als alles gut überstanden war, sogar die Nacht mit den Hundeflöhen, saß ich mit meinen Begleitern in einer alten, verrauchten Hütte. Ein Feuer brannte, was bei der morgendlichen Frische in dieser Gegend recht angenehm ist. Unangenehm vom feuchten Feuerholz war der beißende Rauch in den Augen und immer noch piesackten uns die Flöhe, die sich in den Socken versteckt hielten.

»Erzähl doch was«, sagte ein jüngerer Mann, aber mir waren die Geschichten ausgegangen.

Ich gehöre selbst zu den Neugierigen. Und die Gegend ist gespickt von Kalkfelsen, da muss es doch Höhlen geben. Deshalb fragte ich: »Gibt es bei euch Tropfsteinhöhlen?«

Die Jungen wissen nicht viel. Über Containerfahrzeuge, die am fernen Highway liegen geblieben sind, darüber wissen sie Bescheid, denn so was spricht sich herum und jeder meint, dabei sein zu müssen, wenn man gemeinsam die »Dose knackt« und die Beute verteilt. Das interessiert. Dass das Diebstahl ist, interessiert weniger, aber wo Höhlen in dieser abgelegenen Gegend sind? Uninteressant! Ein alter Mann hörte zu. Er kannte sich aus.

Und er fing an, von einer ganz besonderen Höhle seiner Ahnen zu erzählen. Es war die Höhle des Friedens. Für die, die drin waren, gab es keine Feindschaft mehr, keine Unterschiede. Dort war der Fluch des Lebens umgekehrt, da war alles wie früher.

»Wie früher?«, fragte ich. Und auf dies schien der alte Mann gewartet zu haben. Jetzt kam Leben in ihn. Der Rest der *menschlichen Räucherschinken*, denn so rochen wir alle, hörte mit den Privatunterhaltungen auf und achtete auf das, was dieser Papa zu erzählen hatte. Man nennt diese überlieferten Geschichten ›Tumbunastories‹, Geschichten der Vorfahren.

»Bipo, bipo tru« (ganz am Anfang), »es war am Anfang der Menschen, damals lebten alle in Harmonie, ohne Streit und Krieg, ohne Krankheit, ja ohne Tod.« – Nun hörte jeder gespannt zu.

»Damals waren es ein weißer und ein schwarzer Bruder. Die beiden lebten in Glück und Harmonie.«

»Einmal richteten sie ein erdgegartes Festessen her.« Dieses Festessen heißt ›Mumu‹, es ist eine Art Großkochtopf. Eine Grube wird ausgehoben, manchmal fast ein Graben. In ihm wird ein gewaltiges Feuer angezündet, auf dem apfelsinengroße Steine fast bis zum Glühen erhitzt werden. Nachdem die Glut aus der Grube entfernt wird, wird diese mit Bananenblättern ausgelegt. Nun füllt man diesen riesigen Kochtopf mit Gartenfrüchten, Fleisch und was man sonst gerne isst. Damit alles gleichmäßig beheizt wird, werden die heißen Steine reingelegt, dann wieder Bananenblätter und wieder heiße Steine, nochmals Bananenblätter und schließlich wird alles mit Erde abgedeckt. Nun können die Steine zwei Stunden lang ihr Werk vollbringen. Danach heißt es: ausgraben, öffnen, austeilen und verzehren. In der Regel nimmt das ganze Dorf daran Anteil.

»Das Mumu war vorbereitet, da sagte der Weiße zu dem schwarzen Bruder: ›Ich muss noch schnell in den Wald, was besorgen. Warte mit dem Essen, bis ich wiederkomme. Bitte warte! Wenn du vorher mit dem Essen beginnst, dann wird Schreckliches über uns kommen.‹

Den schwarzen Bruder übermannte der Hunger, Widerstand war zwecklos. Erst nur zögernd, dann aber ganz von der Gier nach dem köstlichen Menü hingerissen, verschlang er nach und nach alles, bis auf die letzte Süßkartoffel. Ja, der musste echt Hunger gehabt haben. Aber gerade da, als er sich zum verdienten Schlaf auf's Ohr legen wollte, kam der weiße Bruder zurück und sah enttäuscht die vollendete Sache. Das Mumu war nicht mehr da! ›O, was hast du getan! Nun muss ich dich verlassen. Du wirst ohne mich dein Leben führen müssen. Streit, Krieg, Krankheit, Hunger, Leid und Tod werden zu deinem Leben gehören.‹ Dann verließ der weiße Bruder schweren Herzens seinen Bruder. Aber er ließ ihm einen Hoffnungsschimmer zurück«, erzählte uns der Alte.

»›Am Ende der Tage werde ich wieder zu dir kommen und dann will ich all das Zerstörte wieder in Ordnung bringen.‹ Seither gab es nur schwarze Brüder im Land.

Ja, und wir leben in Krieg, mit Krankheit und Hunger und müssen am Ende schließlich sterben.

Nach langer Zeit seid ihr Weißen dann endlich gekommen. Wir dachten, die alte Geschichte würde in Erfüllung gehen, doch es wurde auch nicht richtig besser. Es wird immer noch gehasst, immer noch sterben Menschen.«

Der Erzähler war am Ende. Die Zuhörer waren etwas enttäuscht. Eine Geschichte, ohne »happy end«. Alle sahen mich an. Da saß so ein weißer Bruder, der nicht richtig helfen konnte. Dass ein Weißer in ihre Bergeinsamkeit kam, kam nicht oft vor.

Auf einmal ging mir ein Licht auf. »Ich weiß jetzt, was eure Geschichte bedeutet!«, sagte ich.

»Wir alle gehören zu den schwarzen Brüdern, ob weiß, schwarz, braun oder gelb. Der Weiße, das ist der einzig Gute, der wirklich Reine, das ist Gott selbst. Sind wir ihm nicht ungehorsam geworden und haben wir ihn nicht aus unserer Mitte vertrieben? Dies geschah vor langer Zeit, eben zur Zeit unserer gemeinsamen Ahnen. Ist dieser Ungehorsam nicht der Grund für all die Not und das Leid auf Erden? Auch der Grund warum wir hassen, kämpfen und schließlich sterben?

Aber das Wort der Verheißung ist uns geblieben: ›Am Ende der Tage komme ich wieder, um alles in Ordnung zu bringen.‹ Seht, Jesus ist von Gott gesandt zu uns gekommen, um den Schaden zwischen den Menschen und ihrem Gott zu bereinigen. Ihm ist es sehr schwer geworden, Frieden und Heilung zu bringen, aber er hat es geschafft, als er am Kreuz für uns den Preis bezahlte.«

Die Augen des alten Mannes leuchteten. »Em nau« (so ist es), sagte er. »Unsere Geschichte ist wahr. Jesus ist gekommen, um sie zu erfüllen und unser Leben wieder in Ordnung zu bringen. Jetzt verstehe ich alles erst richtig. Auch verstehe ich jetzt die geheimnisvolle Höhle. Der Friede dort wurde durch ein Opfer gesichert, das regelmäßig gebracht werden mußte. Es mußte ein Schwein sein, von vollständig rotbrauner Farbe«, sagte er uns.

Es wurde noch manches geredet. Ich aber hing meinen Gedanken nach. Hatte Gott diese Menschen vor so langer Zeit schon auf die Botschaft von Jesus und seinem Opfer vorbereitet? Waren diese Menschen nicht schon lange in Gottes Blickwinkel? Nur, es dauerte so lange, bis endlich seine Boten den Weg zu diesen friedlosen Menschen fanden.

Ich frage mich, wie viele Volksstämme mit ähnlichen Überlieferungen noch immer sehnsüchtig auf die Erfüllung ihrer alten Verheißungen warten. Würden sie nicht die Botschaft der Erlösung durch Christus bereitwillig aufnehmen?

Junge Störenfriede

Die Menschen saßen auf dem feuchten Gras des Papst-Johannes-Stadions mitten in Mount Hagen, der Hauptstadt des Hochlandes, die besser mit einer echten Wild West City beschrieben wäre. Eben hatte der Evangelist seine auf Großleinwand übertragene Predigt beendet. Zum zweiten Missionseinsatz waren wir in das kühle Hochland Neuguineas gesandt worden.

Es war unangenehm, fast kalt geworden. Ausgerechnet jetzt begann es leicht zu regnen.

Das hinderte aber nicht daran, den Menschen jetzt anzubieten, zu Jesus zu kommen. Niemand verließ das Stadion. Es war schon spät und es regnete.

Ich traute meinen Augen nicht. Viele Leute standen auf und kamen nach vorne, um Jesus anzunehmen.

Zum Glück war mein Auftrag klar definiert: Ich war für Bild und Ton verantwortlich, dachte ich. Die Seelsorgehelfer mischten sich unter die angesprochenen Menschen. Sie waren dafür gerüstet, diesen Leuten zu dienen. Einige wollten auf das Angebot Gottes reagieren und Jesus in ihr Leben einladen, andere drückte eine Last oder sie wollten etwas bereinigen.

Vorsichtig verstaute ich meinen Projektor, ein wertvolles, nützliches und oft angefragtes Gerät. Als Kabel, Lautsprecher und die notwendige Autobatterie an Ort und Stelle waren, es regnete immer noch, dachte ich: »So mein Lieber, für heute ist deine Pflicht erfüllt. Nun kannst du nach Hause fahren.« Aber ein etwas komisches Gefühl überkam mich. Da vorne war noch viel Arbeit, denn es mangelte an Seelsorgehelfern. Nun denn, ich bin ja Missionar, in dem Fall leider. Ich bot meine Mitarbeit an. Schnell wurden mir Leute zugewiesen, denen ich helfen sollte.

Zum Gespräch saßen wir auf der überdachten Ladefläche unseres Autos, ich hörte mir ihre Anliegen an und betete mit ihnen. Aber immer wieder wurde ich von einer Schar Jugendlicher, die um mein Auto schlichen, gestört. Es regnete immer noch. Die Jungs waren klatschnass: »Boys«, sagte ich, »für euch hab ich heute keine Zeit! Ich muss mit den Leuten hier reden. Sie haben etwas mit Gott zu besprechen. Geht woanders hin. Am besten geht nach Hause!«

Ich traute meinen Ohren kaum, als ich ihre Anwort hörte. »Auch wir haben ein wichtiges Anliegen. Wir müssen mit dir reden. Wir wollen zu Jesus kommen!« War das möglich? Eine ganze Gruppe von ihnen, tropfnass, drückte sich hier rum. »Gut, dann müsst ihr leider warten, bis ich mit meiner Aufgabe hier fertig bin«, vertröstete ich die Jungs. Und es dauerte noch lange. Spät war es geworden. Draußen warteten die Schulbuben. Zum Glück waren grade Schulferien. Aber das hätte sie nicht gestört, denn Jungs dürfen in Papua-Neuguinea sowieso tun was sie wollen.

Endlich war es so weit. Die gebadeten Mäuse drängten sich frierend auf der Pritsche meines Toyota Hilux, unter der Abdeckplane zusammen. Irgendwo dazwischen war ich. Sie meinten es ernst, sie hatten die Botschaft verstanden. Ich fragte trotzdem. »Was wollt ihr?«

Im Gottesdienst

»Wir haben genug davon, dem Bösen nachzulaufen. Wir möchten echte Christen werden.« Dann erklärte ich ihnen so gut wie möglich, was mit uns Menschen los ist. Warum wir so sind, wie wir gar nicht sein wollen und all das Unglück, die Unzufriedenheit und die Sünde, die dabei zutage tritt. Dass Gott darüber sehr betrübt ist, denn dafür hätte er uns nicht gemacht. In seiner Liebe habe er einen Weg gefunden uns zu helfen, aber das sei ihn sehr teuer zu stehen gekommen. So erklärte ich ihnen die Erlösung in Jesus und wie diese bis zu ihnen kommen könnte, wenn sie Jesus ganz einfach als ihren Herrn in ihr Leben einladen würden.

Sie wollten es alle, dann beteten wir zusammen und jeder der Jungs, einer nach dem anderen, bat Gott um Verzeihung und öffnete sein Herz für Jesus.

So wie an diesem regnerischen Abend hatte ich mich schon lange nicht mehr gefreut. Eigentlich hatte ich schon auf Feierabend geschaltet und mich mehr aus Pflicht als aus echtem Bedürfnis für die Seelsorgearbeit gemeldet. Jeder hatte doch mal das Recht auf Dienstschluss. Aber Gott sah mehr und er wusste um diese Buben, die sich an diesem Abend zusammengerottet hatten und in der Evangelisationsveranstaltung gelandet waren.

Ich sprach noch recht lange mit ihnen. Es waren fast keine Leute mehr auf dem Feld. Was würde aus ihnen werden? Habt ihr eine Gemeinde? Nun, sie kamen aus allen möglichen Kirchen. Man muss wissen, dass es die schönste Ansammlung von evangelikalen Kirchen in Mt Hagen gibt, was leider auf die Gottlosigkeit der Stadtbewohner bisher wenig Wirkung hatte. »Da müsst ihr am Sonntag hin, da lernt ihr mehr darüber, wie man mit Jesus lebt!« Sie nickten eifrig. Doch ich wusste, wie wenig man sich um neu bekehrte Jugendliche kümmerte. Wer waren sie schon: »unbedeutende Jungs«, die nicht zählen. Das war wahrscheinlich kein großes Hilfsangebot, auch wenn sie mich dabei treuherzig ansahen.

Deshalb sagte ich: »Wisst ihr was – wenn ihr wollt, dann kommt am Donnerstagnachmittag zu meinem Haus in New Town. Da werde ich euch noch mehr erzählen, was ihr als Jünger Jesu wissen müsst!«

Ich fuhr die Buben nach Hause. An verschiedenen Stellen setzte ich sie ab. »Fonde, dri o klok, long New Town«, riefen sie noch, »gut nait«. Und die Schlünde von Hagens Blechbuden verschluckte sie.

Froh und dankbar fuhr ich heim. Ob sie kommen würden, war sehr zu bezweifeln. Sie sagen immer: ›Ich werde kommen‹, das gehört sich so in ihrer Kultur. Schließlich hatte ich sie auch noch nach Hause gefahren.

Ich betete: »*Herr, du hast die Jungs gerufen und sie nun zu mir geschickt. Du kennst sie und du hast sie lieb. Du willst auch, dass sie nicht nur mit dir anfangen, sondern auch mit dir leben. Lass du sie unter deinem Segen stehen und bring sie am Donnerstag zu unserem Haus!*«

Der mit Spannung erwartete Donnerstag kam. Kurz vor drei Uhr klopfte einer mit einem Stein an unserem Hoftor. Erfreut kam ich aus dem Haus und die vollständige Schar der Jungs stand vor der Tür. Freudestrahlend, in gelb-grünen Uniformen der Oberschule von Mount Hagen standen sie da. Mittlerweile hatte die Schule begonnen und sie kamen von dort direkt zu uns. Dies war der Beginn unserer Jugendarbeit in Mount Hagen. Solange wir dort wohnten – und das war bis zur Abschlussklasse von ihnen, kamen sie treu jede Woche zum Bibelgesprächskreis. Sie lernten schnell und machten mehr Freude als die meisten Gemeinden, die wir damals betreuten.

Wenn sie sangen, war was los im Haus. Sie spielten Gitarre und einer entwickelte sich als perfekter Schlagzeuger. Wir hatten natürlich kein Trommelset, aber die zwei traditionellen Kundutrommeln taten es auch, solange sie nur der Meister in den Händen hatte. Außerdem waren sie an Weltmission sehr interessiert und begannen von sich aus, für von Papua-Neuguinea ausgesandten Missionare Geld zu sammeln.

Als wir uns trennen mussten, war das selbst für die Buben gar nicht so einfach. Von Einzelnen bekam ich noch lange erfreuliche Berichte oder man traf sich mal wieder auf meinen Reisen. Gott hatte Geschichte im Leben dieser jungen Leute gemacht und gebrauchte dazu einen Missionar, der eigentlich an diesem Abend bereits Feierabend gemacht hatte.

Ist Mission eine Erfindung der letzten zweihundert Jahre? Lächerlich! Von Anfang an war Sie Gottes Anliegen. Die Bibel bezeugt es überall: »Gott will, dass alle Menschen gerettet werden!« (1. Tim. 2,4)

Jesus sagte zu seinen Freunden und damit auch zu uns: »Gehet hin und machet zu Jüngern alle Völker!« und später »Siehe, ich bin bei euch alle Tage bis an der Welt Ende« (Mat. 28,19.20 nach Luther). Auch im 21. Jahrhundert? Geht mich das etwas an?

Alles geplant und dann doch über den Haufen geworfen

Alles war geplant und schien zu funktionieren. Es war sogar ein Flugzeug bereit und es gab einen Piloten dafür, was nicht immer selbstverständlich ist. Teilnehmer des Lehrerkurses für die Unterweisung der Analphabeten in den verschiedenen abgelegenen Dörfern des Hunstein Gebirgszuges waren schon angereist, Schulungsmaterial besorgt (Lehrbücher und Schülerhefte, die Tafeln vorbereitet, warteten schon am Flugplatz auf die Verladung) und Brigitte wartete mit Spannung auf das, was sie in Sumwari bei dem Kurs erleben würde.

Doch am Morgen des Abflugs hatte Brigitte plötzlich so stark Malaria, dass sie den Flug und beginnenden Kurs absagen musste. Das war äußerst seltsam, denn sie ist die Letzte, die Malaria bekommt oder etwas ausfallen lässt, vor allem wenn es so aufwendig geplant und organisiert war. Selbst ich war zum Dienst auswärts, sodass ich nicht einspringen konnte. So musste der Lese- und Schreibklassen-Lehrerkurs gleich um eine Woche verschoben werden, da früher die Flugumbuchung nicht möglich war. Was soll das alles? Die Leute waren schon etwas enttäuscht, doch blieben sie die ganze Woche und warteten auf Brigittes zweiten Versuch. Und der kam. Vor dem Abflug nahm sie fast gedankenlos noch etwas Medizin mit, sogar spezielles Penizillin und einen Spray für Asthmatiker, was sie bei der Durchsicht ihrer Medizin entdeckt hatte. Warum sie das alles mitnahm, wusste sie selbst nicht.

In Sumwari angekommen, war die Freude der Leute groß. Und mit Begeisterung und Elan machte man sich an den Unterricht. Nach zwei Tagen wurde Brigitte am Abend gebeten, einen Mann in seiner Hütte zu besuchen. Er habe Blutvergiftung und es sei so schlecht mit ihm bestellt, dass er wahrscheinlich sterben müsste. Mit Penizillin und viel Gebet behandelte sie den Kranken und verließ ihn für die Nacht. Aber mitten in dieser Nacht wurde Brigitte wieder gerufen. Teban, ein guter Bekannter und Christ aus Sumwari läge im Sterben. Er hätte den schlimmsten Asthmaanfall, den er bisher erlebt hatte. Sofort dachte Brigitte an die Spraydose und Asthmatabletten, die sie »zufällig« mitgenommen hatte, packte sie und rannte los zum Patienten. Sie kam noch rechtzeitig und konnte dem Mann das Leben retten.

Am nächsten Morgen stellte sie beim Krankenbesuch des ersten Patienten fest, dass es erheblich besser um ihn stand. Noch bevor Brigitte ihren Kurs abgeschlossen hatte, waren beide wieder wohlauf und man hatte genug Zeit gehabt alles noch einmal zu bedenken.

Wäre Brigitte nicht an Malaria erkrankt und hätte wie geplant ihren Kurs durchgeführt, wäre sie nicht mehr im Dorf gewesen als beide Männer erkrankten.

Gott wusste darum und legte eine lästige Verzögerung von einer Woche ein. Auch die Schüler oder besser Lehramtsanwärter konnten die eine Woche Verzögerung doch recht gelassen hinnehmen. Wären die beiden Männer gestorben, hätte man länger als eine Woche seine Beschäftigungen niederlegen müssen, ganz abgesehen von der großen Not, die beide Familien mit den kleinen Kindern getroffen hätte.

Gott ist so treu! Ihm können wir auch auf Umwegen oder Umleitungen des Lebens vertrauen. Er schikaniert uns nicht, sondern möchte alles zum Besten dienen lassen. Können wir ihm vertrauen, dass er auch mit unserem Leben Gedanken des Friedens und nicht des Leides hat?

Beim nächsten Besuch begrüßten uns freudestrahlend und dankbar die beiden Männer mit ihren Familien. Für sie war es ganz klar, dass es Gottes Handeln war, dass er die Familien (so weit abgelegen von Zivilisation und medizinischer Hilfe) vor großem Leid bewahren wollte. Für uns war das eine weitere Lektion, der Fürsorge unseres liebenden Herrn zu vertrauen.

Alternatives Weihnachtsfest

»Enjoy your Bush Christmas«, waren die letzten Worte des Piloten, der mich auf einem Landestreifen im Innern der Insel West-Neubritanniens (eine Provinz von Papua-Neuguinea) abgesetzt hatte. Nicht lange dauerte es und der Motor der kleinen Maschine heulte auf, das kleine weiß-rote Flugzeug setzte zum Start an und war, so schnell wie gekommen, hinter den mit Urwald bewachsenen Bergen der White Man's Range verschwunden.

Er hatte mich auf seiner letzten Proviantlieferung (sicher waren auch Weihnachtspäckchen für die Missionare der Südküste dabei) vor dem Fest noch abliefern können. An Abholen konnte ich allerdings nicht denken, denn über Weihnachten fliegen keine Missionspiloten. So stand ich wirklich am Ende der Welt und übermorgen war Weihnachten.

»Frohe Weihnacht, Gerhard«, dachte ich. »Auf was hast du dich da nur eingelassen, als du zusagtest, Gastredner dort im Busch bei den Arowe zu sein.«

Der Rahmen für das Fest fehlte völlig, nicht aber die Menschen, denen große Freude verkündigt werden sollte: Gott hat Interesse an den Menschen. Er will ihnen seinen Frieden anbieten. Und dieser Friede kommt mit dem Kind in der Krippe, mit Jesus Christus.

Vor wenigen Jahren waren die Arowe noch »echte Wilde«, mit Schweinezähnen in den Nasen, die sich gegenseitig bekämpften, ihre Witwen erdrosselten und mit Geistern der verstorbenen Ahnen zusammenlebten, deren Schädel sie in den Häusern aufgestellt hatten.

Heute waren sie ganz anders. Geplant und vorbereitet war diese Änderung schon lange, durch unseren Gott, der auch solche verlorenen und verlassenen Menschen liebt. Die Leute selbst waren vorbereitet.

Doch der Auslöser war die damals schon recht alte Missionarin, Helen Held, von der Deutschen Missionsgemeinschaft, die durch ihren anstrengenden Marsch in den Busch und ihr einfaches Zeugnis Gottes Plan ins Rollen brachte.[8] Nun war hier wirklich Frieden eingekehrt, kein Vergleich zu vorher. So ging auch ich getrost in die ungewöhnlichen Festtage.

---

8 Die Geschichte von Helen Held ist im Kapitel *Erweckung in West-Neubritannien: Helen Held – eine mutige Frau* nachzulesen.

Man muss es selbst erlebt haben, wie es ist, wenn diese Leute zusammenkommen und ihren Gott loben. Wie die singen können und mit welcher Lautstärke! Da braucht man keine Mikrofone! Mit strahlenden Augen und weit aufgerissenen Mündern sangen sie: »You are everything to me, my precious Lord!« Es überfiel mich fast ein Schauder, wenn ich mir die ganze Geschichte so vor Augen führte und welche Veränderung es hier im Urwald gegeben hatte. Ja, darum ging es eigentlich an Weihnachten, dass einem das Geschenk aller Geschenke richtig groß und wertvoll wird. Ich war dankbar für diese Lektion. Hier saßen Menschen, die Gott liebte, die auch einmal vor seinem Thron zu seiner Ehre stehen sollen.

Mit Gewalt oder List hätte man diese starken Leute nicht verändern können, doch die »Revolution der Herzen« brachte ein völlig neues Leben, nämlich den gegenwärtigen Herrn Jesus unter den Urwaldbewohnern in West-Neubritannien.

Nach vielen Gesängen und Darbietungen hatte ich das Wort. Wir saßen schon eine Weile und jetzt sollte ich noch predigen. »Wird da einer zuhören?«, fragte ich mich. Doch die Sorge war unbegründet. Sie saßen da mit offenen Ohren und Augen und es war eine Freude, solchen Menschen die Weihnachtsbotschaft zu sagen. Keiner schlief oder schaute auf die Uhr. Nur mir schien der Gottesdienst lange, für die andern war es ein Fest. So hatte ich die Ehre in den paar Tagen zwölf Mal zu predigen. Da weiß man dann selbst, worum es an Weihnachten eigentlich gehen sollte. Da war nichts da, was sonst so zum guten Fest gehört, an feinen Speisen, Stimmung, einer unnötigen Fülle an Geschenken, dem üblichen Stress und vielleicht sogar den Schneeflocken.

Als ich am Heiligen Abend nach der Versammlung nach Hause in meine »private Hütte« ging, kam trotz allem eine kleine Schwermut in mir auf. Das war also Weihnachten, die Frau weit weg, auf einer anderen Konferenz und all das, was scheinbar zu Weihnachten gehörte, weit weg. Da staunte ich nicht schlecht, als ich vor dem Haus einen richtigen Weihnachtsbaum mit flimmernden Kerzen sah. Als ich näher kam, erkannte ich den Grund. Der kleine Baum hatte eine Unzahl von Glühwürmchen angezogen und so eine festliche Dekoration bekommen. Auf meiner ungepolsterten Bambusmatte dachte ich über alles noch lange nach. Welch ein Herr, dem ich dienen konnte, welch eine Botschaft, die mir anvertraut war. Gott liebt die Menschen so sehr, dass er Jesus sandte. Nicht nur zu den Bevorzugten, sondern auch zu diesen von aller Welt vergessenen Menschen hier im Urwald. Und bei denen wurde seine verändernde Macht und Gegenwart so herrlich sichtbar und ich durfte dort sein, dabei sein, alles selbst miterleben. Dazu hatte unser Gott noch so viel Humor, dass er seinem Heimweh-kränkelnden Boten extra noch ein Weihnachtsbäumchen vor die Haustüre stellte.

Sollte da einer sagen können, dass wir Gott gleichgültig sind? Kein Wunder, dass die Engel es den Menschen ausdrücklich sagen mussten!

Wie glücklich schlief ich auf meinem ungemütlichen Lager ein, ohne Lebkuchen, Glühwein, Geschenken und anderen Notwendigkeiten eines richtigen Weihnachtsfestes. Ich war ja mitten hineingenommen in die ganze Weihnachtsgeschichte, denn ich war auch ein Bote des göttlichen Friedens.

Oft denke ich, was es doch für ein großes Vorrecht ist, Missionar sein zu können, so viel Wesentliches mit seinem Herrn erleben zu können und solch einen herrlichen Auftrag zu haben, nämlich Botschafter Jesu zu sein. Dazu kommt, dass sein Reich unvergänglich ist. Seine Firma macht nicht Pleite und seine Worte bringen ewiges Leben.

Ganz egal wie es in den Menschenherzen aussieht, wo sie im Urwald oder im Dschungel der Großstädte versteckt sind. Jesu Leute haben den schönen Auftrag, Licht in die Dunkelheit dieser Welt zu tragen durch die Worte dessen, der selbst das Licht der Welt ist.

Wir bekommen natürlich gerne Post!

Wir hatten es uns anders vorgestellt

Man hat so seine Vorstellungen. Eine davon ist, dass Christen ja doch alles bekommen. Sie müssen nur fest glauben und manch einer denkt heimlich auch, obendrein schön brav und folgsam sein. Dann kann ja Gott gar nicht anders. Er liebt doch seine Kinder und tut ihnen nichts Böses.

So ähnlich sagte man mir auch in Neuguinea: »Wenn ihr Missionare betet, dann kriegt ihr doch immer alles!«

Von wegen! Bei uns sah es anders aus.

Ich hatte immer für die wichtigen Dinge im Leben gebetet: Schulabschluss, Beruf, Führerschein, Wegweisung für Gottes Willen im Blick auf mein weiteres Leben, ein Mädchen... Alles schien zu klappen, bis es dann an die Familie ging. Klar, das gehört doch auch dazu. Wie sie wohl aussehen werden, die Kinder? Wie der Vater, oder wie die Mutter? Am besten das Gemüt von meiner Frau (da wären sie am erträglichsten) und den Rest von mir. Auch über Namen sprachen wir, konnten uns jedoch nicht einigen. Und so manches träumte man, doch all diese Träume platzten schließlich, denn wir blieben halt nur zu zweit.

Und dann hört oder überhört man Reden wie: Ihr müsst nur Gott den Namen eures Sohnes oder eurer Tochter schon mal sagen. Ihr müsst eure Kinder von Gott abringen. Dann erhört er euch bestimmt. Ich dachte an König Hiskja und seine 17 Zusatzjahre, die er Gott abgetrotzt hatte. Der Sohn, der ihm in dieser Zeit geboren wurde, war ihm nur Schande und ein Fluch für das Volk Gottes. Nein danke, von Gott wollte ich nichts abringen.

Jemand meinte im Spaß: Gott hätte uns keine Kinder anvertrauen können. Nun, das hätte schon sein können. Aber wenn ich manchen langweiligen Vater sah, der so gleichgültig und für mich stümperhaft mit seiner anvertrauten Gabe umging, dann war auch dieses Argument nicht stichhaltig.

Dann gab es noch eine besonders fromme Variante: Wir hätten Sünde im Leben, deshalb bekämen wir keine Kinder. Nun denn, wer bekäme dann überhaupt welche, denn wir fehlen alle mannigfaltig (wie der alte Luther in seiner Bibelübersetzung zu sagen pflegte) und auch die Rechtschaffensten haben Dinge im Leben, die ihnen gar nicht bewusst sind und die doch Sünde sind in den Augen des lebendigen Gottes. Nein, das war auch kein helfendes Argument.

Gerhard und seine Nichten!

Was dann? Soll man weitergrübeln, Gott fragen, vielleicht sogar anklagen? Soll man träumen von seinen sieben Mädchen, die man vielleicht hätte haben können. Wie man mit ihnen Sport getrieben, musiziert, biblische Geschichten erzählt hätte, wie man ihnen (vielleicht) ein verständiger Vater gewesen wäre?!

Nein, das alles führt zu nichts anderem als zu einer Karussellfahrt, die einen nur schwindelig und unzufrieden zurücklässt. Selbstumkreisungen und Selbstmitleid oder noch schlimmer Neid auf andere, das ist keine Lösung.

Gott half mir mit dem zufrieden zu sein, was ich habe. Eine wunderbare Frau, mit der ich von Herzen eines Sinnes und einer Zielsetzung bin, nämlich für Gottes Sache zu leben.

Offene Herzen bei Kindern von Freunden und Verwandten und sehr oft ganz wildfremden Menschen. Wie glücklich machte es mich, wenn ich mit Kindern meiner Missionarskollegen zusammen sein konnte, wenn sie mich um Geschichten baten, die ich ihnen notgedrungen aus dem Stegreif erzählen musste. Oder wenn wir zusammen etwas bastelten, im Busch miteinander unterwegs waren oder einfach was anstellten, was Papa und Mama besser nicht sofort erfuhren (wie Schwarzpulver mischen und mit einem richtigen Gewehr auf die Jagd gehen, was man in Neuguinea schon darf).

Es freut mich bis heute, wenn Kinder meiner Freunde so anhänglich sind, wenn sie gerne zu mir kommen und auch mal ihr Herz ausschütten. Ja, ich kann es ehrlich sagen, dass viele Kinder in meinem Herzen Platz haben.

Dann dachte ich: Wäre so etwas je zustande gekommen, wenn ich eigene Kinder gehabt hätte? Wären meine Augen so offen gewesen für Nöte und Bedürfnisse, Freuden und Fähigkeiten anderer Kinder? Hätte ich sie so natürlich lieb haben können, wenn meine eigenen mich so beansprucht hätten? Ich weiß es nicht. Doch weiß ich, dass Gott mir hier einen Auftrag gegeben hat, nämlich Kinder ganz ernst zu nehmen, in ihren momentanen Sorgen und Freuden und es sie spüren zu lassen, dass sie mir sehr wichtig und lieb sind.

Natürlich sehe ich auch ein großes Vorrecht darin, dass ich so viele Dinge mit meiner Frau gemeinsam tun kann. Wie viel hab ich durch sie und ihren Einblick in die Welt der Leute in Papua-Neuguinea erfahren. Wie oft war mir ihre Anschauung Ergänzung, Hilfestellung und auch Korrektur. Ja, manchmal musste sie mir sagen: Gerhard, so war es nichts. Dein Temperament ist mit dir davongegangen. Oder ich sah ihr sorgenvolles Gesicht, wenn ich mich bei einer Ansprache abquälte und ich wissen konnte: Sie betet jetzt für mich. Ob sie das auch so mit ein paar Kindern an ihrer Seite hätte wahrnehmen können? Sicher, viele tüchtige Ehefrauen können das noch obendrein.

Nicht vergessen darf ich auch, dass Kinderlosigkeit in Neuguinea ein sehr großes Problem für Ehepaare darstellt. Häufig verlassen dann Männer ihre Frauen, um sich eine andere zu suchen, mit der sie dann die ersehnten Kinder haben können. Da stellten wir beide eine große Ermutigung für kinderlose Ehepaare dar, dass man nicht einfach die Frau wegschickt oder dass man auch ohne Kinder von Gott geliebt und gesegnet ist.

Nein, ich bin nicht verlassen, vergessen oder betrogen, niemals! Gott hat mich anders gesegnet, anders als ich es mir dachte und es Menschen als Segen sehen, doch nicht minder. Ich will ihm danken und mich freuen für ihn leben zu dürfen, an seinem Reich zu bauen.

Und da fallen mir andere Söhne und Töchter ein. Junge Menschen in Deutschland, einige sogar im übrigen Europa, ja bis hin nach Papua-Neuguinea, für die ich so ein geistlicher Vater werden konnte. Menschen, denen man zum ewigen Leben helfen durfte. Ich glaube die Freude, ihnen einmal vor Gottes Thron zu begegnen, wird unvorstellbar sein. So will ich Gott danken, dass er mich so reich gesegnet hat und ihn bitten, dass ich diesen Segen doch freudig und bereitwillig an andere weitergebe. Und das alles zu seiner Ehre.

John Nop

Aus unserer alten Heimat im Hochland (genau Aviamp) hat der dortige *Bigman* und Frauenheld John Nop einen bitterbösen Verleumdungsbrief über uns an die Kirchenleitung in West-Neubritannien geschrieben. Der Grund war eigentlich nur um zu etwas Geld zu kommen, doch da hat er sich in den Registern etwas zu sehr vergriffen. Zu dumm, dass wir ausgerechnet noch nach West-Neubritannien kamen und uns der Brief in die Hände fiel. Er wäre schon eine bodenlose Unverschämtheit gewesen, wären die Lügen nicht so dick aufgetragen gewesen, dass es schon lächerlich wurde.

Aber sicher könnt ihr euch alle gut vorstellen, dass so was nicht nur dem alten Adam zu viel war, sondern auch ganz schön das Gerechtigkeitsempfinden durcheinandergebracht hat. Nun, wir haben uns zunächst mal ganz rein menschlich darüber saumäßig geärgert und haben auch gleich gebetet (aber weniger »Vater vergib ihnen…«, sondern mehr wie David in den Psalmen).

Schließlich brachte uns der Gedanke an Matthäus 5,11-12 zur Ruhe:

Selig seid ihr, wenn euch die Menschen um meinetwillen schmähen und verfolgen und reden allerlei Übles gegen euch, wenn sie damit lügen. Seid fröhlich und getrost; es wird euch im Himmel reichlich belohnt werden. Denn ebenso haben sie verfolgt die Propheten, die vor euch gewesen sind.

Am liebsten wären wir gar nicht mehr hoch nach Aviamp geflogen, doch schenkte uns Gottes Geist Frieden für die kommenden Begegnungen und die schönen Reden.

Dann fuhr gerade der besagte John Nop mit seiner alten Klapperkiste (das tut sie interessanterweise schon so lange, wie wir ihn kennen) aufs Grundstück und musste uns wohl oder übel die Hand schütteln. Das fiel ihm natürlich schwer, doch konnte er sein Gesicht nicht verlieren und musste gute Miene zum bösen Spiel machen. Als wir ihn sahen, erschraken wir so recht von Herzen. Das war also der einstmals stattliche Mann? Total geschlagen war er, hatte heiße Hände und war offensichtlich krank (und das schon seit einigen Monaten). Anstatt die landesübliche Schadenfreude zu verspüren (nach dem Motto: *Dem gschied's grad recht*), spürten wir ein tiefes Erbarmen mit diesem verlorenen Mann. Bitte denkt nicht, das kam von unserem guten Herzen, ganz im Gegenteil. Das war so offensichtlich, wie der Heilige Geist eingriff und so herrlich schön, das selbst zu erleben, wenn der Friede Gottes alle menschliche Vernunft ausschaltet und anders reagieren lässt.

Nun war der Schwarze Peter bei John und zwar ein ganz fetter. Nach zwei Anläufen, was etwas heißt bei dem großen stolzen Mann, berief er eine Sitzung mit den Kirchenleitern und Rene Bredow, unserem Regions-Direktor ein, und entschuldigte sich mit vielen Ausreden, (aber das kann man ja schon mittlerweile einordnen) und doch war es etwas Erstaunliches für einen solchen Mann, der sich eigentlich nie entschuldigte, wenn, dann eher beschuldigte.

Ich hab ihm dann vergeben (auch wenn ich dem Unkraut schon erst etwas an die Wurzel musste) und für ihn gebetet, dass er nicht mit all seinen Sünden in der Gottesferne enden müsse. Dabei hat es den einst starken Mann richtig geschüttelt, ich glaube, er hat sogar geweint.

Am Tag drauf besuchte ich ihn nochmals und er sagte mir, er hätte sein Leben Jesus gegeben und wolle mit dem alten Unrat Schluss machen. Ich hab noch lange mit ihm geredet, ihm den Betrug der Sünde aufgezeigt und das unendliche Erbarmen und die Liebe Gottes für jeden Menschen. Dann haben wir noch miteinander gebetet, wobei er auch betete.

Bob, John und Gerhard

Wie hatten wir all die Jahre für diesen Augenblick gebetet, dass Gott dem John Raum zur Buße schenken wolle. Nun, da er ganz zerschlagen ist, hat er in die Hand Gottes eingeschlagen, zu seinem großen Glück, denn ich denke, ich werde ihn nicht mehr sehen. Keiner sagt es, aber alle munkeln hinter der Hand – Aids.

Und das glauben wir auch, nicht zuletzt wegen dem, was er über seine Untersuchungen gesagt hat. Musste er erst so weit herunterkommen, sein Leben und das vieler Frauen und Mädchen vernichten, bevor er zur Umkehr kam? Der Teufel ist schlau. Ihm fällt es leicht uns Menschen zu betrügen. Wir können nur auf der Hut sein, ausgerüstet mit der Waffenrüstung Gottes.

Am letzten Tag war John auch da. Bob, unser alter Freund, der tapfer in der Nachfolge Jesu steht, ermutigte ihn mit Jesus zu leben und der Gnade Gottes Raum zu geben. Dann verabschiedeten wir uns, wahrscheinlich für immer. Dabei hat der einstmalige Frauenschänder und Betrüger geweint.

O welch ein Wunder der Gnade Jesu! Endlich, nach so vielen Jahren hat Gott unsere Gebete und die vieler Freunde in Deutschland erhört. Zwar anders als wir dachten, schmerzlich zunächst auch für uns, besonders aber für John. Ein zerstörtes Leben, der Sünde geweiht und im letzten Moment dem Weg in die Verdammnis entronnen. Wie gnädig ist doch unser Herr.

Schaun wir auf die zehn Jahre im Hochland zurück, dann sind es vielleicht gerade die beiden *Bigmen*, die von Jesus überwunden wurden, zunächst der Plantagenbesitzer Bob, der nun im Dienst für Jesus steht und nun endlich John, wenn auch »wie ein Scheitholz aus dem verzehrenden Feuer gerettet«.

Eine Weltreise mit neuguineischer Begleitung

Wenn jemand eine Reise tut, so kann er was erzählen (Matthias Claudius)

Im Vorfeld des Abenteuers

Als das Angebot der Missionsleitung an uns herangetragen wurde, wir könnten mit zwei jungen Neuguineern bei einer Einsatzfreizeit der Liebenzeller Mission in Sambia (Afrika) mitmachen, war unsere Reaktion zunächst recht gemischt.

Natürlich war das eine gute Gelegenheit, einmal Leuten von hier eine Chance zu geben, einen Einblick in Missionsarbeit anderer Länder zu gewinnen. Aber die Zeit war kurz, die kleine finanzielle Selbstbeteiligung, die die Einheimischen bringen mussten, scheinbar immer noch zu hoch und auch die Auswahl der beiden Teilnehmer gar nicht so einfach.

Auf Reisen

Nachdem diese feststanden (durch Kirchenpersonal oder uns einfach selbst persönlich bekannt – jedenfalls zwei Männer, deren Herzen schon lange für Weltmission schlugen), ging die eigentliche Vorbereitung erst richtig los. Es galt, Visa zu beantragen, für Australien, England, Deutschland und Afrika. Letzteres war so gut wie unmöglich, denn es blieb unserem Teamleiter in Port

Moresby gar keine Zeit mehr, um die Pässe in all diese Länder zu schicken und sie trotzdem noch rechtzeitig zu bekommen. So glaubte eigentlich keiner mehr recht daran, dass wir überhaupt noch losziehen würden. Dazu kam, dass ein Teilnehmer recht gut im Busch versteckt war und er beim endlichen Auftauchen mehr als Mühe hatte, seinen Reisebeitrag aufzutreiben.

Kurz, wir kamen bis nach Port Moresby. Wir trafen uns auch und der Anblick der beiden war recht unterschiedlich. Einer war schick ausgerüstet, mit modischem, mit Rädern bestücktem Koffer und allen Extras eines angehenden Weltreisenden (wie Foto, Sonnenbrille und Bauchgurt), während der andere zwar eine stattliche Anzahl langer Hosen in seinem armseligen Köfferchen hatte, aber dafür grundsätzliches Überlebensgepäck für 2 Monate gänzlich fehlte. So gab es schon noch Einiges kurz vor dem Abflug zu erledigen: Der Flug war noch nicht endgültig klar und gebucht, die Tickets noch nicht gezahlt, geschweige denn abgeholt (die bekamen wir erst 3 Stunden vor Abflug), aber auch Waschzeug, warme Jacken und so etwas wie eine Teamuniform sollten gekauft werden.

Los geht's – auch bald mit den Problemen

Wieder blieb die Spannung bis zum Schluss, denn als dann wirklich alles da war, die Sitze im Flugzeug gebucht waren und das »bescheidene Gepäck« sich schon im Bauch des großen Vogels befand, ja, da fehlte einfach noch einer der Mitreisenden. Wo blieb er nur? War es das Papua-Neuguinea-Zeitgefühl, oder hatte er keinen öffentlichen Bus gefunden (denn er musste sich doch noch von seinen Wantoks und Spendern verabschieden), oder war was passiert? Wir waren uns nicht sicher, ob wir uns ärgern oder sorgen sollten. Als sich dann die Leute Richtung Zollabfertigung und Abflugraum bewegten und wir das Ticket für den fehlenden Passagier schließlich unserem Missionsmann am Flugplatz zurückgaben, da blieb uns vorher nur noch eines: Ein Gebet, zu dem, der uns ruhige Gemüter und den verlorenen Reisegefährten zurückgeben konnte. Und so war es dann auch, wir sagten »Amen« und freudestrahlend kam unser »Hikson-Boy« mit seinem Fanclub durch die elektronische Sicherheitsanlage gewatschelt. Dekoriert war er wie ein echter Weltenbummler, mit allen Extras und sicher ein paar Zusatz-Dollars, in einem der vielen Körperverstecke.

Alles andere ist schnell erzählt. Ehe wir uns versahen und einige Dosen Cola zu uns genommen hatten, landeten wir schon in Brisbane und nach kurzem Aufenthalt ging es weiter nach Sydney.

Im Bann der großen Stadt

»Sturmfreie Bude« hatten wir und schon am nächsten Tag ging es los: Sydney! Auf in die City! Für unseren »Buschmann« Mathew war das schon was. Die australischen Busse sind schon etwas anderes als all das, was zwischen Bialla und Hoskins fährt. Dass es aber so viele Chinesen im Land der Weißen gab, das war ihm schier zu viel. Sein Blick wurde mehr und mehr undefinierbar. Anders der Weltreisende aus Neuguineas fortschrittlichem Hochland. Er bot sich schnell als unser Tourist Guide an. Rebecca, die Missionarin aus Papua, mit der er uns eigentlich zusammenbringen wollte, trafen wir schließlich doch nicht. Irgendwie schien man sich am Telefon nicht so gut geeinigt zu haben wie es anfangs schien. Doch das Opernhaus fanden wir und noch viel mehr. Kommt man so frisch aus dem Land der »unerwarteten Überraschungen«, ist man echt beeindruckt. Mann, der Mund stand Mathew offen, als die Schwebebahn mit der Fuji-Film-Werbung über uns dahinglitt – wie eine grüne Schlange der Heimat. Was er wohl dachte? Gesagt hatte er nichts, dafür umso mehr geschaut, besser gestarrt. Jedenfalls überlebten wir die große Stadt und fanden tatsächlich wieder zurück in unsere nette, doch schon etwas extreme Missionarsbleibe. Am Abend lud uns unser freundliches Missionspaar noch zu einem Papua-Neuguinea-Kaikai ein. Da war alles dran: Kakaruk, so heißen die Hühner eigentlich richtig, wohlwollend portioniert und was sonst zu einem richtigen Fest gehört. Es war herrlich, die Gemeinschaft bestens. Wie groß war die Freude, zu entdecken, dass wir uns in Deutschland wiedersehen könnten, denn das Ehepaar plante auch eine Art Weltreise. So wurden Adressen ausgetauscht und Einladungen ausgesprochen und mit einem ernst gemeinten Auf-Wieder-Sehen verabschiedeten wir uns für eine kurze Nacht. Schon um sechs Uhr morgens lieferte uns unser Freund am Flugplatz ab.

Allgegenwärtige Visa-Sorgen

Diesmal schien alles besser zu gehen als in Port Moresby. Wir hatten das Gepäck schon nach Südafrika weitergeleitet, als der Zöllner auf die fehlenden afrikanischen Visa in den Pässen der Neuguineer aufmerksam wurde. »So kommt ihr nicht nach Südafrika«, sagte er. »Besser ihr bleibt hier und wartet das Wochenende in Sydney ab. Was wollt ihr in Perth machen, wenn es nicht weitergeht?« Da war guter Rat teuer und die Zeit knapp. »Wir werden fliegen« sagten wir uns und beteten fest. Das war unsere Entscheidung. Und dann fing unsere Gebetsversammlung in der Luft an. Zunächst gemeinsam, dann zwei und zwei. Während unseren Naturkindern das »Amen« Erleichterung brachte und gleichzeitig den Startschuss zur nächsten Cola gab, blieben unsere Gemüter auf Bereitschaft. Was ist, wenn wir nicht weiterkommen? Was tun? Sie zurückschicken? Auf keinen Fall! Mit ihnen umkehren? Die Fragen wurden immer gigantischer und das nächste Gebet musste den Riesen verscheuchen. So brachten wir die Zeit zu. Die Cola schmeckte nicht und die Verbindung nach oben war die ganze Zeit über *online*. Nicht so unsere Brüder, deren Glaubenszuversicht ließ sie den Wohlstand der Reise ausgiebig genießen.

Und dann kam die Stunde X am Schalter in Perth. Die Zeit war äußerst knapp und die Beamten zwar freundlich, aber nicht gerade schnell. Gebetsnotruf – um eigentlich alles: Geduld, die richtigen Beamten, Gelingen… Wir hatten dann doch den besten Mann vor uns, einen Südafrikaner, der uns die Einreise versprach, vorausgesetzt wir würden uns nicht aus dem Transitbereich entfernen. Wir versprachen alles und hätten auch dankbar eine Nacht im WC auf uns genommen. So flogen wir tatsächlich gleich weiter, aber wesentlich beruhigter.

Bescheidene Nacht und brüderliches Frühstück

In Südafrika ging es soweit gut, selbst unser Gepäck konnten wir weiterleiten lassen. »Nur Sambia wird euch so nicht reinlassen«, sagte man uns. Aber das war die Sorge des andern Tages, heute nur Gebetsanliegen.

In der Nacht beobachteten wir einen langen und äußerst dürren Afrikaner, der in einem Bibel-ähnlichen Buch las. Ich setzte gleich einen der »Probemissionare« auf ihn an. Doch alle Bemühungen schienen vergeblich. Der sprach kein Englisch, nur Portugiesisch, denn er kam aus Angola. Nach einer gütlichen Nacht auf dem Fußboden hatten wir schon mehr Witz und fanden einen Weg, den Glaubensbruder als einen solchen auszumachen. Mit der Bibel ging alles viel besser, denn die Verse sind die gleichen, ob man sie Englisch oder Portugiesisch liest. Wie groß war die Freude des einsamen, dünnen Bruders, als er uns als Christen erkannte. Er sagte immer nur: »O praise God, thank you, Jesus!« und lud uns schließlich zum Morgenkaffee ein, obwohl er nur ein paar Cent in der Tasche hatte. Erstaunlich, Gastfreundschaft geht über Logik und schließlich wurde der Kaffee sogar irgendwie bezahlt.

Nach wiederholtem, gemeinsamen Gebet, einigen Tränen auf der Seite unseres langen Bruders und vielen Grüßen an die Gemeinden überall, trennten wir uns und zogen ins nächste Abenteuer: Sambia.

Am Etappenziel

Wieder Gebetsgemeinschaften, diesmal mehr Dank, aber auch die obligatorische Cola und eine Doppelportion der Mittagsmahlzeit (das war die wirtschaftlichste Lösung unseres Speisemangels). Dann landeten wir nachmittags in Lusaka. Der Flughafen war mehr eine Miniausführung, verglichen mit dem, was wir mittlerweile gewohnt waren. Dafür war alles etwas menschlicher, überschaubarer und freundlicher. Heiß war es übrigens gar nicht, im Gegenteil: beängstigend kühl.

So wurden wir mit dem Strom der Passagiere ins Innere der Abfertigungshalle getrieben.

Wieder freundliche Beamte: »How are you, Sir?« – »Sir« – ganz neue Töne – man kann sich fast was drauf einbilden. Wir erklärten dem freundlichen Menschen von Zöllner unser Problem. Er hatte sogar Verständnis. »No Problem« – und mit 25 $ pro Mann, Frau und Nase waren wir im Land.

Dort hingen schon die deutschen Freunde herum. Hartmut Wacker war ihr Liebenzeller Organisator, Devisenfachmann und

Universalansprechpartner. Die Freude war groß, Söhne alter Freunde und Kollegen zu sehen. Mann, waren das die Kinder von einst? Scheinbar sind wir doch ganz schön älter geworden. Und so war man beschäftigt, schüttelte Hände, fragte, erzählte – und auf einmal waren unsere bisher so anhänglichen Reisebegleiter aus Papua-Neuguinea weg. Der sambische Zoll hatte sie wieder geschluckt. Ich rannte durch die Innereien des Flughafengebäudes, durchsuchte die »allerheiligsten« Zollgebiete und fand sie endlich in einem kleinen Büro.

Kurz, die Einreise für unsere beiden war doch etwas zu einfach gewesen. Die Vorschriften, Satzungen, Richtlinien, Paragrafen... Mir war eigentlich alles egal. Waren wir nicht alle aus einem Team und bereits dem Zoll entflohen? Was sollte das alles? Hartmut Wacker war auch schon dort und so ging es hin und her. Auf jeden Fall half uns am Ende der starke amerikanische Dollar, den wir großzügig hergeben durften. So kamen schließlich die verlorenen Söhne wieder unter die Fittiche des Liebenzeller Missionsteams.

Vergütung für alles: eine Nacht in Sambias Touristenabsteige

Doch alle Probleme waren noch nicht beseitigt. Zwei Passagiere waren zu viel und mussten zurückbleiben. Damit wir endlich allen Stress hinter uns lassen konnten, meldeten wir uns freiwillig und wurden dafür nicht gering entschädigt: Die Fluggesellschaft verschaffte uns das beste Hotel. Schade, dass wir nicht eine Woche gestrandet waren. Welch ein Genuss nach den aufregenden Tagen mit unseren von Problemen verfolgten Pflegekindern. Seit langem hatten wir nicht mehr so gut und fürstlich gespeist. Auch eine unfreiwillige Stadtrundfahrt gehörte zum Extraprogramm: Lusaka am Nachmittag und am frühen Morgen! Sehr eindrücklich.

Am folgenden Tag ging alles glatt. Die kleinere Maschine mit der kunstvoll frisierten Stewardess brachte uns nach Kitwe.

Unterwegs gab es zwar nicht viel Service (mehr Servietten als Erfrischung), dafür lehrte uns die feine Dame (aus einfachsten Unterkünften, wie am Morgen selbst gesehen) das erste Bemba: »Mulishani, Bwino und Natutela« (»Wie geht's?« – »Danke, gut!« – »Danke«). Das sollte uns fürs Erste und gleichzeitig auch fürs Letzte genügen.

Bikaru – der erste Besuch

Der Plan

Zum ersten Mal sah ich sie in Niksek, zwei freundliche junge Männer und einen etwas älteren, durchtrieben erscheinenden Mann mit Geierblick. Sie waren hier, um Gold zu verkaufen, das sie in einem kleinen Reagenzglas aufbewahrten und uns auch zeigten. Sie kamen von dort drüben und zeigten von Niksek aus östlich, über den Berg. In einem Tag seien sie hergelaufen, was immer das auch heißen sollte, denn manche können fast durch den Busch fliegen.

Damals hörte ich zum ersten Mal bewusst von Bikaru, einem fast künstlich entstandenen Dorf, das von Leuten aus drei Sprachgruppen bewohnt war. Eine Gemeinde gäbe es da, aber seit Jahren sei schon kein Pastor mehr dort und alles habe sich mehr oder weniger aufgelöst. Von dort aus könne man noch mehr Leute erreichen, die weit abgelegen

Ein altes Baumhaus in Niksek

hausten und ein Missionar sei noch niemals dort gewesen. Alles sei dort so, wie Anfang der 80er-Jahre in Niksek, so sagte man mir.

Kein Wunder, dass mich dieses unbekannte Dorf reizte, ihm einen Besuch abzustatten.

Die Gelegenheit kam dann auch, Anfang März, zusammen mit Rainer Dorsch, der die Arbeit im Sepikgebiet kennenlernen sollte. Zwar wurde das Programm noch hin und her geschoben, verworfen und wieder angenommen, sodass sich am Ende fast niemand mehr auskannte, doch die letzte Information war dann die: Die Leute wissen um unseren Besuch, sind bereit und warten und selbst einige aus den noch weiter abgelegenen Niederlassungen seien extra teilweise tagelang angereist. So wurde es also ernst. Wie weit wir zu laufen hatten, wo genau das Dorf auf der Karte lag oder wie anstrengend die ganze Tour werden sollte, das konnte uns halt keiner sagen. Natürlich versprach man uns wieder eine »Abkürzung«, den einfacheren Weg und halt überhaupt alles, was man gerne hören wollte.

Im Urwald

Noch am gleichen Tag der Ankunft mit dem MAF-Flugzeug in Niksek setzten wir östlich über den schnell fließenden Aprilfluss und richteten es uns für die Nacht provisorisch im Dorf Sife ein. Es lag weniger als einen Spaziergang von Niksek entfernt, wäre nicht der Fluss dazwischen gewesen. Da merkten wir noch am Abend im Gottesdienst, dass das kirchliche Leben dort wohl schon einige Zeit in Pension gegangen war, traurig, aber wahr.

Die Nacht war dann schlecht und kurz genug. Reisefiebrige Menschen weckten uns unnötig früh (was von der bitter benötigten Kraft leider abgehen sollte), nur um dann doch so lange zu warten, bis wir mit dem ersten Licht den Steilhang hinter dem Berg hochsteigen konnten. Der Berg schien nicht mehr aufzuhören, doch entschädigte uns immer wieder der herrliche Blick ins Tal und zeigte uns den zunehmenden Erfolg unserer Bemühungen.

Der Pfad war der eines Wildschweins und man benötigte immer wieder das Buschmesser um überhaupt durchzukommen. Vielleicht sollte man sich das Ganze mehr als einen Hindernislauf als eine Wanderung vorstellen. Und gerade deshalb war die Natur so bezaubernd, weil sie so unberührt erschien, weil alles wie ein kunstvoll angelegter Wildnispark erschien, allerdings ohne Ende. Hätte man nicht an einem herrlichen Ausguck, an dem wir Rast machten, die Zeugnisse des »Wohlstands« gesehen, nämlich an Bäumen befestigte Fleischdosen und anderen Zivilisationsmüll, man hätte gedacht, 20 Kilometer vom Paradies entfernt zu sein.

Unterwegs im Dschungel

Paradiesisch war die Tour nicht gerade. Immer wieder mussten wir uns von Blutegel befreien, rutschten ungeschickt an aalglatten Steinen und Wurzeln aus oder blieben an den reichlich vorhandenen Ranken von Schlingpflanzen hängen. So gingen wir gut bis Mittag bergauf und leierten uns dabei die Kniegelenke etwas aus.

Zwischendurch wurden wir über die Bedeutung der einzelnen Urwaldstätten belehrt: »Hier hat mein Vater vor nicht allzu langer Zeit mit unseren Leuten gekämpft. Wir haben getötet, was wir konnten und den Rest über die Berge vertrieben.« Ein paar Pandanuspalmen erinnerten noch daran, dass hier mal Menschen hausten. Mit Widerhaken-besetzten Pfeilen hatte man so lange auf den Feind eingeschossen, bis er nicht mehr davonkonnte. Dann taten Knochendolche und Palmholzkeulen (eigentlich flache Knüppel, fast wie Schwerter) den Rest. Da kommt einen leicht das Grausen, wenn solche Mordtaten so gelassen geschildert werden. Das Leben ist billig, nichts wert, man löscht es einfach aus, fast so selbstverständlich wie man Bananenstauden umschlägt.

»Wir haben sie alle erschlagen, es gibt keinen mehr von ihnen, jetzt gehört uns das Land hier.« So einfach geht das also. Schlag den Besitzer tot, dann gehört alles dir. Alles andere als ermutigende Verhältnisse.

Mit solchen unterhaltsamen Geschichten kamen wir dann an dem Scheitelpunkt des Bergzuges an, dem Grenzgebiet zwischen den Bikaru- und Niksek-Leuten und folgten dann einem Bach, der sich zwischen den Felsbrocken seinen Weg suchte. »Jetzt geht es immer nur abwärts«, sagte man uns, obwohl es doch dauernd auf und ab zu gehen schien.

Manche Auskünfte muss man einfach vom Ganzen her sehen, was uns im Blick auf den Weg nicht unbedingt hilfreich erschien.

Urwaldcamping unumgänglich

Am hohen Nachmittag streikten wir dann und verkündeten dem erstaunten Team von einheimischen Mitstreitern und Netztaschen schleppenden Frauen, dass wir hier am Fluss campieren würden. Das war die sinnvollste Lösung, um nicht ganz die lädierten Knochen auszuleiern. Einige liefen weiter, doch ein paar blieben bei uns und so richteten wir es uns im Urwald gemütlich ein, wenn man das so sagen kann. Wir hofften auf eine regenfreie Nacht und spannten unser Moskitonetz direkt am Fluss auf. Romantisch, wie bei den Pfadfindern. Unsere Einheimischen waren da schon etwas vorsichtiger und bauten einen etwas regenbeständigen Buschunterstand. Ab vier Uhr morgens hatten sie recht, denn da begann dann der obligatorische Regen. Wir Fachleute in Sachen Camping zogen dann kleinlaut um und waren dankbar, als es dann richtig losging. Ja, da merkt man dann, wie wenig man vom eigentlichen Leben versteht, wie sehr uns unsere einheimischen Geschwister überlegen waren, wenn es ums Überleben ging.

Unseren wehrhaften Männern war der Tagesspaziergang noch nicht genug. Sie wollten auch die Nacht noch etwas auf Wanderschaft gehen und »pflückten« sich ein paar Großeidechsen von den Bäumen, die uns eine willkommene Zukost am Morgen waren. Allerdings benötigte es schon etwas Überwindung einfach in die Haut des Zwergdrachens zu beißen. Der Geschmack war jedoch ganz o. k. Eidechsen und Taro zum Frühstück, das sprengte alles, was man so gewöhnt ist.

Doch waren wir dankbar für die nahrhafte Urwaldkost, denn mit neuer Kraft ging es weiter den Fluss hinunter. Beständig musste man auf der Hut sein vor den glatten Steinen. Trotzdem nahm ich mal ein Vollbad, was weiter nicht schlimm war, denn schon nach kurzer Zeit war mein Hemd so durchgeschwitzt, dass man es auswringen konnte. Wenn man sich bei all den Ausrutschern nur nichts bricht!

Bald trafen wir auf den Rest unseres Teams, die sich schon gehörig Sorgen um uns gemacht hatten. Sie hätten uns am liebsten noch durch die Nacht ins Dorf getrieben, nur um uns eine vernünftige Ruhestätte bieten zu können. Zum Glück waren wir hart geblieben, der neue Tag dankte es uns schon jetzt.

Dann ging es weiter mit der üblichen Wanderung und den Geschichten. »Hier haben wir gekämpft. Zunächst haben wir 7 Frauen umgebracht (wie heldenhaft!), dann weitergewütet, bis die Hinterbliebenen Hals über Kopf ›auf Nimmerwiedersehen‹ im

Urwald verschwanden.« Wieder eine der hinreißenden Geschichten, die zeigten auf welchem Boden wir das Evangelium zu verkündigen hätten.

Gegen Mittag verließen wir den Flusslauf und bogen ab zum Dorf Bikaru. An einer Quelle stärkten wir uns noch und zogen dann wie die siegreiche Armee im Dorf ein. Wir fühlten uns wie auf der Bühne im Theater. Aller Augen waren auf uns gerichtet. Kein Wunder, das war ein historischer Moment: zum ersten Mal Weiße im Dorf! Noch nicht einmal Goldsucher, Touristen oder Cola-Vertreter waren hier. Einige sahen zum ersten Mal Leute mit weißer Haut (wie enttäuschend, unsere war mehr rot oder von der Sonne verbrannt). Dann ging es los, das endlose Händeschütteln. Tatsächlich, da waren schon einige Originale dabei: junge Männer mit Gürtelschlingen vom Spanischen Rohr (Rattan), Lendentüchern (eher Fetzen) und Strohröckchen (traurigen Blätterwedeln, die wie ausgefranste Eselsschwänze erschienen), geflochtenen Arm- und Fußreifen, einer Fülle an Halsketten und verzierten Nasen. Das waren die bisher zünftigsten Dorfbewohner, die ich in der letzten Zeit gesehen hatte. Hier lebte man ganz sicher noch vor der Unabhängigkeit des Landes. Hier herrschte tiefste Finsternis, was manche Gesichter klar zeigten. Hier gab es Arbeit zu tun. Hier kamen die Füße der Friedensboten am Ende ihrer Reise an. Das war also Bikaru, das Dorf, das sich aus Urwaldnomaden zusammensetzte.

Aufenthalt in Bikaru

Wir bezogen ein großes Buschhaus, besser einen Teil davon, denn der Besitzer, ein noch junger verheißungsvoller Mann, wollte ja auch sein Haupt niederlegen können. Wie viele mit uns im Raum schliefen, wusste man nie so recht. Jedenfalls beschwerte sich mein brauner Mitbruder, ich hätte ihm nachts mein Knie ins Kreuz gerammt. Nun, ich wollte Ähnliches sagen. Aber wie es auch war, wir waren mehr als zufrieden mit unserem Buschhaus, den Mitbewohnern und dem Essen.

Wir sahen uns etwas im Dorf um, und versuchten mit Leuten zu sprechen. Viele konnten kein Pidgin. In einem halb fertigen Haus saßen eine Menge Leute. Die Frauen drehten Schnüre für ihre Bilums, ein Mann schnitzte Pfeile. Das musste ich mir ansehen. Sein Schnitzmesser war echt steinzeitlich, eine Art Stichel aus Rattenzähnen gemacht. Tatsächlich schabte er damit herrliche Verzierungen aus dem harten Holz der schwarzen Palme heraus. Aber das waren keine Jagdspitzen, die der mit Blätterpinseln hinten bekleidete Mann da schnitzte. Das waren ja diese »Menschenfreunde«, die grausigen Widerhakenpfeile für den Krieg. Die gehörten Geschichten wurden immer anschaulicher. Als ich dann überall die Bewaffnung sah (Pfeil und Bogen) und unter dem Haus die Kampfkeulen entdeckte, da wussten wir, dass es nicht nur vergangene Geschichten waren. Hier herrschten noch steinzeitliche Sitten.

Einwohner von Bikaru

»In diesem Haus haben sie noch einen Ahnenschädel«, sagte mir unser Begleiter von Niksek. »Den haben sie immer mit Erdfarbe an den Ohrlöchern beschmiert und um Hilfe beim Kampf angerufen.« Also nicht nur die rohe Gewalt war hier zu Hause, bei den so freundlich wirkenden Leuten. Nein, auch die Finsternis, von der Geisteranbetung kommend, hielt die Leute in ihren Krallen.

Die »Gemeinde« sah erbärmlich aus, gerade so wie ihre Kirche. Sie war schon lange außer Betrieb. Man hatte sie zwar hastig aufgemöbelt, um uns zu beeindrucken, doch wir waren mehr von den Tatsachen beeindruckt. Der Pfarrer war schon jahrelang weg, einfach abgehauen. Die Schäfchen verliefen sich und gingen zurück in die Geisteranbetung. Einer der eifrigsten fiel ganz zurück in die Krallen des Teufels. Er ging auf einen Geisterberg, um sich »Power« zu holen und kam besessen zurück. Er hatte einen Ahnengeist gesehen. Über und über mit Pfeilen bespickt, alte, abgebrochene und ganz neue. Das Blut lief nur so aus ihm heraus, anderes war verkrustet. Der Mann kam mit diesem Geist zurück: Blutrache, Hass, Mord und Kriegsgedanken... Er sah alle als Feinde und wollte alle töten. Schließlich verschwand er im Busch. Nun haust er irgendwo auf einem Berg, zusammen mit Schweinen und seinen Spirits. Zum Heulen, er war einmal ein eifriger junger Mann in der Gemeinde. Ich dachte an Jesu Wort vom ausgetriebenen Geist, der umherirrt und schließlich in das leere Haus mit sieben Kumpanen zurückkehrt.

Ja, es ist nicht leicht zu nehmen. Wo soll man hin, wenn man solch eine Erlösung (wie die, die uns Jesus brachte) verachtet? (Hebräer 2,3)

Man steht hier so offensichtlich in der Auseinandersetzung zwischen Licht und Finsternis, dem Reich Gottes und dem des Teufels.

Später bei einer Aussprache hörte ich wieder vom gleichen Geist. Eine junge Frau hatte ihn gesehen und mir ebenso beschrieben. Wen wundert es da, wenn Mord und Totschlag in dieser Gegend herrscht, wenn Frauen niedergemetzelt wurden und man sich dessen noch rühmt?

Muss da nicht das Evangelium kompromisslos verkündigt werden? Muss man sich da nicht schämen, dass man nicht früher gekommen war? Werden da nicht Aussagen schal, wie die: »Deutschland braucht auch Missionare«, wo doch »Kirchenglocken die ganze Woche bimmeln« und keiner mehr hinhört und sich nur noch aufregt, weil der Schlaf eventuell dadurch gestört wird. Ja, schlafen muss man, wenn man den Kampf, der um uns her tobt, nicht wahrhaben kann.

Und was ist erst mit der dummen Aussage: »Lasst die armen und glücklichen Wilden doch zufrieden im Urwald!« Erstens sind sie gar nicht so wild, wenn man oberflächlich mit ihnen in Beziehung kommt. Zweitens sind sie schon gar nicht glücklich, denn jeder ist gerne gesund, fühlt sich sicher und möchte leben. Das ist dort eben nicht garantiert.

Und drittens sind sie nicht arm, denn dort liegt Gold in den Bächen.

Ja, und das war die andere Seite. Hier könnte man steinreich sein, wenn man nur damit umgehen könnte. Von auswärts kommen braune Glücksritter und hauen die Buschmänner über die Ohren, tauschen billige Uhren für teures Gold und verkaufen abgetragene, von Krätze und Ringwurm verseuchte Klamotten an die Menschen im Busch. Die Not ist groß! Keine Zivilisation oder fadenscheiniger Fortschritt können da helfen. Es endet so schnell in Trunksucht, Unzucht, Drogen und noch tieferer Verstrickung in die Maschen der Finsternis.

Und deshalb hatten wir den anstrengenden Marsch auf uns genommen. In diese Situation hinein muss das helle Licht des Evangeliums verkündigt werden.

Die Leute kamen eigentlich alle, morgens und nachmittags. Da saßen sie, über und über mit dünnen Glasperlenschnüren behangen (die mussten sie schon viel früher eingehandelt haben), mit meistens erdfarbig gewordenen, schäbigen Kleidern (mit wenigen Ausnahmen derer, die gerade mal Gold hatten) oder manche sogar noch im Ahnenkostüm (nackt mit Rattan um den Bauch, dem Lendentuch und dem Blätterschwanz am Sitzleder). Unser einheimisches Team sorgte für das Rahmenprogramm, gaben Liedvorträge, von Herzen kommend, aber für unsere Ohren scheußlich anzuhören. Wir benötigten einen jungen Mann als Übersetzer, um zu ihnen vom großen Schöpfer zu sprechen, dem sie nicht egal waren, nein, der sie unendlich lieb hatte. Was Liebe wirklich heißt, ist schwer für sie zu fassen, ebenso Vergebung und Gnade. Wir kamen an unsere Grenzen, aber Gott ist nie an der Grenze. Er hat die Menschen so unendlich lieb und seine Liebe macht erfinderisch.

Buschkleidung

Ich dachte an ein Beispiel. Was verabscheuen die Leute mehr als eine Toilettengrube? Was lieben sie mehr als das Gold? Wir sind in Gottes Augen wertvoll geachtet, doch sind wir verloren, wie ein Goldklumpen, der in die Toilette gefallen war. »Würdet ihr den rausholen?«, fragte ich. »Klar, das wäre es wert!« – Ja, und gerade so hat es Gott gemacht, als er Jesus sandte, in unseren Unrat, unsere Sünde hinein, nur um uns zu retten.

Es gab anfangs gar keine Reaktionen. Die Leute kamen und hörten und das war es auch. Auch unsere Zeit verrannte. Wir hatten nicht mit zwei extra Tagesmärschen gerechnet.

Wir erkundeten noch die Umgebung nach einem geeigneten Platz um einen Flugstreifen anzulegen. Wir fanden ihn auch, ganz dicht am Dorf. Nur ein paar gewaltige Urwaldbäume müssen vorher noch ausgegraben werden. »Das machen wir schon«, sagten sie. »Nur wenn ihr uns noch ein paar Spaten, Brechstangen und Schubkarren zukommen lassen könntet…!?« Ich dachte schon an den Transport, den ganzen Urwaldpfad, die Werkzeuge herschleppen, schauderhaft, der Gedanke. Aber für die Leute ist das kein großes Problem.

Am letzten Tag regnete es nur. Abends, beim Gottesdienst bekam ich Malaria, von jetzt auf gleich. Und gerade an diesem Abend, an dem ich am Ende war, reagierten die Leute, kamen zur Aussprache. Selbst ein paar Buschmänner, echte Heiden, kamen, um sich vom Geisterkult loszusagen und zu Jesus zu kommen. Seltsam, wie Gottes Geist wirkte, jetzt, wo wir am Ende unserer Zeit und Kraft waren.

So nahmen wir den anhaltenden Regen in der Nacht, die offenen Herzen der Menschen und die Krankheit als ein Zeichen von Gott und verzichteten auf unseren zugesagten Flug aus Niksek heraus und blieben noch einige Tage. Es war eine wertvolle und wichtige Zeit, in der noch viele Menschen zur Aussprache kamen, unter anderem die erwähnte junge Frau, die vom »Kriegsgeist« geplagt wurde.

Zurück in der Zivilisation

Schließlich kam der unvermeidliche Tag, an dem wir wieder unseren Füßen vertrauen mussten, und uns auf den Heimweg machten. Diesmal wollte man uns eine einfachere Route führen. Nun, einfacher war sie nicht, es gab zwar weniger Berge, dafür andauernd schmierig glatte Steine und meistens mussten wir im Wasser laufen. Aber landschaftlich einzigartig, nicht nur beschwerlich, sondern ein Vorrecht, in solchen Gegenden des Globus' herumlaufen zu dürfen. Die Verlängerung tat unseren Kräften gut. Die Medizin wirkte, die Malaria verschwand. Gott ist gut, er wusste was die Leute und wir brauchten und gab Regen und Krankheit zur rechten Zeit.

Am späten Nachmittag kamen wir an einem Goldwäscher-Camp an. Wir beschlossen dort zu bleiben, quartierten uns in der schwindsüchtigen Überdachung ein, spannten umsonst ein Moskitonetz auf, denn die Sandfliegen krabbelten einfach durch die Maschen und drangsalierten uns die lange Nacht. Umso leichter brachen wir am Morgen zur letzten Etappe auf. Unterwegs kamen wir an Felsblöcken vorbei, von denen die Vorfahren Material für Steinäxte abgebrochen hatten. Ausführlich erzählte man uns, wie sie den Felsen mit einem gewaltigen Feuer bedeckten, um dann so Stücke vom Fels abzusprengen, die zu den begehrten Steinäxten geschliffen wurden. Das hätte mich schon gereizt, eine solche Übung mitzumachen, aber unsere Leute dachten heute nur noch an eines: zurück ins Dorf. Ihr Gang wurde deshalb auch immer schneller, bis unser kleiner Fluss in den großen Aprilfluss mündete. Nun waren sie so gut wie zu Hause. Wir waren auch froh, denn die reißende Strömung nutzten wir als Transportmittel und überließen unsere müden Glieder einfach dem Wasser. So kamen wir doch recht energiesparend am frühen Nachmittag in Niksek an. Wie dankbar waren wir, dass alles so gut ging, dass wir uns bei den teilweise halsbrecherischen Stellen nicht verletzten und dass alle gesund geblieben waren. Wir verabschiedeten uns herzlich von unserem 17 Personen starken Team. Ohne sie hätten wir niemals nach Bikaru gefunden, sie hatten für uns Essen gekocht, Quartier gefunden und uns bei den Versammlungen geholfen.

Am nächsten Tag wurde unsere Geduld und unser Glaube noch einmal auf die Probe gestellt. Zwar war ein Flugzeug gebucht worden (erstaunlich, wie Nachrichten auf den Trampelpfaden weitergetragen werden), doch das Wetter machte nicht mit. Die Berge waren in Wolken gehüllt und obendrein regnete es fast die ganze Zeit. Was sollte das bedeuten? Immer hatten wir das rechte Wetter zum Marsch, nie regnete es, wenn wir unterwegs waren (außer in der Nacht). Fast wollten wir aufgeben, bis wir von irgendeinem Fremden am Funkgerät hörten, dass bei ihm ein kleines MAF-Flugzeug vorbeigekommen sei. Schnell brachen wir zum Flugstreifen auf, der eine gute halbe Stunde vom Dorf entfernt liegt. Schon auf halber Strecke hörten wir den Motor und sahen auch bald das kleine gelb-weiße Flugzeug zur Landeschleife auf den »Ples Balus« (Platz der Taube, des Flugzeugs) ansetzen. Freudig rannten wir den Rest der Strecke, nur um unseren treuen Piloten Thomas nicht unnötig warten zu lassen. Auch das Wetter war schlecht genug zum Fliegen.

Als sich dann die kleine Maschine vom Grasstreifen im Urwald abhob, waren wir von Herzen dankbar für alles, was wir erlebt hatten. Unter uns wand sich der Aprilfluss. Von oben sah er so friedlich aus und der unendliche Urwald sah aus wie Brokkoli, den eine Marktfrau zum Verkauf ausgelegt hatte. Der Flug war diesmal nicht einfach. Im breiten Tal, am Unterlauf des Aprilflusses, schraubte unser Pilot seine Maschine hoch über die Wolken, um sicher nach Moropote zu kommen, wo Rainers Frau schon auf ihn wartete. Nicht lange konnten wir bleiben, um Wiedersehen mit Michaela und Schabers zu feiern. Die Wolken zogen sich zusammen und wir mussten sehen, dass wir so schnell wie möglich aus dem Tal herauskamen. Sonst klappte alles gut auf dem einstündigen Flug, nur dass unser Pilot noch kurz vor der Landung in Wewak auf sein Können getestet wurde. Eine Windböe erfasste unser Flugzeug und warf es wie ein Papierflugzeug zur Seite. Doch Thomas blieb ruhig (wir Passagiere weniger) und setzte sicher auf.

Wie dankbar war ich Gott für die Kraft, die er schenkte, die Bewahrung und alle Erlebnisse. Welch ein Vorrecht so mit ihm und für ihn unterwegs zu sein. Die Nähe Gottes so handgreiflich und praktisch erleben zu dürfen, von ihm abhängig zu sein und gerade darin Sicherheit und Ruhe zu finden. Missionar – ein unmöglicher Beruf?! Vielleicht, aber ich möchte mit keinem tauschen, der sich auf sich selbst verlassen muss oder irgendeiner anderen Sache dient.

Und im Übrigen:

»*Wie lieblich sind auf den Bergen die Füße dessen, der frohe Botschaft bringt, der Frieden verkündet, der gute Botschaft bringt, der Heil verkündet, der zu Zion spricht: Dein Gott herrscht als König!!*« *(Jes. 52,7)*

Das kleine Dorf mit großer Erblast – der zweite Besuch in Bikaru

»Kilim ol, kilim ol!« (Töte sie, töte sie!), keifte sie in einem fort mit schneidender Stimme. Hätte man es nicht besser gewusst, sie hätte ein ekstatischer Fußballfan sein können, der sein Team aus der hinteren Reihe anfeuern will. Tatsächlich stand sie ganz hinten, das dürre, wie besessen herumspringende Weiblein auf der Sandbank am Wara Setifa. Zwischen uns und ihr eine beängstigende Ansammlung von Leuten. Die Situation war aufs Äußerste angespannt. Was würde geschehen? Die Feindseligkeit der Leute hatte von Minute zu Minute zugenommen. Und jetzt begann diese Sanguma Meri (Hexe) mit ihrer Propaganda. Warum hassten uns diese Menschen so leidenschaftlich und für uns so völlig grundlos? Sie sahen uns heute zum ersten Mal und Besuch von Ausländern gab es bei ihnen auch nicht. Oder steckte etwas ganz anderes hinter dieser offensichtlichen Feindschaft?!

Die Masse der Männer zog sich immer mehr zusammen und drang auf uns ein. Was tun? Reden war zwecklos. Würden sie handgreiflich werden und warum nicht jetzt? Hatten sie vielleicht Respekt vor der alten Schrotflinte, die wir im Falle von Begegnungen mit Krokodilen mitgenommen hatten und die noch im Kanu lag? Oder gedachten sie diese gar an sich zu nehmen? »Stoßt das Kanu um! Werft alles in den Fluss! Bringt sie um!«, forderte die Hexe ihre Leute aus der hinteren Reihe auf. Wir stiegen so kontrolliert und ruhig wie möglich ins Kanu. »Moses, starte den Motor und fahr' doch endlich zu!« Wie elektrisiert und gelähmt stand unser Bootsführer da und wusste nicht, was er tun sollte. Endlich sprang der Motor an. »Ihr werdet nicht ohne uns den Fluss hochkommen«, lästerten schadenfroh einige Männer. »An der Stromschnelle kommt ihr nicht vorbei! Ihr werdet alles noch bitter bereuen. Wir kommen euch einen Besuch abstatten, euch und eurem Dorf da oben. Und dann werdet ihr alles noch bitter bereuen!« Was wohl?! Ich zog meine Sandalen aus und klopfte den Staub aus.

Aus Versehen waren wir an dieser Sandbank gelandet. Man hatte uns getäuscht und uns gesagt, ein Freund würde dort auf uns warten. Ich meinte auch, ihn am Ufer gesehen zu haben, doch mit Brille wäre das vielleicht nicht passiert. Unsere Reise ins flussaufwärts gelegene Bikaru schien den Leuten von Gahom nicht zu passen. Sie wollten uns mit Gewalt davon abhalten. Nur zwei Mal seien dort weiße Missionare gewesen, sagte man mir. Mein erster Besuch vor drei Jahren war beschwerlich. Zwei Tage Fußmarsch, im Fluss auf glitschigen Steinen, campieren unter freiem Himmel und Urwaldbäumen. Und alles, nachdem man schon ans Ende der Welt geflogen war und eine kleine Kanufahrt mit Wanderung hinter sich hatte.

Nun wollten wir es über einen anderen Fluss mit dem Kanu versuchen. Es dauerte am Ende allerdings zwei Tage für eine Strecke!

Die weitere Tour ist leichter erzählt als durchlebt. Gleich nach der freundlichen Begegnung (es war übrigens die erste dieser Art, die ich in Neuguinea erlebt hatte) fiel das junge Missionarsehepaar aus. Was hatten sie? Sie lagen energielos im Kanu. Sonnenstich, Malariaanfall? Seltsam. Auch das noch!

Wir kamen an die prophezeite Gefahrenstelle. Zwei gestürzte Urwaldbäume hatten von links und rechts den Flusslauf blockiert. Das Wasser schoss genau in der Mitte wie in einer Floßgasse herunter. Wie sollten wir diese Stufe überwinden? »Komm, wir kehren um«, sagte der Fahrer. »Ich denke nicht daran. Den Gefallen tu ich den Gahoms und ihrer Zauberin nicht«, erwiderte ich ihm. Es schien, als ob alle Kraft und der Wille von uns gegangen wäre. Irgendetwas lag in der Luft, ein Widerstand, der fast greifbar war.

Wir beteten um Weisheit, Schutz und Gelingen. Wussten wir doch, dass wir in ein heikles Gebiet eingedrungen waren. Die spirituelle Finsternis war offensichtlich, nicht zuletzt ausgedrückt durch die freundlichen Wünsche des Zauberweibleins.

Ich verließ das Kanu und wollte mir die Blockade von der anderen Seite besehen. Die Bäume entfernen war unmöglich. Ich stieg auf einen und versuchte mich bis an die einzige passierbare Stelle heranzumachen. Der Baumstamm war aalglatt. »Nur nicht reinfallen und unter die Äste kommen und jämmerlich ersaufen.« Den Erfolg soll sich die Sangumafrau nicht auf ihr Untatenkonto schreiben können. Unter stillem Gebet und sehr vorsichtig kam ich voran. Ehrlich gesagt hatte ich Angst, und ich glaube meine Kollegen auch.

Nach eingehender Besichtigung kam ich zur Entscheidung: Mit Vollgas das Kanu an die Engstelle heranfahren, sodass der Bug des für solche Verhältnisse ungünstig gearbeiteten Einbaums so weit wie möglich aus dem Wasser kam, ohne an der Stromschnelle Wasser zu schöpfen. Dann galt es fast vollständig in die stufenartige Engstelle hineinzufahren, blitzschnell den Außenbordmotor hochzureißen und hoffen, dass der Schub uns noch über das Hindernis hinwegbringen würde.

Moses war es nicht wohl dabei, doch versuchte er es. Er nahm Anlauf mit Vollgas, es war unsere einzige Chance. Es musste klappen. Und in einem Augenblick sah ich dann alles unmittelbar neben mir geschehen. Im rechten Moment riss Moses den Motor hoch und schon war er am Hindernis vorbei. Danach musste er ihn sofort wieder eintauchen, um nicht wieder in die Engstelle gezogen zu werden. Es klappte. Wir waren begeistert! Vorsichtig entfernte ich mich von meinem seifenglatten Ausguck. Als wir wieder zusammen im Kanu saßen waren Hannes und Caro auf einmal wieder vollkommen gesund. Seltsam. Wir wussten, was zu tun war.

Hier hatten wir feindlichen Boden betreten. Das Evangelium war vielleicht nie recht in diese Gegend gekommen. Dafür gab es andere Herren, die unsichtbar, in der Finsternis dieser Welt, in der Luft herrschten (Epheser 6,12). Was für ein grausiges Unwesen hatten diese Mächte bis heute unter diesen Leuten angerichtet: Kriege, Morde, Eifersucht, Streit, unbegründeter, maßloser Hass, dämonische Wutausbrüche, Angst vor Sanguma, dem Todeszauber, vor den allgegenwärtigen Geistern des Busches und der Toten und die vielen oft tödlichen Tabus. Einige Geschichten hatten wir schon gehört und noch mehr bekamen wir im Dorf zu hören.

Hier galt es zu kämpfen, mit den Waffen, die Gott uns zur Verfügung gestellt hatte: »Seid stark im Herrn und in der Macht seiner Stärke« (Eph. 6,10) und »Deshalb ergreift die Waffenrüstung Gottes« (Eph. 6,13). Und diesen gottgegebenen Speer, das Gebets, ergriffen wir gemeinsam und schleuderten ihn in den unsichtbaren Raum:

»Du Jesus, unser Herr, hast uns ans Ende der Erde gesandt, um von deinem Sieg, deiner Erlösung und deiner Liebe zu niedergetretenen und vergessenen Menschen zu reden. Das tun wir in deinem Namen und wir brauchen deinen Schutz. Danke für deine offensichtliche Hilfe und Bewahrung. Wir vertrauen auf dich!«

So wussten wir gleich am Anfang, wie wir zu handeln hatten. Nicht Erfahrung, Abenteuerlust, guter Wille und jugendlicher Schwung konnten das Geheimnis sein, sondern ein unsichtbarer, real gegenwärtiger Stärkerer, der bei uns war und in dessen Willen wir diesen aufwendigen Besuch unternahmen.

Nach einer nicht weniger interessanten Kanutour, in atemberaubender, unberührter Natur und einem erträglichen Fußmarsch im Dschungel über den Berg und eine grausige Baumstammbrücke hinweg kamen wir in Bikaru an. Das kleine Dorf war seit dem letzten Besuch gewachsen. Ganz anders als bei der ersten unsicheren Begegnung nahmen uns die Leute begeistert und freudig auf. Noch nie waren bis zu ihnen weiße Frauen gekommen. Brigitte und Caro waren die ersten, noch nie so viele Weiße auf einmal. Dieser Besuch bedeutete für Sie: *Wir sind nicht vergessen in der Welt draußen. Wir sind zwar wenige, vom Nachbardorf gehasst und unbedeutend, aber es gibt Menschen, die interessieren sich für uns.*

Ja, weil Gott sich schon lange für diese Leute interessiert hat, weil er aus ihrer Mitte Vertreter vor seinem Thron haben wollte – deshalb scheut er nicht den Aufwand, die Zeit und Kosten seine oftmals gar nicht so begeisterten Mitarbeiter loszuschicken.

Begeistert waren wir von dem, was wir in Bikaru erlebten: Wie in der Auseinandersetzung mit der Finsternis sich Jesus immer wieder souverän mächtiger erwies und wir uns getrost und im Vertrauen auf ihn, an unserer Aufgabe freuen konnten. Der angedrohte feindselige Besuch blieb aus. Dafür brachten Menschen ihre Vergangenheit mit Gott in Ordnung. Im Himmel wurde gefeiert, über verlorene Menschen, die zu ihrem Schöpfer zurückfanden.

Warum Mission? Weil es Gottes Wille ist, weil Jesus uns dazu erlöst, ausgerüstet und gesandt hat, weil es Gottes Menschen sind, auch wenn sie noch so fest in Geisterfurcht und satanischen Praktiken gefangen sind. Es gibt viele davon auf dieser Welt, leider nehmen nur wenige die Gefahren und Mühen auf sich, um zu ihnen zu gehen. Was Gott wohl dazu sagen wird?

Näher den Menschen
Der versprochene Überfall war ausgeblieben. Mit Magie versucht man uns einzuschüchtern oder gar zu vertreiben, wie wir später erfuhren. In der ersten störungsreichen Nacht, wo fliegende Hunde fast in unser Haus kommen wollten, lag ich wach unter meinem Moskitonetz. Mein junger Kollege Hannes schien mein Wachsein

zu spüren. Er flüsterte mir zu: »Gerhard, da stimmt doch was nicht. Sollen wir nicht miteinander beten!« Ich freute mich über seine Empfindsamkeit, denn auch ich hatte das Verlangen mit einem andern zusammen zu beten. Wir befahlen uns unserem Herrn Jesus Christus, dem Sieger am Kreuz über alle finstern Mächte, an. Wir dankten ihm für seinen Schutz, und dass der Geist Gottes, der mit uns ist, stärker ist als all die andern finstern Mächte, die so selbstverständlich, seit unzähligen Generationen, diese Gegend beherrscht hatten. Wir baten um Schutz, aber auch um Freiheit für die Menschen hier, Gottes Angebot der Liebe zu verstehen.

Nach diesem Gebet war alles wie verwandelt. Ruhe kehrte ein. Die fliegenden Hunde (Fledermäuse) verabschiedeten sich und wir schliefen gut einem neuen Tag entgegen. Nur die Kakerlaken setzten unermüdlich ihre Patrouillen durch das stille Buschhaus fort und unsere beiden Frauen schliefen so und so den Schlaf der Gerechten.

Die Tage waren intensiv gefüllt, mit Versammlungen und Gesprächen. Nach einer Art Gottesdienst blieben die Männer sitzen. Wir unterhielten uns einfach so. Ich fragte sie etwas über ihren Alltag, was ihnen die Alten über das Leben gesagt hatten, über den Tod und was danach kommt und überhaupt was wichtig ist und was man als Mensch wissen sollte. Für sie war selbstverständlich, dass der Mensch nicht nur aus einem Körper besteht. Er besitzt natürlich eine Seele. Wie verhält es sich mit ihr, wo sitzt sie, wie spürt man sie und wie verhält sie sich nach dem Tod? Für die Männer war es nicht sehr kompliziert. Je nachdem wird man zu einem guten oder bösartigen Geist. Durch rechtes Verhalten bei Trauer, Begräbnis und mit dem Begräbnis zusammenhängenden kulturellen Notwendigkeiten wird der Geist (der sich übrigens zunächst erst mal um das Haus aufhält) dazu bewogen, sich der Familie günstig zu zeigen. Misslingt das, dann kann man mit Racheakten, wie Krankheit, unfruchtbaren Gärten, Missgeburten, Frauensterblichkeit bei der Geburt, Krieg oder Seuchen rechnen. Das ganze Leben ist umwoben und eingebettet in Pflichten (auch

Rache), Tabus, Furcht und Schutzzauber. Es ist wie die versuchte Flucht aus einem Irrgarten, es wird zunehmend verwirrender.

Dazu kommt die allgegenwärtige Furcht vor Sanguma. Jemand könnte einem böse gewogen sein und einen Sangumazauberer beauftragen, einem Schaden zu tun. Neidisch und eifersüchtig ist immer jemand und alte Rechnungen gibt es auch, die zu begleichen sind. Man muss sich nur lange genug zurückerinnern. Durch entsprechende Zahlung animiert, beginnen diese Geheimwissenschaftler ihre spirituellen Kräfte zu mobilisieren. Dabei bedienen sie sich für aufgeklärte Europäer haarsträubender Methoden, die einfach schlichtweg zunächst als unmöglich abgetan werden. Mit geheimen Ritualen (wobei Menschenfleisch-Essen hier seinen Platz hat), wie Fasten gelangen sie zu Kräften, die ihnen ermöglichen, einen anderen Körper anzunehmen Tiere wie Schweine, Baumbären, Ratten, Eidechsen, Vögel, fliegende Hunde). Sie besitzen die Fähigkeit zu schädigen, erkranken zu lassen, geheime Operationen und Morde durchzuführen. Dabei sind sie beständig unter dem Zwang, ihre außergewöhnlichen Kräfte bei der Stange zu halten. Dazu müssen sie von Zeit zu Zeit entwürdigende Dinge unternehmen, wie das Verzehren von Leichenteilen oder menschlichen Organen. Kurz, dieser Kreis der Geheimkultler, deren Mitgliedschaft in der Regel geheim ist, hält die Bevölkerung in Furcht und Schrecken. Niemand kann sich effektiv vor ihrem Zugriff schützen, es sei denn man wendet sich an sie selbst oder ihresgleichen mit noch mehr Macht und das kostet immer gehörig. Es ist also die Mafia Neuguineas, gefürchtete, gehasste und auch dann trotzdem wieder geehrte Menschen. Sie selbst sind nicht frei von der Furcht. Ein Geist, der beleidigt wurde, ein falsches Vorgehen, ein noch stärkerer Sangumamann oder einfach die schiere Gewalt der verängstigten Bevölkerung. Getrieben von Unsicherheit und Angst sehen sie am Ende überall Sanguma. Dann nehmen sie leicht, manchmal wild um sich schlagend, das Recht in die eigene Hand und üben Selbstjustiz.

Die einfachsten Sanguma-Opfer sind kleine Kinder, aber auch vor Erwachsenen und Leuten in guter Position schreckt man nicht zurück. Bildung bedeutet keine Befreiung aus dem Kreislauf der Angst. Ja, oft verwenden gebildete Menschen mit ihren finanziellen Mitteln diese Art von Rache. Oder sie selbst werden zum Opfer. Mit Bildung und der so gepriesenen Aufklärung wird man diesem Problem nicht Herr.

Ja, dann saß er vor mir, der alte Herr, der mir seine Jagdgeschichte präsentierte. Er hieß Josef und kam aus Bitara, einem der Nachbardörfer, wenn man bei diesen Entfernungen überhaupt von Nachbarschaft sprechen kann. Er lauerte einem Schwein im Sagosumpf auf. Alles war gut vorbereitet. Die Pfade mit den stacheligen Rippen der Sagopalmblätter blockiert. Nun brauchte er nur noch Geduld und etwas Glück. Und das hatte er, denn da trollte schon ein außergewöhnlich großes, noch dazu hellhäutiges Schwein daher. Es schien alle Vorsichtsmaßnahmen vergessen zu haben. Die Jagd war leicht. Er spannte den Bogen, wollte den Brustkasten mit dem Herzen treffen. Sein Pfeil, mit der scharfen Bambusspitze, traf das Schwein jedoch in den Bauch. Mit Begeisterung erzählte er mir, wie es den Schweinebauch durchschlagen hätte, wie eine Wassermelone. Der Pfeil flog auf der anderen Seite weiter. Das erschien ihm seltsam. Er verfolgte seine Beute, die sich in den Urwald abzusetzen schien. Doch es dauerte nicht lange und das Schwein änderte seinen Kurs und rannte pfeilgerade auf das Dorf zu. Vor dem Haus der Sangumafrau verschwand die Spur. Am nächsten Morgen fand man sie in ihrem Haus, tot im eigenen Blut liegend. Am Bauch war sie von einem Pfeil durchschossen worden. Zwar hatte sie versucht, die Wunden mit Lehm zu stopfen, doch half das auch nichts mehr: Sie musste sterben. Diese und ähnliche Geschichten hörten wir immer wieder von direkt Beteiligten, von Leuten, die selbst den Schuss abgegeben hatten.

Kann man sich denken, wie in diesen abgelegenen Dörfern Sanguma und Zauberei die Bevölkerung in Angst versklavt?

Aber es bleibt nicht dabei. Neben Sanguma und der Angst vor Totengeistern fürchtet man Flüche und magisch wirksame Mittel zum Schutz oder Schaden (Marila genannt). Erstaunlich viele und wiederum auch gebildete Menschen bedienen sich dieser Hilfsmittel der Ahnen und wenn es nur dazu dient, sich eine Frau gefügig zu machen. In Häusern und Netztaschen, im Garten oder sonst wo wird dieses Marila aufbewahrt. Wenn Menschen mit Jesus Christus ernst machten, brachten sie schon oft diese Dinge. Unter Gebet und Absage an die Mächte der Finsternis verbrannten wir sie dann.

In Bikaru lernten wir außerdem eine ortsinterne Spezialität kennen. Uns wunderte schon, warum es ausnahmsweise in diesem Dorf so wenig Kinder gab. Bei unseren Gesprächen erfuhr ich, dass Männer und Frauen erst dann heiraten dürfen, wenn ihnen die ersten grauen Haare wachsen. Und tatsächlich stellte man mir ein »junges Paar« vor. Auf den ersten Blick hätte man sie für Oma und Opa angesehen. Dass sie aber noch »in den Flitterwochen« waren, wäre niemand in den Sinn gekommen. Grund: Sie dürfen vorher nicht heiraten, sonst müssten sie sterben. Als wir einige junge Frauen auf ihren ledigen Stand ansprachen sagten sie uns: »Wir sind doch nicht wahnsinnig! Wir würden sicher sterben!« Ja, sterben müssen wir alle einmal, sie werden höchstwahrscheinlich aussterben, wenn sie diese wahnsinnigen Überlieferungen der Ahnen nicht durchbrechen!

Petrus sagt, dass wir befreit sind von den nutzlosen, von den Ahnen übernommenen Lebensgewohnheiten (1. Petr 1,18-19) durch das Blut Jesu. Und Johannes sagt dazu: »Hierzu ist der Sohn Gottes offenbart worden, damit er die Werke des Teufels vernichte.« (1. Joh 3,8)

Daniels Glück: seine Rechnung ist bezahlt

Nach einer Verkündigung kamen einige Leute zur Aussprache. Ganz selbstverständlich gingen die Frauen zu Brigitte und Caro. Die Männer warteten. Wer geht zum alten und wer zum jungen Missionar? Ich sah einen alten Bekannten. Er nannte sich jetzt Daniel, hatte nun ein rotes T-Shirt an. Trotz seiner Verkleidung erkannte ich ihn sofort. Es war mein alter Freund von vor drei Jahren. Damals kam er zu Jesus. Die Fledermausknochen hatte er abgelegt, auch sah er ganz anders aus, nicht mehr so wild und wirr, sondern friedlich, man könnte sagen, direkt fröhlich. Was hatte sich bei ihm alles geändert! Es ist leichter aus einem Russen einen Amerikaner zu machen als so einen alten Menschen verändert zu sehen. Was ihn wohl bewegt? Ich überließ ihn zum Gespräch meinem jungen Freund. Wenn du Hilfe brauchst, dann rufe mich. Man weiß nie was Neues kommt.

Später sah ich Daniel, nach langem Gebet mit Hannes, freudestrahlend nach Hause laufen. Gerade als hätte ihm jemand einen großen Geldschein oder eine Schweinekeule in die Hand gedrückt. Ich fragte Hannes, wie es ihm ging. »Ach, ganz gut«.. Den alten Herrn belasteten Dinge aus seiner Jugend. Im besagten Nachbardorf Gahom, wo uns die Sangumafrau verfluchte, hatte er einst ein paar Männer mit Pfeil und Bogen erledigt. Ganz einfach so lange in sie schießen, bis einem die Pfeile ausgehen oder das Opfer sich nicht mehr rührt. Damals war er ein Held. Aber all die Jahre hatte ihn ein schlechtes Gewissen begleitet.

Gewissen – gibt es denn so etwas überhaupt bei den Ursprünglichen? Ist das nicht eine christliche Erfindung? Eingeredet von Moralaposteln? So einfach scheint sich das nicht zu lösen wie im Land der Aufgeklärten. Da redet man alles weg oder besser versucht es wenigstens. Allerdings vergisst man leicht, dass vielleicht gerade diese »grasbewachsene« Schuld der Grund ist, warum man langsam zum seelischen Wrack wird.

Hannes hatte dem alten Daniel von der Vergebung der Sünden erzählt. Nicht einfach so, weil man ja so human ist und sich alles verjährt hat, sondern weil der Eine teuer, sehr teuer dafür bezahlt hat. »Geh hin mit Frieden!« Das tat er und Frieden hatte er. Das konnte man sehen.

Wenn Schweine über Zäune springen

Egal wie, sie waren immer im Garten. Der beste Zaun half nichts. Und Kaukaus (Süßkartoffeln) und Taro gab es dann natürlich nicht. Nicht einmal an Schweineschnitzeln konnte man sich erfreuen, denn die potenziellen Proteinquellen machten sich noch vor dem neuen Morgen aus dem Staub, besser aus dem Dreck. Die einen hatten Schwein, die andern Pech. Nein, es war mehr.

In Bikaru war man in ernsthaften Schwierigkeiten. Es mangelte an Gartenfrüchten und nichts schien zu helfen. Man hatte mir vor drei Jahren dieses Leid geklagt. Es war wie verhext. Nichts half.

Vielleicht war es mehr als nur Pech oder Unglück. Vielleicht hing es mit ihrer Geisterverehrung zusammen. Sie frönten den Mächten, denen Menschen egal waren. Sie hatten eine Lust daran sie zu quälen, ihr Leben möglichst miserabel und primitiv zu halten.

Mir fiel das alte Problem wieder ein. »Wie geht es euch mit euren Gärten? Habt ihr noch Probleme mit den Schweinen?« – »O, es hat sich alles geändert, wie haben mehr als genug Taro und Kaukau. Planti kaikai i stap (es gibt sehr viel zu essen)!«

Was sagte einst Gott seinem Volk: »Ihr beraubt mich!«, »[Ihr seid] mit dem Fluch verflucht!« und: »Prüft mich doch darin, spricht der HERR der Heerscharen, ob ich euch nicht die Fenster des Himmels öffnen und euch Segen ausgießen werde bis zum Übermaß....« (Maleachi 3,8-11). Damals stahl man von Gott indem man ihm den rechtmäßigen Zehnten nicht gab. Man kann aber auch Gott seiner Ehre berauben, um sie den Totengeistern und finsteren Mächten zu geben.

Hier bei diesen vergessenen und zurückgebliebenen Menschen hatte Gott die Wahrheit seines Worts ganz praktisch gezeigt. Er »heilte« ihr Land (2. Chr. 7,14), gab ihnen wieder genug Nahrung aus ihren Gärten (die Schweine konnte er leicht irgendwo im Urwald ernähren), als sie sich von den »falschen Göttern« abwandten.

Ja, es war eine interessante Zeit bei diesen Menschen. Man bekommt selbst viel Freude zurück, wenn man dem Wort Jesu entsprechend hingeht, um ihnen am Ende der Welt das Evangelium zu verkündigen.

Die Heimfahrt

Der Gedanke, auf der Heimfahrt wieder durch das »freundliche« Dorf Gahom fahren zu müssen, lag uns etwas schwer im Magen. Wie würde alles werden? Würden sie uns mit einer Salve Pfeilen begrüßen? Was hatten sie im Sinn? Wir beschlossen, keine Nachrichten über unsere Rückreise am Funkgerät durchzugeben. Außerdem war der Wasserspiegel zu niedrig, um auf dem Bergfluss mit unserem langen Einbaum zurückzufahren. Was macht man in solchen Lagen? Keine Frage, man kann wirklich nur beten: um Schutz vor eventuellen bösen Absichten und um einen starken Regen in den Bergen. Wobei in unserem Dorfe ein schwerer Regenfall unseren Marsch durch den Urwald zur Anlegestelle des Kanus extrem erschweren würde. Den Abend vor der geplanten Abfahrt beteten wir viel. Immer wieder erwachten wir nachts und beteten um Regen und Schutz. Zwischendrin hörten wir Donner in der Ferne und dankten Gott für sein Wirken droben in den Bergen. Am Morgen war schönstes Wetter, der Fluss war gefüllt mit Regenwasser aus den Bergen und wir kamen gut voran. Die Stromschnellen und das Hindernis der Anreise überwanden wir fast spielend. Nur einmal wäre beinahe unser Kanu zwischen die umgestürzten Bäume geraten. Die Augen unseres Fahrers waren weit aufgerissen vor Schreck. Aber wir wurden vor dem Kentern bewahrt. In solchen Augenblicken geht alles so schnell, dass keine Zeit zum Denken und Sorgen bleibt. Zwei Hindernisse hatten wir hinter uns gebracht, nun kam das feindliche Dorf. Wir dankten Gott für alle Bewahrung und befahlen ihm die nächste Herausforderung, das Dorf Gahom, an. Wir trauten unseren Augen nicht. Das Ufer war fast menschenleer. Ein jüngeres Ehepaar war dabei sein Kanu zu verlassen. Sie schauten uns mit erstaunten Augen an. Was tun so viel Weiße hier in unserer Einsamkeit? Sicher sahen sie dies zum ersten Mal. Sie waren mit Sicherheit bei der gehässigen Begrüßung der vergangenen Woche nicht dabei gewesen. Wir grüßten sie freundlich und so grüßten sie zurück. Und da war das bedrohliche Dorf schon hinter uns. Gott sei Dank.

Am Abend hörten wir am Funkgerät die Anfrage von Gahom: »Wann kommen die Missionare denn zurück?« – »Oh!«, sagte der Operator des Funkgerätes vom nächsten Dorf, flussabwärts von Gahom gelegen, »die sind schon heute Nachmittag bei uns vorbeigekommen!« Die Enttäuschung war groß. Sie hatten uns verpasst. Verpasst war ihre geplante »Begrüßung«, und uns war es gerade recht.

Befiehl dem Herrn deine Wege, auch wenn es Wasserwege waren, und hoffe auf ihn. Er wird's wohl machen. Am Abend, nach dem Gottesdienst in Kagiru, dem Dorf unserer Übernachtung, feierten Brigitte und ich unseren Hochzeitstag. Trotz Moskitos und Sago genossen wir unser Festmahl. Gott hatte uns als Zugabe an diesem Tag eine fast truthahngroße Taube beschert. In Kokosnussmilch gekocht wurde sie zu unserem Festmahl, das wir uns alle von Herzen schmecken ließen. Unser Hotel war wie aus einem steinzeitlichen Freilichtmuseum, aber wir fühlten uns wie Fürsten. Wir hatten alles, was wir brauchten, hatten Gottes offensichtliche Hilfe erlebt, waren mit aufmerksamen und dankbaren Menschen zusammen gewesen, die sich von Herzen über Besuch und Botschaft gefreut hatten.

Von nun an war alles nur noch Zugabe, der neue Morgen, der freundliche Abschied von unserer netten Gastgeberin, einer tüchtigen Grundschullehrerin in der von den zivilisierten Menschen verlassenen Gegend und die fast unvergleichlich romantische Kanufahrt auf dem Aprilfluss und später dem Sepik. Unterwegs begegneten uns immer wieder paarweise fliegende Nashornvögel oder große Seeadler, mit ihren weißen Körpern und langen Flügeln, flogen hoch über uns hinweg. Einmal stürzte einer direkt vor uns in den Fluss und zog einen großen Fisch heraus. Ab und zu, später häufiger, begegneten uns Menschen in ihren Kanus. Von Weitem konnte man schon Männer und Frauen unterscheiden. Frauen saßen im Heck des Kanus und paddelten mit ihren kurzen, lanzenförmigen Paddeln, während Männer ihre kippeligen Kanus im Stehen mit langen, unten gegabelten Paddeln antrieben. Nur wer selbst einmal diese Art der Bootsfahrt ausprobiert hat (und dabei vielleicht baden ging), kann die Körperbeherrschung und Fertigkeit dieser Leute gebührend bewundern.

Am Nachmittag kamen wir in Ambunti, der Regierungsstation am Sepik, an. Dort warteten Freunde, Hannes' und Caros Heim und mit dem allen die Zivilisation und ein uns vertrautes Essen auf uns. Wie eine Geschichte lag alles fast unwirklich hinter uns. Von Herzen waren wir für alles dankbar. Welch ein Vorrecht im Auftrag Jesu, am Ende der Welt, unterwegs gewesen zu sein.

Anhang

Geschichte der Liebenzeller Mission

Die Liebenzeller Mission wurde auf Wunsch von James Hudson Taylor, dem Gründer der englischen China-Inland-Mission, ins Leben gerufen. Er bat den evangelischen Pfarrer Heinrich Coerper, einen deutschen Zweig des englischen Missionswerkes aufzubauen. Coerper begann damit am 13. November 1899 in Hamburg. Bereits sieben Wochen später reiste Heinrich Witt als erster Missionar nach China aus. 1902 wurde dem Missionswerk das Hamburger Domizil gekündigt.

An diesem Punkt tritt Lina Stahl, Tochter eines schwäbischen Pfarrers, in das Leben von Pfr. Coerper. Sie ist selbstbewusst und willensstark. Sie hat ein Herz für leidende und arme Menschen. Als Hausmutter in der Schlayerburg in Bad Liebenzell kümmert sie sich um gesundheitlich angeschlagene Mitschwestern. 1891 beginnt sie für ein besonderes Anliegen zu beten. Sie bittet Gott, aus dem weitläufigen Schlossberghügel vor ihrem Fenster einen »Feuer speienden Berg« zu machen – einen Ort, an dem und von dem aus Gott handelt. Elf Jahre tut sich nichts. Doch Schwester Lina glaubt fest daran, »dass dieser Berg ganz für den Heiland da sein wird«. Und warum? »Weil Gott mir den Auftrag gegeben hat, dafür zu beten«, sagt sie. Schließlich erfährt sie, dass der deutsche Zweig der China-Inland-Mission sein Haus in Hamburg verliert. Jetzt ist es so weit! Sie bittet Pfarrer Heinrich Coerper, nach Bad Liebenzell zu kommen. Der allerdings findet es absurd, mit einer Auslandsmission in den Schwarzwald zu ziehen. Doch Lina Stahl lässt nicht locker.

Auf ihre Einladung hin siedelte Heinrich Coerper um in den Schwarzwald. Als ein Anwohner bei der Ankunft das wenige Gepäck sieht, meint er: »Ist das alles?« Pfarrer Coerpers Antwort: »Ja, aber wir kommen mit vielen Verheißungen Gottes.«

1906 nahm die junge Mission offiziell den Namen ihrer neuen Heimat an: Aus dem deutschen Zweig der China-Inland-Mission wurde die »Liebenzeller Mission«.

Die China-Inland-Mission hatte der jungen Mission die chinesische Provinz Hunan zugeteilt. Im Laufe der Jahre kümmerte sich die Mission dort um Blinde, gründete Krankenhäuser, Schulen und Waisenheime. Mit der Machtübernahme der Kommunisten in China mussten alle Missionare das Land verlassen. Doch hatten sich der Liebenzeller Mission inzwischen weitere Arbeitsgebiete erschlossen. So führten Hilferufe aus der Südsee dazu, dass sich die Mission ab 1906 auf den 2000 Inseln von Mikronesien engagierte. Im Laufe der Jahrzehnte konnten Liebenzeller Missionarinnen und Missionare die biblische Botschaft in den fernsten Regionen der Erde verkündigen, Hunderte christlicher Gemeinden gründen, medizinische und technische Hilfe leisten.

Heute arbeitet die Liebenzeller Mission mit rund 230 Missionaren in 25 Ländern. Zu ihren Aufgabenbereichen zählen die Pioniermission, Evangelisation, Gemeindeaufbau und -pflege, Arbeit unter Kindern, Jugendlichen und Frauen, diakonische und sozialmissionarische Aufgaben, Schuldienst, Krankenpflege, Schriften- und Radiomission, Übersetzungsarbeit und vieles mehr.

Aspekte aus der Geschichte Papua-Neuguineas

In Papua-Neuguinea ist die Missionierung, besser die Christianisierung, sehr einschneidend gewesen. Nach gerade mal 100 Jahren Missionsarbeit bezeichnen sich über 90 % der Bevölkerung als Christen. Bis zum 2. Weltkrieg war die Missionsarbeit hart, das Desinteresse offensichtlich.

Die Stunde Gottes?

Nach dem 2. Weltkrieg öffnete sich Stamm um Stamm. Ein grosses Verlangen nach neuen Lebensformen war zu spüren. Ob die Begegnung mit Ausländern, Japanern, Amerikanern, Australiern diese Öffnung auslöste, ist schwer zu sagen. Aber Missionare, die nach dem 2. Weltkrieg nach Papua-Neuguinea einreisten, spürten dieses Verlangen und empfanden es als Stunde Gottes für Papua-Neuguinea. Aus blutdurstigen Kopfjägern, Kannibalen und Stammeskriegern wurden stille, friedliche Menschen.

1975 ging die Kolonialzeit zu Ende. Bis kurz davor war es verhältnismässig einfach, auch aufmüpfige Stämme zum Waffenstillstand und zu friedfertigem Verhalten zu bewegen, und der Einzelne wusste sich der ordnenden Hand seines Stammes und der Staatsmacht verpflichtet, ein Ausscheren war nicht denkbar – und die Kolonialherren, die ihr Rechts- und Strafsystem aufgebaut hatten, wurden Jahrzehnte nicht hinterfragt. Ihre Urteile, Drohungen und Gesetze waren akzeptierte Norm. Über die von der Staatsgewalt eingesetzten Tultuls (Polizeigewaltigen) und Luluais (Regierungsvertreter) wurde diese Macht auch im letzten erschlossenen Dorf demonstriert und verwirklicht.

Städte mit Reichen und Armen, mit einer Elite aus Professoren, Lehrern, Fachleuten, mit Handwerkern, Kaufleuten, Piloten, mit Unternehmern und Politikern, die sich alle irgendwie vom Dorf entfernt hatten, entwickelten sich erst jetzt. Slumbewohner, die nicht mehr ins Dorf zurückkonnten, die notgedrungen vom Abfall der Elite und von den Süchten und Sehnsüchten dieser sich entwickelnden Städte lebten, gab es noch wenige.

Diese Ordnung bekam durch die Arroganz, moralische Dekadenz, die Gewinnsucht und die rassistischen Einstellungen vieler Weisser Risse und provozierte ab 1960 Studenten und junge Intellektuelle. Sie fühlten sich und ihr Volk durch ausländische Landbesitzer, Geschäftsleute und die an vielen Orten sichtbare Rassentrennung diskriminiert und um ihre Rechte betrogen. Sie wollten ihre Zukunft selbst gestalten. Sie visualisierten, auch wegen der entdeckten Bodenschätze, ein verheißungsvolles Morgen. Vor sich sahen sie ein freies, durch sie selbst regiertes, im Wohlstand lebendes Papua-Neuguinea. Es würde ein Land sein, in dem die strengen Gesetze der Kolonialherren gelockert würden.

In Papua-Neuguinea versuchten die Australier den Sonderstatus ausländischer Geschäftsleute und Plantagenbesitzer zu schützen, gleichzeitig kauften sie von veräußerungswilligen Besitzern Plantagen und Farmen, die sie dann zu günstigen Konditionen an die Nachkommen der einstigen Grundbesitzer überschrieben. Das sollte Unzufriedenheit abbauen.

Trotzdem wurden an der jungen Universität Demonstrationen organisiert. Bei einer solchen Demonstration, die ich (Karl Kalmbach) 1971 miterlebte, wurde im Demonstrationsumzug ein weißes, vom Ausland stammendes Ferkel mitgeführt. Die Botschaft für jeden Weißen, der die Demonstration miterlebte oder später in der Zeitung verfolgte, war unmissverständlich. »Ihr weißen Schweine seht euch vor, wir kommen!«

Der Exodus solcher Ausländer, die das Land und ihre Menschen nur ausgenützt hatten und die sich den Abschied leisten konnten, war eingeläutet.

Der kolonialen wie der neuen politischen Führung blieb nichts anderes übrig, als irgendein westliches Regierungs- und Verwaltungsmodell zu übernehmen. In Papua-Neuguinea hatte es noch nie eine demokratische Regierungsform gegeben, es gab also keine Vergleichsmöglichkeiten.

Um 1975 hatten die Kirchen/Missionen einen überwältigenden Einfluss. Nicht nur, weil sie das Land missioniert hatten und oft, noch bevor die Kirche im Dorf Heimatrecht hatte, Schulen, Kliniken und Landestreifen schafften, sondern auch weil sie durch ihre Botschaft eine akzeptable, zukunftsträchtige Alternative zum Terror ihres Animismus' boten.

Die großen Hoffnungen, die man auf die Unabhängigkeit des Staates und seine goldene Zukunft gesetzt hatte, wurden jedoch leider nicht erfüllt. Heute kämpft das Land sehr darum, die gesetzten Ziele zu erreichen. Die Probleme sind ähnlich derer anderer Entwicklungsländer, in denen einheimische Politiker und Günstlinge der Situation unermessliche Reichtümer für sich auf die Seite geschafft haben, auf Kosten der nach wie vor unterentwickelten restlichen Gebiete des Landes.

Korruption, Missbrauch von Waffen, übermäßiger Alkoholkonsum, undisziplinierte Soldaten und Polizisten machen es Amateurverbrechern leicht, Beute zu machen.

Selbst gebrauter Alkohol und Drogenmissbrauch, Aids und in ländlichen Gegenden schlechte Schulbildung zerstören für die meisten Jugendlichen die Zukunft. Das Land ist extrem reich an Bodenschätzen und das Klima begünstigt ein reibungsloses Überleben auf dem niedrigsten Stand. Um Nahrung braucht sich eigentlich niemand Sorgen zu machen, außer in den illegalen Siedlungen der Hauptstadt, in denen man sich aber immer noch Geld verschaffen kann ohne dafür selbst arbeiten zu müssen.

In der Präambel der Verfassung des Staates Papua-Neuguinea steht: »Wir geloben, unsere ehrenvollen Traditionen und die christlichen Prinzipien, die jetzt unser sind, zu bewahren und weiterzugeben an jene, die nach uns kommen.«

Somit gibt es also Hoffnung für dieses faszinierende Land trotz aller Probleme, wenn einzelne Menschen sich weiterhin dafür einsetzen.

Ron Susek

Ernst Vatter
Mission ohne Grenzen. Eine Lebensgeschichte

Paperback, 13,5 x 20,5 cm, 280 S.
Nr. 394.985
ISBN: 978-3-7751-4985-3

Ernst Vatter war Mitglied der Hitler-Jugend. Mit der Kapitulation Deutschlands zerbrachen seine Träume. Dann begegnete er Gott. Er wurde Missionar in Japan und Leiter der Auslandsarbeit der Liebenzeller Mission. Das Zeugnis eines Mannes, der Gott erfahren hat.

Gerhard Bössler

Der König der Krieger
Äthiopisches Tagebuch

Taschenbuch, 12 x 19 cm, 192 S.
Nr. 395.320
ISBN: 978-3-7751-5320-1

Gerhard und Edith Bössler sitzen in einer Boing 707, die im Begriff ist, in Addis Abeba in Äthiopien zu landen. Das Ehepaar will dem kriegerischen Volk der Gudschis die frohe Botschaft bringen. Deren Zauberpriester wollen genau das mit allen Mitteln verhindern…

Bitte fragen Sie in Ihrer Buchhandlung nach diesen Büchern!
Oder schreiben Sie an: SCM Hänssler, D-71087 Holzgerlingen;
E-Mail: info@scm-haenssler.de; Internet: www.scm-haenssler.de